KB094818

EBS 〈역사채널ⓔ〉 지음

북하우스

〈승련부해〉, 심사정, 간송미술관

'역사테인먼트 시대'의 빛나는 별

굽시니스트
『본격 제2차 세계대전 만화』 저자, 시사만화가

바야흐로 '역사테인먼트'의 전성기입니다. 예능 스타들이 둘러앉은 TV 프로그램에서 한국사 강사가 역사 뒷면에 감춰진 비화에 대해 이야기하고, 역사 교양서들이 서점가의 베스트셀러 코너에 상주하고 있습니다. 트렌디 사극은 방송사에 있어 든든한 흥행의 보증수표이자 청춘 스타들의 등용문으로 자리 잡았습니다. 나라 밖으로 던져진 우리 사극들은 예상 밖의 인기몰이를 하며 '사극 한류'의 물꼬를 열어젖히기도 했지요. 각종 역사 웹툰을 꼬박꼬박 챙겨보는 청소년들은 『조선왕조실록』 속의 역사 비화들에서 개그 소재를 찾아 '단톡방'에 올립니다. 이처럼 역사 콘텐츠 소비가 그 어느 때보다 활발한 요즘, 인상적인 이미지와 짧고 강렬한 텍스트를 통해, 역사에 대한 관심을 북돋우는 흥미로운 소재들을, 남다른 주제의식을 담아, 5분 분량의 부담 없는 길이로 제작한 〈역사채널ⓔ〉는 역사테인먼트 시대의 가장 빛나는 별들 중 하나라고 할 수 있습니다.

이렇게 역사테인먼트 콘텐츠들을 즐겁게 소비한 후, 간혹 그 즐거움을 그 콘텐츠의 생산 과정에 대한 호기심으로까지 이어가는 사람들이 있습니다. 그 옛날의 일들을 어쩜 저리도 선명하게 끄집어낼 수 있었을까, 저 짤막한 이야기 뒤에는 어떤 배경과 인과관계가 숨어 있는 걸까 하는 호기심 말입니다. 그 호기심은 단순히 역사 콘텐츠를 소비하는 것을 넘어서서 그 콘텐츠의 맥락까지 엿보고 탐구하도록 이끕니다. 시곗바늘이 돌아가는 모습을 보는 것에 만족하지 않고, 그 작동원리를 알아보기 위해 숫자판을 뜯어서 그 뒤를 확인해 보려는 아이처럼 말이지요. 숫자판을 뜯고 난 아이는 아마도 그 뒤에서 작동하고 있었던 정교한 톱니바퀴들의 우주로 즐겁게 빠져들게 될 겁니다.

벌써 시리즈의 다섯 번째 권에 접어든 『역사ⓔ』는 재미와 흥미 중심으로 역사 콘텐츠를 소비한 이후, 거기에서 한층 더 발전된 지식을 얻는 데에 가장 효율적인 도움을 주는 길잡이라 여겨집니다. 인상적인 이미지와 간결한 텍스트가 조화를 이룬 스크립트로 일단 독자들의 시선을 사로잡은 뒤, 이어서 나오는 본문의 해설이 역사적 사건의 내막과 디테일에 대한 갈증을 깔끔하게 씻어줍니다.

『역사ⓔ 5』에서는 도깨비, 인삼, 주막, 한지, 씨름, 궁녀, 우리나라 최초의 전화와 전차, 그리고 전등과 같이 우리가 막연히 잘 알고 있다고 생각했던 소재들이 소개됩니다. 이를테면 조선 인삼과 미국 인삼의 경쟁 과정에서 홍삼이 개발되었다는 사실, 구한말 한반도 전역의 주막 네트워크가 서양보다도 앞서 여행자 수표를 발행했다는 이야기들이지요. 그뿐만이 아닙니다. 『우리말 큰사전』, 기리고차, 최영숙, 돈의문, 편경처럼 낯설지만, 엄연히 우리 역사의 일부인 소재들에 대해서도 소상히 소개하며, 2016년의 우리에게는 그저 멀게만 느껴지는 이야기들이 결코 우리와 관계가 없는 옛이야기로만 남을 수 없는 이유에 대해 깨우쳐줍니다. 지금은 차들이 쌩쌩 달리는 아스팔트 도로뿐이지만 오래전 그 위에 허물어진 대문 하나와 거기에서 이어진 성벽이 수백 년 동안 서 있었음을 기억해달라고 호소합니다. 조선 최초의 여성 경제학사가 맞이해야 했던 시대적 좌절을 기억해달라고 이야기합니다. 역사적으로 논란의 여지가 있는 소재들에 대해서는 독자들에게 쉽게 판단하지 말 것을 충고합니다. 『역사ⓔ』는 역사가 딱딱하게 굳어버린 화석이 아니라 여전히 꿈틀거리며 변화하는 유기체라는 사실을 새삼 일깨워줍니다. 살아 숨 쉬는 역사적 기억은 우리 앞에 펼쳐진 무수한 실패들을 진단할 지혜를 이끌어냅니다. 역사의 '밝은' 지혜는 오늘의 '무지한' 어둠을 쓸어냅니다. 그리하여 역사의 정의가 여전히 살아 있음을, 지금 이 순간이 먼 미래에 역사의 한 페이지로 남게 될 것임을 입증할 것입니다.

이 글을 쓰고 있는 저의 업이 시사만화가이다보니 개인적으로 가장 흥미롭게 다가온 소재는 역시 우리나라 최초의 시사만화에 대한 이야기였습니다. 업계 대선배님에 대한 이야기니 옷깃을 단단히 여미고 공손히 읽어 뫼셨습니다. 100여 년 전 『대한민보』 만평보다는 그래도 지금의 내가 더 잘 그리지 않나 하는 오만함도 아주 잠시 품어보았지만, 이내 뒤통수를 후려치는 깨우침을 얻었습니다. 과연 100년 후, 『역사ⓔ』 155권에서 내 만화가 언급이라도 될 수 있을 것인가! 그리 생각하니 거대하게 일렁이는 역사의 바다 앞에 선 저의 왜소함이 부끄러워질 따름이었습니다.

허나 역사라는 거대한 바다는 제가 부끄러워하든 말든 상관없이, 언제까지나 그 깊은 일렁거림으로 해변을 향해 파도를 밀어내겠지요. 그리고 우리는 그 파도에 발을 담그고 첨벙거리며 역사테인먼트의 즐거움을 만끽할 것입니다. 물장구를 치는 무리 중에 저 멀리 아득한 수평선을 바라보는 청년이 한 명 있을지도 모릅니다. 그를 더 먼 바다로 떠밀기 위해 이 『역사ⓔ 5』를 선물하도록 합시다. 그러면 그 청년은 분명히 이 앞의 1, 2, 3, 4권을 사보지 않을 도리가 없을 겁니다.

프롤로그

왕의 일기

"증자曾子가 매일 세 번 자신을 반성했다는 교훈은 학자가 실천해야 할 공부 중에서 가장 중요하다."

– 정조, 『홍재전서』

왕세자의 성균관 입학 의례를 그린 《왕세자입학도첩》 중 〈입학도〉

증자의 일일삼성日日三省을 가슴에 품고
왕세손 시절부터 일기 쓰는 습관을 지녔던
조선 제22대 임금, 정조

"밤에는 하루의 일을 점검하고…
한 달이 끝날 때면 한 달 동안을 점검하고…
이렇게 실천하니 잘한 것과 잘못한 것,
편리한 것과 그렇지 못한 것을 깨닫게 된다."

1781년(정조 5년)
정조는 이 일기를 보다 체계적으로 정리해
'국정일기'로 만들고자 한다

그리하여 탄생한
왕의 일기

날 일日
살필 성省
기록할 록錄

하루를 되돌아보는 기록 『일성록』은
1783년(정조 7년)부터 국무가 늘어난 왕 대신
규장각 신하가 기록을 담당하게 된다

日省錄
丁酉三月
四十八
日省錄
丁酉二月
四十七
日省錄
丙午十二月一
二百十五
日省錄
丁酉五月
五十
日省錄
丁酉四月
四十九

시간 순으로 기술한
『조선왕조실록』이나 『승정원일기』와는 달리
각 현안마다 제목인 강을 먼저 붙인 뒤
그 아래에 상세 내용인 목을 기입해
그날의 일들을 일목요연하게 정리하고

임금도 쉽게 볼 수 없었던 실록과 달리
왕이나 관료의 열람이 가능해
당대 국정 운영에 참고할 수 있는
충실한 자료의 역할을 했다

또한
조선 역대 왕실 기록물에서는
찾아볼 수 없던
기록의 주체 '나'

1760년(영조 36년)부터
1910년(순종 4년) 때까지
151년 동안 쓰인
총 2329권의 기록

『일성록』은 후대는 물론
당대 국정 운영을 이끌어간 사료로서
2011년 5월, 유네스코 세계기록유산으로 등재됐다

月初一日庚子

吏兵批歲抄

留守尹塾判尹俞彥鎬參議李集斗牧使尹淂

達佐郎洪澳許策參奉李集玉府使李淑學錄黃

乃正縣監李鼎烈朴挺玉鄭龍祚任希厚朴尚春

縣令李英澤都事尹宗彥校理趙雲紀尹序東沈

樂洙李書九修撰沈晉賢朴基正察訪魚用謙正

言成種仁金履成掌令李庚運鄭景祚司諫朴廣

源持平宋翼孝并敘用牧使柳文植校理李太亨

Variatio 1부 변화를 마주하다

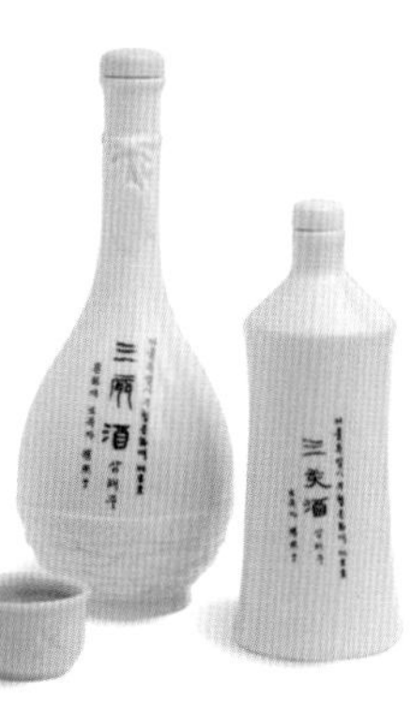

2부 문화를 품다

3부 세상과 소통하다

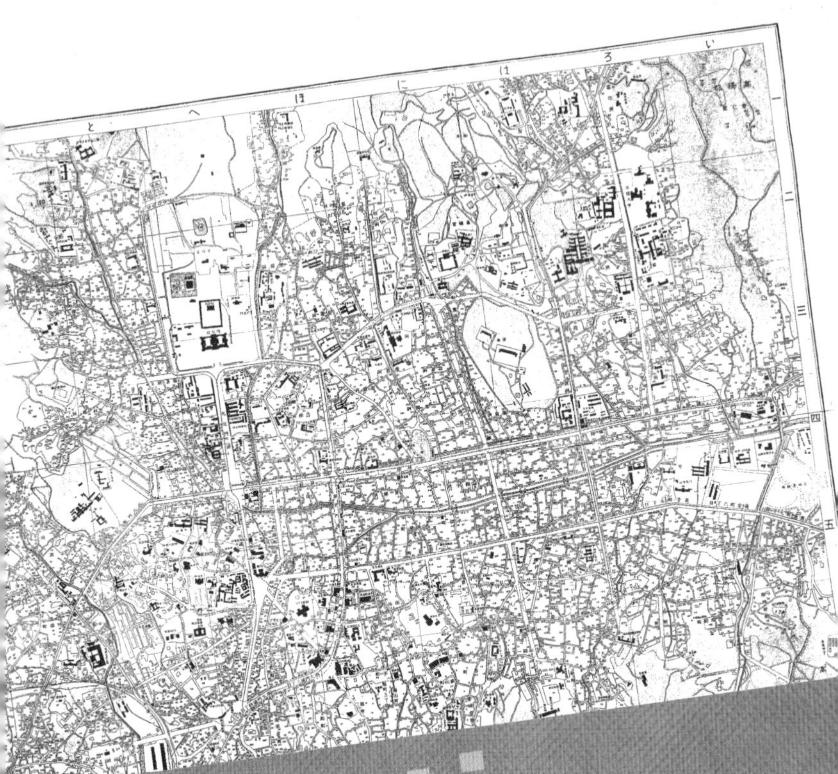

Variatio

1부

변화를 마주하다

VARIATIO

01 콩나물 팔던 여인의 죽음

스물일곱 젊은 나이에 세상을 떠난
신문에 부고 기사까지 실린
콩나물을 팔던 여인

1932년 4월 24일

신문에 실린 부고 기사 하나

"최영숙 씨, 지난 23일 자택에서 별세"

–『동아일보』, 1932년 4월 24일

消息

▲崔英淑氏(經濟學士)廿二日紅把洞二의一〇本邸에서別世

▲加藤朝鮮銀行總裁 色部理事와한가지로二十二日午後十時半京城驛出發渡東

▲今井田總監 南朝鮮地方巡視中인今井田政務總監은二十三日午前十一時五十分着列車로歸任

1905년 경기도 여주 출생

이화여자고등보통학교를 졸업한 뒤

중국 회문여학교에서 수학

1926년

유럽으로 유학을 떠난

한국의 여인

"방년 22세 된 최영숙 양은 하얼빈에서

유럽–아시아 연결 열차를 타고

멀리 스웨덴으로 향했는데

그녀가 만리타국에 간 이유는

오직 고국을 위해 몸과 마음을 바치겠다는 마음…"

–『동아일보』, 1926년 7월 23일

瑞典의學海로
사회학을배우려고
哈市를通過한
◇崔英淑孃

경긔도려주군(驪州郡)태생으
로 방년이십이세된 최영숙(崔
英淑)양은 지난십삼일밤에 합
이빈(哈爾賓)에서 구아련락렬
차(歐亞聯絡列車)를타고 멀리
「스위덴」(瑞典)나라를 향하야
떠낫는데 이제간단히그의목다
파경력을 소개하려한다
◇양은일즉히 고국에 잇슬때
에엄격한가뎡에서 길너난후로
항상그의아버지의 남달은뜻을
바다 [illegible]

고 중국남경(南京)을건너간후
에 모든고생을 겪어가며 회문
녀학교(匯文女學校)에서 공부
를하다가 작년에 그학교를졸업

하고쾌활한성질로 항상새로운
사상을가진 중국녀성들과추축
을하야 그도머리까지깍고 녀

성공을하게 되엿섯다한다
◇이번에도남달리「스위덴」이
란 적은나라에가서 사회과학
(社會科學)을연구하려고 그가

최외로운몸으로 만리타국을간
다는데 그가지난구월에상해에
서 신환([illegible])이란 긔선을타고

동양인 최초로
스웨덴 스톡홀름대학에서
정치경제학을 전공하고 금의환향한
한국 최초의 여성 경제학사

당시 언론은 당대 최고의 여성 엘리트
최영숙의 귀국 소식을 앞다투어 보도했다

그러나

"고국으로 돌아와 몸을 던져
살아 있는 경제학을 실천해보려 했습니다.
그러나 집에 와 보니 형편이 어려워
당장 취직이 걱정입니다."

–『조선일보』, 1931년 12월 22일

1920년대 말
전 세계를 휩쓴 경제 대공황

전문학교, 대학교를 졸업해도
절반가량이 취업할 수 없던 시대

당시 중등학교 졸업생 중 가사종사자(무직자) 비율
1927년 28퍼센트
1932년 42.7퍼센트
– 조선총독부 조사 자료

일제강점기 힘겨운 경제 상황 속에
더욱 차별받았던 조선 여성의 취업

"조선 여성은 옛 인습과 제도에 얽매여
단 한 걸음도 진보하지 못했다.
어려서는 식모로, 민며느리로 끌려가고
커서는 기생으로 팔려간다.
설령 공장 직공, 버스 차장, 전화교환수가 돼도
남성과 같은 임금은 받을 수 없다."
– 언론인 함상훈의 기고, 「조선 여성에게 보내고 싶은 말」(1933년)

5개 국어를 구사하고
한국 여성 최초의 경제학사이자
당대 최고의 엘리트였지만
식민지 한국의 여성이었던 최영숙은
그 어느 곳에도 취업할 수 없었다

"할 수 없이 서대문 밖 교남동 큰 거리에서
자그마한 점포를 빌려서
배추, 감자, 미나리, 콩나물을 만지는 것이
당시 스톡홀름 대학 경제학사 최영숙 양의
일상 직업이 되었답니다."

– 잡지 『삼천리』, 1932년 5월호

힘겨운 생활 속에
건강까지 나빠진 그녀는
귀국한 지 5개월 후인 1932년 4월 23일
세상을 떠났다

"남녀평등권이 실현된 그들의 생활…
외국 여성들의 행복하고 자유스러운
사회활동이 참으로 부럽습니다."

– 최영숙(1905~1932년)

01 콩나물 팔던 여인의 죽음

꿈을 위해 백일기도를 올리던 소녀

1932년 4월 23일, '한국 최초의 여성 경제학사'로 주목을 받았던 최영숙이 세상을 떠났다. 10여 년의 기나긴 외국 유학을 마치고 고국으로 돌아온 지 불과 5개월 만에 벌어진 일이었다. 그의 귀국이 뭇 사람의 이목을 끌었듯이 그의 죽음도 세간의 관심을 피할 수는 없었다.

당시 잡지들은 최영숙의 죽음을 계기로 기사를 쏟아냈다. 하지만 뉴스의 초점은 자신의 뜻을 미처 펼쳐보지도 못하고 세상을 등진 최영숙에 대한 애도가 아니라 미혼인 줄 알고 있던 그가 인도 청년과의 사이에서 생긴 아이를 임신하고 있었다는 데 맞춰졌다. '인도 청년과 가약을 맺은 채 세상 떠난 최양의 비련' 혹은 '경제학사 최영숙 여사와 인도 청년과의 연애관계의 진상' 등 황색 저널리즘이 뽑아낸 자극적인 제목으로 인해 그의 삶은 세인들의 가십거리로 전락한다. 힘든 유학 생활을 마치고 고국으로 돌아와 이루고자 했던 최영숙의 꿈에 대해 관심을 기울이는 이는 아무도 없었다.

최영숙은 을사늑약이 강압적으로 체결되어 외교권을 빼앗기는 등 사실상 한국이 일본의 보호국이 된 1905년 12월에 경기도 여주에서 태어났다. 아버지 최창엽은 교회에서 중요한 직책을 맡아 활동할 정도로 독실한 기독교 신자였고, 포목상을 운영하며 상당한 재산을 모아 최영숙의 집안은 비교적 여유로운 생활이 가능했다.

최영숙이 여주공립보통학교를 졸업하자 그의 부모는 여자가 보통학교를 졸업했으면 그만이지 하는 생각에 상급학교에 보내기를 주저했다. 전통적 규범에 따라 여성의 삶은 사회와 격리된 내밀한 규방으로 족하다는 인식이 여전히 팽배하던 시절이었다. 고등 교육은 여성에게 불행을 가져오는 화근으로 여겼으며 시집을 잘 보내기 위한 겉치레 정도로 생각했다. 최영숙이 보통학교를 졸업했을 무렵인 1914년, 초등교육이 이루어지던 보통학교에서 여학생이 차지하는 비율은 겨우 9퍼센트에 불과했다. 남보다 유달리 배움에 욕심이 많던 최영숙은 가장 친한 동무 두 사람과 같이 날마다 예배당에 나가 백일기도를 드리며 부모를 설득했다. 그의 열정에 완고했던 부모도 마침내 상급학교 진학을 허락했고, 최영숙은 경성으로 상경하여 이화여자고등보통학교에 입학했다.

3·1운동이 일어난 1919년, 최영숙은 이화여자고등보통학교 3학년이었다. 시내 곳곳에서 울려퍼지는 만세 소리에 여학생들도 거리로 뛰쳐나가 만세를 외쳤다. 이화여자고등보통학교의 프라이 교장이 학생들의 안위를 생각하여 교문을 막아서자 학생들은 담장을 넘어 만세 시위에 참여했다. 교사와 학생 다수가 체포되었고, 최영숙의 1년 선배 유관순은 고문을 받다가 끝내 옥중에서 사망했다. 반일 분위기가 극도로 고조된 시기에 학창 시절을 보내며 최영숙은 조국이 처한 현실을 깨닫고 민족의식을 싹틔우기 시작한다.

1922년 가을, 최영숙은 중국 유학길에 올랐다. 그가 미국이나 일본이 아닌 중국을 선택한 것은 3·1운동 이후 높아진 향학열과 반일 감정으로 인해 중국이 새로운 유학지로 각광받았기 때문이다. 상하이에 항일투쟁의 본거지로서 대한민국 임시정부가 자리잡고 있었고, 상하이 근방에 위치한 난징(남경)에는 여운형, 김원봉 등 수많은 독립투사가 적을 두었던 금릉대학이 위치해 있어 한국인 유학생들로 붐볐다. 최영숙은 한국과 다른 중국 학제 때문에 대학에 바로 진학할 수 없었다. 명덕여학교에서 먼저 중국어를 익힌 후 회문여학교에서 다시 중학 과정을 밟아야 했다.

중국 유학 시절 최영숙에게 큰 영향을 준 인물은 안창호였다. 1913년 안창호는 미국 샌프란시스코에서 교포와 유학생들을 규합하여 민족을 이끌어나갈 인재를 양성하기 위해 흥사단을 조직했다. 상하이에 대한민국 임시정부가 세워지자 안창호는 중국으로 건너와 임시정부에 참여하며 흥사단의 외연을 확장시키고 있었다. 안창호는 당시 중국 각지를 돌며 중국에서 공부하는 한국 유학생들을 흥사단으로 끌어들였다. 최영숙은 안창호의 활동에 크게 감화되어 흥사단 단원으로 상하이와 난징을 오가며 적극적으로 활동했다. 안창호도 총명하고 민족정신이 투철한 최영숙을 남달리 아꼈다.

스웨덴 유학과 세계 여행, 고국으로의 귀환

1926년, 회문여학교를 졸업한 최영숙은 스웨덴 유학을 결심한다. 언어와 풍속도 전혀 다르고 아는 사람조차 없는 스웨덴을 택한 이유는 엘렌 케이Ellen Key에 대한 호감 때문이었다. 엘렌 케이는 스웨덴의 사상가로 루소와 니체의 영향을 받아 억압받는 여성과 아동의 해방을 부르짖었다. 이광수의 소설 『무정』에서 페스탈로치와 더불어 엘렌 케이가 교육가로서 등장하고 있고, 김동인의 『김연실전』, 염상섭의 『너희들은 무엇을 얻었느냐』에서 연애론과 자유이혼론, 모성주의 등과 관련하여 여권론자의 대명사로 인용될 만큼 엘렌 케이는 당시 조선의 학식 있는 사람들에게는 잘 알려진 인물이었다. 최영숙은 서신을 주고받을 정도로 평소에 동경하던 엘렌 케이를 만나고 사회과학을 공부하기 위해 난징을 떠났다.

"남경에서 학교를 졸업한 후 고국으로 돌아가고 싶은 생각은 없었습니다. (…) 더 알아야 하겠다는 향학열은 물질의 고통이라는 것을 거리끼게 하지 않았습니다. 그래서 나는 어릴 때부터 가장 동경해오던 스웨덴으로 향했습니다. 스웨덴 땅을 밟게 되었을 때에는 북극의 추위도 풀리기 시작하는 따뜻한 봄날이었습니다."

-「그리운 옛날의 학창시대-서전대학생 생활」, 『삼천리』, 1932년 1월

하지만 최영숙이 스웨덴에 도착했을 때 엘렌 케이는 이미 5개월 전에 세상을 떠난 뒤였다. 최영숙은 시골 학교에서 어학을 배운 후 1927년 스톡홀름대학 정치경제학과에 입학하게 된다. 스톡홀름대학은 근대경제이론의 한 축을 담당했던 북구학파의 본산으로 국제금융문제 전문가인 구스타프 카셀과 같은 저명한 경제학 교수들이 많았으나 최영숙은 정작 그들의 강의에는 흥미가 없었다. 이 무렵 최영숙은 사회주의 사상에 빠져 있었다. 스웨덴 유학길에 오르기 전 이미 중국에서 사회주의 서적을 과다하게 소유하고 있다는 이유로 일본 경찰에 체포되기도 한 그였다. 최영숙은 교수들이 강의하는 자본주의 경제학보다는 자본주의 계급이 생산의 공로자인 노동자들을 착취한다고 보는 프롤레타리아 경제학이야말로 경제학으로서 가치가 있다고 생각했다. 또한 책에만 머무는 것이 아니라 스웨덴 곳곳을 돌아다니며 현실 문제와 직접 부딪히고자 했다.

사회주의에 대한 심취는 여성 노동자의 삶에 대한 관심으로 이어

졌다. 이 시기 그는 스웨덴의 여성 노동자를 보면서 조선의 여성 노동자 나아가 동양 여성들의 해방 운동에 대해 고민했고, 신문에 기고한 글이 계기가 되어 공회당에서 '동양 여자의 해방 운동'이라는 주제로 강연을 했다. 현모양처만을 강조하는 동양과 달리 스웨덴 여성들이 사회의 한 구성원으로 남성과 동등한 권리를 가지고 생활하는 모습은 그에게 충격이자 동경의 대상이었다.

"아이들과 여성들이 자유로운 천지에서 힘 있게 뻗어나가는 것이 제일 부러웠습니다. 특히 그곳에 제일 많은 여공들 예를 들면 연초 전매국이나 성냥 제조장 같은 데서 노동하는 여성들까지도 정신상으로나 경제상으로나 풍유한 생활을 하는 것이 퍽 부러웠습니다. 그들에겐 일정한 노동시간과 휴가가 있을 뿐 아니라 그들이 받는 임금은 생활비를 빼고도 반은 남습니다. 그들은 노동복만 벗어놓으면 가장 유족한 숙녀들입니다."

–『동아일보』, 1931년 11월 29일

그즈음 아버지가 명태 무역에 손을 댔다가 엄청난 손해를 보며 사업에 실패하자 최영숙은 스스로의 힘으로 학비를 조달해야 했다. "낮에는 노동을 하고 밤에는 어학을 공부했다"고 일기에 기록할 만큼 베개에 수놓는 일을 하거나 외국어 교사, 잡지 기자 등으로 일하며 학비를 벌었다. 구스타프 아돌프 스웨덴 황태자의 도서실에서 연구보조원으로 일할 기회를 얻기도 했다. 세계적인 고고학자였던 아돌프 황태자는 1926년 아시아의 유적지를 돌며 고고학과 미술사에 관한 자료를 수집했었다. 한국에도 방문하여 경주·서울·평양의 고분 발굴 현장에 직접 참여하기도 했다. 당시 경주에서 출토된 봉황이 달린 금관은 황태자의 발굴 참여를 기념하여 스웨덴을 의미하는 한자어 서전瑞典의 '서'자와 봉황의 '봉'자를 따서 '서봉'으로 명명됐다.

현재 보물 제339호로 지정되어 있는 서봉총금관이 바로 그 유물이다. 일본어, 중국어, 영어, 독일어에 능통했던 최영숙은 황태자가 수집해온 자료의 목록을 작성하고 그 내용을 스웨덴어로 번역하는 일을 맡았다. 때로는 견디기 힘들 정도로 괴롭고 고통스러운 유학 생활이었으나 동무들과 여름이면 수영을 하고, 겨울이면 스키를 타며 즐거운 시간을 보내기도 했다.

1931년 4월, 스톡홀름대학에서 경제학사 학위를 받아든 최영숙은 고국으로 돌아오는 길에 세계 여행을 감행한다. 손에 쥔 여비가 넉넉하지 않아 무전여행과도 다름없었지만 덴마크·러시아·독일·프랑스·이탈리아·그리스·터키·이집트·인도·베트남 등 20여 개국을 두루 여행했다. 인도에서는 4개월 동안 머물면서 마하트마 간디와 사로지니 나이두 같은 저명한 민족운동 지도자들과 교류했다. 100여 년간 이어진 영국의 식민통치를 극복하기 위해 끊임없이 노력하는 인도인들의 모습을 보면서 최영숙은 식민지 한국을 떠올렸다. 인도인을 하나로 결집시켜 독립운동의 지도적 역할을 하던 인도 국민회의와 같은 단체를 한국에서도 만들고자 하는 희망에도 부풀었다. 오랜 유학 생활과 여행을 통해 두 눈으로 직접 목격한 서구 각국과 인도의 구체적인 사례들은 한국이 당면한 문제들을 해결하기 위해 참고할 수 있는 좋은 본보기였다.

"옛날 조선에서 양반과 상놈의 계급 구분이 심했던 것과 마찬가지로 인도에는 각 교파가 있어서 자기의 교파가 아니면 상종하지 않습니다. (…) 옛날과 같이 복잡 다사하지 않을 때에는 이러한 나쁜 풍속이라도 지켜왔지만 새로운 사조에 물든 인도 국민 중에는 이러한 악습을 없애기 위해 계급 타파 운동자들이 많이 생겨나고 있음을 보았습니다. 인도 국민 2억 5천만 명 전체가 국민 운동이나 계급 타파 운동을 한다고는 할 수 없습니다. 그러나 일반적으로 인도 국민이 잘

살 길을 찾기 위해 분발하고 있는 것은 사실입니다. 덕분에 넉 달간 이곳에서 지낸 나까지도 꽤나 씩씩해졌습니다."

−「간디와 나이두 회견기, 인도에 4개월 체류하면서」, 『삼천리』, 1932년 1월

나는 돈의 철학을 알았소이다

"그는 불쌍한 조선 사회를 위하여 한 조각 붉은 마음을 가지고 발버둥치는 여성이니 그가 고국에 돌아오는 날은 반드시 한 줄기 희망의 불이 비칠 것입니다."

−『조선일보』, 1928년 4월 10일

1931년 겨울, 최영숙이 귀국하기 훨씬 이전부터 국내 언론은 그의 일거수일투족을 보도하고 있었다. 그는 주위의 기대를 한 몸에 받던 유망주였다. 귀국한 뒤 계획을 묻는 질문에 그는 "경제운동과 노동운동에 몸을 던져 살아 있는 과학인 경제학을 현실에서 실천"하고자 한다는 당찬 포부와 함께 "공장 직공이 되어 그들과 노동운동을 할 마음"을 밝히며 구체적인 계획을 털어놓기도 했다. 귀국도 하기 전에 국내에서 활동하던 수양동우회와 해외에 있던 흥사단이 통합해 결성한 민중계몽단체인 동우회에 미리 가입했고, 귀국 후에는 경성여자소비조합에서 활동하며 여성들의 경제지식과 의복제도 개량, 시간경제 관념 등의 실천을 주장하는 합법적인 계몽운동에 주력했다. 또한 이화학당 동문인 김활란·박인덕·황애시덕 등과 교류하며 『농민교본』(혹은 『공민독본』) 편찬에도 참여했다.

5개 국어에 능통하고 세련된 국제 감각과 인맥까지 갖춘 화려한 '스펙'의 발목을 붙잡은 것은 다름 아닌 '취직'이었다. 집에 돌아와 보

니 아버지의 사업 실패로 가세는 이미 기울 대로 기운 상태였다. 가족들은 최영숙의 귀국만을 기다리며 그가 가장으로서 가족들을 부양해주길 기대하고 있는 처지였다. 어려운 집안 사정으로 여성운동과 노동운동에 투신하겠다는 꿈은 잠시 접어둔 채 최영숙은 구직활동에 매달려야 했다. 그러나 뛰어난 재능을 갖추고도 변변한 직장을 구할 수 없었다. 외국어 교수를 하려고 애썼으나 아무도 받아주지 않았고, 학교 교사로 취직하려 해도 일본 문부성에서 교원 면허를 내주지 않았다. 나중에는 신문사 기자로 입사하려 했지만 그마저도 거절당하고 말았다. 한국 사회 그 어디에도 인텔리 여성이 설 수 있는 자리는 없었다.

1929년 10월 24일, 뉴욕 월스트리트 주식거래소에서 주가가 대폭락한 '암흑의 목요일'을 시작으로 세계 경제는 대공황의 깊은 늪에 빠져들었다. 당시 세계 총 생산량의 40퍼센트를 차지했던 미국 경제의 몰락은 연쇄적으로 다른 나라들의 경제까지 붕괴시켰다. 일본 경제도 직격탄을 맞아 1930년 한 해 동안 800여 개 기업이 도산하고 300여 만 명의 실업자가 발생했다. 일본 경제에 종속되어 있던 식민지 한국도 대공황의 여파로 경기가 극도로 위축되었다. 대학이나 전문학교를 졸업하고도 변변한 직업을 구하지 못해 거리를 떠도는 '인텔리 룸펜'이 넘쳐났다. 1935년 중등학교 이상을 졸업한 학생들의 취업률은 절반에도 미치지 못했고, 안정적인 일자리인 관청이나 은행 등에서는 국내파를 선호했기 때문에 해외 유학파는 취업에서 오히려 역차별을 받았다. 더구나 이 시기 여성들은 대공황의 직접적인 영향을 받아 여성 취업자 수가 무려 10퍼센트나 하락했다. 최영숙과 같은 '배운 여성'이 종사할 수 있었던 교육과 언론, 예술, 의료 등에 속하는 직종에서 여성이 차지하는 비율도 1퍼센트를 넘지 못했다. 이른바 신여성이 직업을 갖는다는 것은 모래사장에서 바늘을 찾는 것과 같이 매우 어려운 일이었다.

印度靑年과佳約매즌채

世上떠난崔孃의悲戀

瑞典大學에서印度靑年맛나
佳約맺고愛兒까지나은뒤에

瑞典經濟學士崔英淑孃一代記

「서전 경제학사 최영숙 양의 일대기」, 『삼천리』 1932년 5월호

번번이 취업의 문턱에서 고배를 마셔야 했던 최영숙이 선택한 일은 '콩나물 장수'였다. 낙원동 여자소비조합이 유지가 어려워 곤란한 상황에 처해 있다는 소식을 전해들은 최영숙은 자금을 변통하여 조합을 인수한다. 이후 사람의 왕래가 잦은 서대문 밖 교남동 큰 거리에 작은 점포 하나를 빌려다가 배추, 감자, 마른 미역줄기, 미나리, 콩나물을 쌓아놓고 팔기 시작했다. 최영숙의 발버둥에도 경제적 곤란함은 나아지지 않았다. 급기야 건강마저 해쳐 영양실조, 소화불량, 각기병으로 병세가 악화되어 동대문부인병원에 입원했다가 회복하지 못하고 27년의 짧은 생을 마감했다. 10여 년 동안 갈고닦은 실력을 제대로 펼쳐보지도 못한 최영숙의 죽음은 시대적 상황과 사회 구조적 모순에서 비롯된 비극이었다. 커다란 작업장을 마련해 걸인

들을 모아서 그들에게 일을 주어 노동의 신성함을 가르치겠다는 경제학도의 꿈은 정작 자신의 일자리조차 구하지 못하는 현실 앞에 무너지고 말았다. 그녀가 죽기 전 인도에서 만난 연인에게 남긴 편지에는 세상을 향한 최영숙의 마지막 절규가 남아 있다.

"돈! 돈! 나는 돈의 철학을 알았소이다."

冊

경성기담 전봉관, 살림, 2006.

미래를 여는 한국의 역사 5 역사문제연구소, 웅진지식하우스, 2011.

불온한 경성은 명랑하라 소래섭, 웅진지식하우스, 2011.

신여성 최영숙론 - 여성의 삶과 재현의 거리 우미영, 『민족문화연구』 제45호, 2006.

여성의 근대, 근대의 여성 김경일, 푸른역사, 2004.

한국 근대 여성 63인의 초상 김경일 외, 한국학중앙연구원, 2015.

다시 돌아온 비운의 천재

1895년(을미년) 10월 8일 새벽
암호명 '여우사냥'

경복궁에 잠입한 일본 자객들의 손에
조선의 국모가 살해당했다

그날 밤
사건에 가담한 조선인 장교 한 사람

촉망받는 인재였지만
신분제의 굴레에서 벗어날 수 없었던
장교 우범선禹範善

개화한 일본의 모습에 자극을 받아
급진개화파의 일원이 된다

조선을 부강하게 만드는 길은
일본과의 연대다!

그리고 그의 인생을 바꾼
명성황후 살해 사건

우범선은 사건 이후 일본으로 도피했지만
'국모의 원수'를 갚으러 온
옛 동료에 의해 죽음을 맞는다

명성황후 살해 사건 일본인 가담자들 사진

일본 땅에 남겨진 가족은
둘째를 임신중이었던 일본인 아내와 큰아들

일본인에게는 조센징으로
조선 동포에게는 역적의 아들로
어디에도 소속되지 못한 비참한 삶

아버지의 원죄를 짊어지고
한국과 일본 사이를 맴돌았던
비운의 천재

아버지 지인들의 도움으로
간신히 대학에 진학한 그는

조선인 학생이 선택 가능한
소수의 과목 중 농학을 선택

도쿄제국대학 부속 농업전문학교에서
육종학자의 길을 걷게 된다

그리고 1935년
그가 발표한 논문 하나

"서로 다른 두 종種은 교배를 통해
완전히 새로운 종을 탄생시키기도 한다."

–「종의 합성」

그의 논문은
다윈 진화론의 적자생존설을 수정하는
파격적인 내용으로 세계적인 주목을 받는다

그의 논문에 숨겨진
또 다른 사실

논문 말미에 적힌 이름
'나가하루 우Nagaharu U'

한국 이름 우장춘

學位記
東京帝國大學農學部教授會ハ
貴下ノ提出ニ係ル論文
あぶらな屬における「ゲノム」分析
附「ナプス」の合成と特殊授精現象
ヲ審査シ其ノ研究ノ學術上價値アルコトヲ
認メタリ仍テ大正九年勅令第二百號
學位令ニ依リ茲ニ農學博士ノ學位ヲ
授ク
昭和十一年五月四日
東京帝國大學
禹長春殿

한국 성을 버리지 않은 그의

한국인으로서 정체성

이후 한국에도
그의 이름이 알려지며 화제가 된다

그리고 해방 이후
심각한 식량난에 직면한 대한민국은
우장춘에게 한국농업과학연구소 소장직을 제안한다

"여생은 아버지의 나라를 위해 일하며
조국에 뼈를 묻을 생각입니다."

– 우장춘 박사의 연설(1950년 3월 8일)

조국의 제안을 받아들인 우장춘 박사는
전국의 농민들에게
새로운 농법과 종자를 홍보하기 시작한다

이때 일본 학자 기하라 히토시의 개발품
'씨 없는 수박'을 소개했다가
씨 없는 수박의 개발자로
잘못 알려지기도 했다

약 8년 동안 그가 이뤄낸 것들

제주 감귤과 강원도 감자
오늘날의 배추와 무 품종
우리 토질에 맞도록 개량된 쌀
생명력 강한 꽃씨의 개발
과일 품종의 정착과 대량생산

"세종대왕에 이어 우리 농업을 과학적이고 자주, 자립적인 단계로 도약시킨 이가 우장춘이다."

– 김태욱, 우장춘의 제자

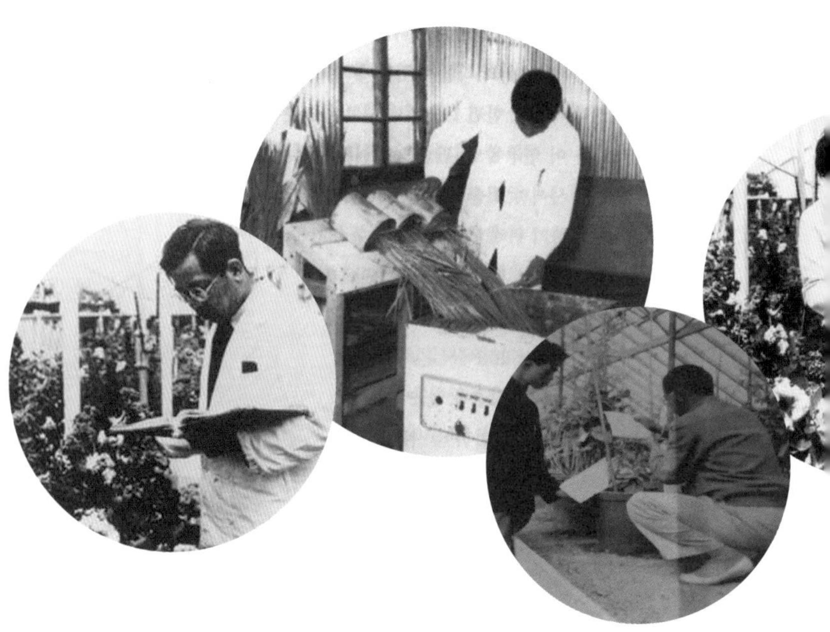

그러나
숨을 거두는 날까지 따라다녔던
친일매국노라는 아버지의 그림자

긴장된 한일 관계 속에
훈장 수여를 놓고 갑론을박하던 정부는
우장춘 박사가 사망하기 직전
'대한민국 문화포장'을 수여했고
병상에서 포장을 받은 우장춘은 한참을 오열했다

"조국이 드디어 나를 인정했다."

– 우장춘, 문화포장 수여식에서(1959년 8월 7일)

02 다시 돌아온 비운의 천재

반역자의 아들

1895년(고종 32년) 4월, 청나라와의 전쟁에서 승리한 일본의 기쁨은 그리 오래가지 못했다. 일본은 승전의 대가로 막대한 배상금을 챙기며 랴오둥 반도와 타이완, 펑후 제도를 할양받았다. 하지만 얼지 않는 항구를 찾아 꾸준히 남진정책을 추진하던 러시아는 일본의 팽창을 지켜볼 수만 없었고, 프랑스·독일과 함께 압력을 행사하여 랴오둥 반도를 반환하도록 했다. 기세등등하던 일본이 삼국의 간섭으로 한풀 꺾이는 모습을 본 조선은 러시아에 주목한다. 이윽고 러시아를 끌어들여 일본을 물리친다는 '인아거일引俄拒日'이 조선의 새로운 생존 전략으로 채택되었다.

조선의 노골적인 배척 움직임에 일본은 곤혹스러웠다. 조선을 강점하려는 계획이 물거품이 될 수도 있다는 위기감을 느낀 일본은 친러파의 정점에 있는 명성황후를 제거하여 난국을 돌파하려 했다. 1895년 10월 8일 먼동이 트는 새벽, 피비린내 나는 '여우사냥'이 시작됐다. 일본공사 미우라 고로의 지휘에 따라 낭인 50여 명과 일본공사관 수비대, 일본군 장교에게서 교육받은 일부의 조선군 훈련대가 경복궁의 가장 깊숙한 건청궁에 난입하여 명성황후를 잔혹하게 살해했다. 시신은 파렴치한 범행의 흔적을 지우기 위해 인근 솔밭에서 불태워졌다. 범행 당사자인 일본 외교관마저 사건의 전말을 담은 보고서에서 "역사상 고금을 통틀어 전례 없는 흉악"이라고 고백할 만큼 잔인했다.

일본은 을미사변을 조선인이 주도한 사건으로 꾸몄다. 명성황후와 정치적으로 견원지간이던 흥선대원군을 앞장세우고 조선인들을 명성황후 살해 과정에 참여시켜 진상을 은폐하고자 했다. 훈련대 제2대대장 우범선도 일본에 포섭된 조선인 가담자 중 한 사람이었다. 그의 집안은 대대로 무관을 배출한 중인 가문으로 우범선도 약관의 나이에 무과에 급제하여 관직에 나갔다. 우범선은 1876년(고종 13년) 개항 이후 국가 차원의 근대화 프로젝트에 따라 신설된 조선 최초의 서양식 군대 별기군의 교관으로 발탁될 만큼 뛰어난 실력을 갖춘 무관이었다.

그러나 앞길이 창창할 것만 같았던 청년 장교 우범선은 부조리한 현실과 마주한다. 출중한 실력의 무관이라 할지라도 그는 중인이었고, 신분의 벽은 높았다. 우범선은 오늘날의 소령에 해당하는 참령의 계급이었으나 양반 생도들은 훈련 중에도 그를 '너'라 부르며 말을 놓기 일쑤였다.

"9대 장교를 하는 집안의 적장손으로 여러분 아버님인 훈장이나 영장도 날더러 너라고는 부르지 않고 자네라고 불렀을 터인데 지금 나한테 훈련을 받고 있는 서방님들이 너라 부른다는 것은 만부당이요, 관직에 대한 모독이며, 조정 체면에 먹칠하는 것이다. 간이 있는 사나이로서 참을 수 없는 일이다."

극심한 모멸감과 굴욕을 견디지 못한 우범선은 별기군을 뛰쳐나간 후 일본으로 건너갔다. 우범선은 별기군의 일본인 군사 고문이 이야기하던, 출신에 의한 신분의 차이가 없으며 만인이 평등하다는 일본의 모습을 눈으로 확인하고 싶었다. 하급 사무라이가 중심이 되어 일어난 메이지 유신으로 동아시아에서 제일 먼저 근대화를 이룩한 일본은 그에게 이상적인 세계였다. 그는 일본을 모델로 조선의 병폐를 개혁해야 한다는 급진 개화파 인사들과 같은 꿈을 꾸기 시작한다.

1894년(고종 31년), 일본의 힘을 바탕으로 개화파들이 권력을 잡게 되면서 우범선은 훈련대 대대장으로 복귀했다. 훈련대는 중앙군으로서의 기능을 상실한 친군영을 강화하기 위하여 일본공사 이노우에 카오루의 건의에 의하여 조직되었다. 삼국 간섭으로 일본의 세력이 약화되자 훈련대를 평소 못마땅하게 여겼던 고종은 1895년 5월, 훈련대와 별도로 궁궐의 수비를 전담하는 시위대를 창설했고, 같은 해 10월 7일, 마침내 훈련대의 해산을 결정했다. 훈련대 존폐가 자신의 운명에 직접적인 영향을 미친다고 생각한 우범선은 해산 정보를 일본 공사관에 알렸다. 불리한 국면을 전환하기 위해 명성황후 제거 계획을 준비하고 있던 일본에게 우범선이 전해준 정보는 매우 긴요했다. 일본은 우범선에게 작전 당일에 훈련대를 동원하도록 했고, 왕비와 민씨 일족을 '근대화의 장애물'로 판단했던 그는 적극적으로 협조했다.

을미사변 이후 일본은 친일 내각을 세워 정국의 주도권을 쥐려 했다. 하지만 높아지는 국제적 비난 여론과 고종이 러시아 공관으로 피신하는 아관파천이 일어나면서 정세는 급변했다. 우범선은 일본이 조선에서 밀려나고 조정에서 조선인 가담자들을 참수하라는 명이 내려지는 등 사태가 불리하게 돌아가자 '역적'이라는 낙인이 찍힌 채 일본으로 도피했다. 일본에서의 생활은 언제 암살당할지 모른다는 위험을 제외하고는 나쁘지 않았다. 일본 정부와 명망가들은 중국과 일본에서 망명해온 개화파 인사들을 후원해주고 있었고, 우범선도 그와 같은 지원을 받아 당시 소학교 교사 월급의 두 배에 달하는 거액을 생활비로 받았다. 우범선은 조선에 처자가 있는 몸이었지만, 망명한 지 얼마 안 되어 어느 귀족 집에 고용인으로 있던 사카이 나카에게 호감을 느끼고 그와 재혼했다. 그 사이에서 1898년 4월, 첫 아들 '장춘'이 태어났다.

우장춘의 트라이앵글

우장춘이 다섯 살이 되던 1903년, 우범선은 망명객 고영근의 손에 살해되어 파란만장한 삶을 마치게 된다. 고영근은 독립협회와 만민공동회에 참가해 활동하다가 고종의 탄압으로 운동이 실패하자 대신들을 살해하려다 발각되어 일본으로 망명했다. 곤궁한 생활을 이어가던 고영근은 홍종우가 김옥균을 죽이고 '충군애국의 지사'로 금의환향하는 것을 보고는 고종의 환심을 사서 조선으로 돌아가고자 우범선에게 접근하여 그를 기습적으로 살해했다.

한순간에 가장을 잃고 남겨진 가족의 생활은 어려웠다. 더구나 우범선이 살해된 이듬해 우장춘의 남동생 홍춘까지 태어나면서 가정 형편이 어려워지자 잠시나마 어린 장춘은 고아원에 맡겨졌다. 매일 매일 감자만 먹었던 고아원 생활에 이골난 우장춘은 평생 동안 먹을 감자를 그때 다 먹었기 때문에 감자를 싫어하게 되었다고 회고하기도 했다.

가난한 형편에도 불구하고 우장춘이 학업을 계속 할 수 있었던 것은 그가 우범선의 아들이었기 때문이다. 일제강점기 기자로도 활동했던 역사학자 황의돈은 「위국항일의사열전」에서 한일병합 당시 우범선의 유족에게 5000원의 공채증서가 주어졌다고 기록하고 있다. 일본에 협력했던 매국의 대가였다. 우장춘이 도쿄제국대학 농학실과(지금의 도쿄농공대학)에 진학할 수 있었던 것도 아버지의 지인들이 조선총독부 관비 유학생으로 뽑힐 수 있도록 힘을 써주었기에 가능했던 일이다.

우장춘은 공학부에 진학하기를 원했으나 학비를 지급하는 조선총독부는 농학부에 진학하도록 지시했고, 그는 그 지시에 따랐다. 우장춘은 훗날 "만일 공학부에 진학했었다면 무기제조 연구에 몰두했을지도 모른다"고 하며 오히려 이 결정을 다행으로 여겼다. 우장춘이 진학한 농학실과는 농과대학에 소속된 전문대학으로 실습을 주로 하고 농촌 지도자 육성을 목적으로 하고 있었다. 우장춘이 연구에 있어서 이론보다는 농작물의 실제 재배에 철저했던 것은 그가 실과 출신이었던 까닭이다. 1919년 대학을 졸업한 우장춘은 농대 출신에게는 최고의 직장인 농림성 농사시험장에 취직했다.

1935년 가을, 우장춘은 세계 육종학계를 깜짝 놀라게 한 논문을 발표한다. 논문의 제목은 「배추 속屬 식물에 관한 게놈 분석」으로 우장춘은 이 논문으로 도쿄제국대학에서 농학박사학위를 받았다. 당시까지만 해도 같은 종끼리만 교배가 가능하다는 것이 학계의 정설이었다. 하지만 우장춘은 종은 달라도 같은 속의 식물을 교배하면 전혀 새로운 식물을 만들 수 있음을 입증했다. 그는 자신이 연구하던 유채가 자연적으로 발생한 종간교접의 산물이란 것을 알게 되었다. 그는 배추와 양배추를 교접해 유채를 만들어 이를 증명했고, 더 나아가 배추와 양배추 그리고 유채 간의 세포학적 관계를 밝혀내었다. 이를 토대로 우장춘은 종간교접으로 새로운 종이 탄생되고, 이것은 그들이 지니고 있는 세포 내 염색체 수의 배가에 의한 것이라는 새로운 학설을 발표했다. 이 학설은 유전학계에서 '우장춘의 트라이앵글U's Triangle'로 불리며 지금까지도 종의 합성에 관한 대표적인 사례로 간주되고 있다.

20년 동안 농사시험장에서 일하며 다윈의 진화론을 수정하는 학술적 성과를 이루었으나 우장춘의 신분은 정식 기사가 아니었다. 우장춘은 한국인 혈통을 가졌다는 이유로 번번이 승진에 고배를 마셔야 했다. 일본 관료조직에 존재하는 민족차별의식은 뿌리 깊었고, 태평양전쟁의 발발로 민족차별주의는 점점 맹위를 떨쳐갔다. 좌절한 우장춘이 사표를 제출하자 농림성은 그제야 선심 쓰듯 하루 동안 기사로 임명한다는 사령장을 교부하고 다음날 사직을 수락했다.

조국이 나를 인정했다

"저는 지금까지 어머니의 나라인 일본을 위해서 일본인에게 뒤떨어지지 않을 정도로 노력해왔습니다. 그러나 지금부터는 아버지의 나라인 한국을 위해서 최선을 다할 각오입니다. 나는 이 나라에 뼈를 묻을 것을 여러분께 약속합니다."

1950년 3월 8일, 혈혈단신 부산에 도착한 우장춘은 구름같이 몰려든 환영 인파를 향해 자신의 각오를 밝혔다. 우장춘의 환국은 대한민국의 절실한 요청에 의해 이루어졌다. 광복 직후 대한민국은 일본의 패전으로 식민지에서 벗어났지만 당장 먹고사는 문제가 급박했다. 일제강점기 일본에서 다량의 종자가 공급되었기 때문에 한국에는 제대로 된 종묘장 하나 없었다. 농가에서 재래식으로 얻는 모종으로 농사를 지을 수는 있었으나 생산성은 매우 낮았다. 밀수를 통해 일본에서 종자를 가져오기도 했으나 본질적인 해결책이 되지는 못했다. 이런 난국을 해결할 수 있는 사람은 우장춘밖에 없다는 여론이 높아져 결국 환국추진위원회가 조직되었고, 우장춘이 이에 화답하여 대한민국 땅을 밟게 되었다. 대한민국 정부는 일본에 남을 가족들을 위해 쓰라며 100만 엔의 거금을 보냈으나 도리어 우장춘은 이 돈으로 육종에 관한 서적, 실험용 기구, 각종 종자 등을 사가지고 돌아왔다.

한국농업과학연구소의 소장으로 취임한 우장춘은 제일 먼저 김치의 핵심 재료인 배추와 무의 품질 개량부터 시작했다. 대개 예전부터 지금과 같은 배추를 먹었으리라 생각하지만 당시 국산 배추와 무의 품질은 최악이었다. 재래종 배추는 배춧잎이 모아지지 않고 상추처럼 힘이 없었다. 반면 일본 배추는 잎의 두께가 두꺼웠다. 우장춘은 이 둘을 교배해 속이 꽉 차고 무르지 않으며 사각사각하면서도 고소한 배추를 만들었다. 또한 국산 무와 일본 무를 교배해 크고 아삭하며 병충해에 강하고 수확량이 많은 무를 만들어냈다.

배추와 무의 종자가 어느 정도 자급자족 상태에 이르게 된 후 우장춘은 심각한 식량문제를 해결할 방법을 찾기 시작했다. 고심 끝에 생각해낸 작물은 바로 감자였다. 당시 농가에서 재배하던 씨감자는 바이러스병이 심해 겨우 절반 정도만 수확할 수 있었다. 우장춘은 씨감자를 수집해 바이러스를 분석하고 무병 감자를 선발해 강원도 대관령에 종자 생산지를 조성했다.

또한 우장춘은 채소 종자를 대량으로 재배할 생산지를 찾으러 다니다가 제주도가 훌륭한 귤 재배지가 될 수 있다는 아이디어를 얻기도 했다. 오래전부터 제주는 귤의 산지로 유명했으나 갑오개혁으로 공납제도가 없어지자 제주 사람들은 수탈로 인해 자신들을 괴롭히던 감귤나무를 베어버렸다. 우장춘이 제주도를 찾았을 때는 병에 걸려 방치된 감귤나무만을 볼 수 있었을 뿐이다. 우장춘은 일본에서 신품종의 감귤나무를 도입해 시험재배를 했으며, 서귀포 일대에 대규모 시험장을 설치해 귤 재배기술을 체계화했다. 그의 연구는 1960년대 이후 정부의 지원을 받아 제주도가 감귤 생산지로 성장하는

데 커다란 밑거름이 되었다.

당시 우장춘은 우량 품질의 종자를 개발했으나 농민들은 쉽게 종자를 재배하려 들지 않았다. 종자에 대한 불신이 그 이유였다. 이 문제를 해결하기 위해 그는 한 가지 묘안을 냈는데 '씨 없는 수박 시식회'였다. 씨 없는 수박은 사람들의 많은 이목을 끄는 데 성공했다. 그러나 이로 인해 우장춘이 씨 없는 수박의 최초 개발자라는 잘못된 정보가 유포되었다. 원래 씨 없는 수박을 발명한 사람은 우장춘과 친밀한 교류를 가졌던 기하라 히토시 교수다. 결국 우장춘의 제자들에 의해 오해가 풀려 정정될 때까지 1980년대 교과서에는 씨 없는 수박의 개발자로 우장춘의 이야기가 수록되기도 했다.

숱한 밤샘 작업 끝에 우장춘의 몸은 쇠약해졌다. 그 와중에도 한창 연구중이던 벼를 관찰할 정도로 열과 성을 다했다. 세상을 떠나기 3일 전, 우장춘에게 대한민국 문화포장이 수여됐다. 비록 훈장은 아니었지만 그때까지 〈애국가〉를 작곡한 안익태 한 명만이 받은 포장이었다. 우장춘은 눈을 감고, 떨리는 손으로 살며시 포장을 쥐고 "고맙다. 조국이 나를 인정했다"며 눈물을 흘렸다.

한국에 돌아온 지 9년 만에 처음으로 대한민국을 '조국'으로 부른 순간이었다.

우장춘의 신화를 넘어서

일본에서 태어나 세계적인 육종학자로 성장한 우장춘이 일본에서 이룬 모든 것을 뒤로 한 채 혼란한 정치적 상황이 계속되던 한국행을 선택한 이유는 무엇일까? 을미사변에 가담한 아버지 우범선의 죄업을 속죄하고 민족에 헌신하려는 마음에서 한국행을 택했을 것이라는 해석이 그동안 우장춘의 한국행에 대한 일반적인 설명이었다.

하지만 우장춘은 생전에 부친이 행한 과오에 대해 어떠한 공식적인 사과나 해명을 한 적이 없었다. 그저 그가 한국에 와서 남긴 과학적 업적을 토대로 대중들이 우장춘을 투철한 조국애를 지닌 과학자로 해석했을 따름이다.

전북대학교 과학학과 김근배 교수는 우장춘이 한국으로 건너오게 된 배경을 애국심과 국가주의 혹은 민족주의적 시각이 아닌 과학 휴머니즘으로 설명한다. 자신의 불우한 처지를 과학으로 극복한 그가 과학을 통해 인류애를 체득하여 자신을 필요로 하는 한국에서 남은 생애를 봉사하려는 마음이었다는 얘기다. 다른 한편으로 인하대학교 한국학연구소 정종현 교수는 우장춘이 자신의 연구를 지속시킬 국가의 지원에 따라 이동한 것이라고 설명한다. 한국행이 결정되기 전 우장춘은 농사시험장을 떠나 다키이종묘회사에서 농장장으로 일했다. 그리고 1945년 8월에 퇴사한 후 연구와 실험을 중단한 채 아무 일도 하지 않고 있었다. 이런 처지에 있던 우장춘에게 한국에서의 환국추진운동은 다시 한 번 연구에 전념할 수 있는 좋은 기회였을 것이다.

우장춘의 한국행에 대해 다양한 해석이 가능하지만 한 가지 분명한 점은 한국에 대해 가졌던 그의 가치관이 '아버지의 나라'에서 '조국'으로 변화했다는 것이다. 한국인 아버지와 일본인 어머니를 둔 우장춘에게 한국과 일본은 각각 '아버지의 나라'와 '어머니의 나라'였다. 민족차별에도 불구하고 한국식 성을 고집할 정도로 이러한 인식은 확고했다. 그러나 한국과 일본 사이의 경계인으로 육종학의 불모지였던 한국에서 새롭게 연구 환경을 개척해나가던 그에게 한국은 임종 직전에서야 아버지의 나라를 넘어 조국이 되었다.

우장춘의 생애 전체를 보았을 때 한국에서 이룬 과학적 성과는 지극히 일부에 지나지 않는다. 당시 일본에 비해 열악했던 연구여건에 따른 영향도 있지만 무엇보다 우장춘이 한국에 직접 도움이 될 만한 연구를 하고자 했기 때문이다. 그 결과 우리에게는 중요하지만 외국에서는 상대적으로 소홀히 다루어진 배추, 무, 고추 등의 육종연구에서 한국이 주도권을 잡아나갈 수 있었다. 지난 2000년에 10여 개국가가 모여 결성된 배추과科 게놈 국제컨소시엄에서 우장춘의 종의 합성 이론에 근거하여 배추과 작물의 유형 분류가 이루어졌고, 한국 배추가 국제 게놈분석의 표준 연구품종으로 선정되기도 했다. 이렇듯 우장춘이 뿌린 육종학의 씨앗은 오늘날까지 한국 채소 육종연구의 소중한 원천이 되고 있다.

과학과 내셔널리즘 정종현, 상허학보 39, 2013.

우장춘의 마코토 이영래, HNCOM, 2013.

우장춘의 한국 귀환과 과학연구 김근배, 한국과학사학회지 26권, 2004.

자객 고영근의 명성황후 복수기 이종각, 동아일보사, 2009.

조국은 나를 인정했다 쓰노다 후사코 저, 오상현 역, 교문사, 1992.

VARIATIO

03 사라져 버린 대문

의[義]를 북돋우는 문

2010년
국립고궁박물관 수장고에
보존 처리되어 있다가
한양 도성의 세계문화유산 추진 과정중
많은 국민들의 관심을 받게 된
커다란 현판 하나

현판의 뒷면
'신묘년(1711년) 11월 15일 유학 조윤덕이 쓰고
기사년(1749년) 2월 18일 영건소에서 개조'

그리고
현판의 앞면

도타울 돈敦
옳을 의義
문 문門

동서남북 4개의 큰 문과 4개의 작은 문이
성벽으로 둘러싸여 있던 한양의 도성

그 중
한양의 서쪽을 지킨
돈의문

수장고에 보관되어 있던 현판은
한양의 서쪽 대문
돈의문이 남긴 유일한 표식이었다

그러나

때로는 풍수지리를 이유로
때로는 권력자의 의지로
세 번이나 다시 세워진 돈의문

이후 돈의문은 한성에서 평안도 의주에 이르는
제1간선도로의 시발점이자
외교사절이 오면 국왕이 직접 마중을 나가는 문으로
490여 년간 한양의 서쪽 대문 역할을 했다

그리고 1915년

당시 마포에서부터 돈의문, 동대문을 지나
청량리까지 운행되었던 경성(서울)의 전차 노선

'전차 궤도 복선화'를 발표한 일제

돈의문과 동대문은
전차 노선 확장 공사를 진행하려는
일제의 걸림돌이 되었다

그러나

임진왜란 때 일본군이 입성한 동대문은
헐지 않고 문 양쪽 성벽만 없애 전차 노선을 유지

반면 돈의문은 형체도 없이 완전히 사라져버린다

"일제는 총독부 토목국 조사과에서
돈의문의 경매 입찰을 진행했고
염덕기라는 사람에게
205원 50전에 낙찰되었다."

– 『매일신보』, 1915년 3월 7일

일제는 강제로 헐린 돈의문을
경매에 붙여 이익을 남기고

돈의문의 석재와 목재뿐 아니라
한양을 둘러싸고 있던 성벽까지 무너뜨려
도로 공사 자재로 사용한다

일제에 의해 강제로 헐린 후
다른 대문들과는 달리 다시 세워지지 못한
비운의 서쪽 대문, 돈의문

현판과 이야기로만 전해지는
돈의문의 옛 자리에는
현재 '돈의문 터'라는 표시만이 있을 뿐이다

2009년 정부는
2013년까지 돈의문의 복원을 예정했지만
문화유산의 복원과 현실 사이의 타협 가운데
돈의문 복원은 2022년까지 중장기 과제로 미뤄져 있다

돈의문 터 1422 - 1915

03 사라져 버린 대문

보이지 않는 문

덕수궁 돌담을 끼고 걷다가 정동길 끝자락에 이르면 강북삼성병원이 마주 보이는 언덕 아래로 나무판을 짜맞춘 담장을 만나게 된다. 한양 도성의 서쪽 대문 돈의문 자리를 표시하기 위해 설치된 공공미술작품 〈보이지 않는 문〉이다. 죽은 이의 묘비처럼 담장 벽에는 '돈의문 터 1422–1915'라는 문구가 적혀 있다. 차들이 분주히 오가는 왕복 8차선 도로 사이로 그 옛날 이 자리에 돈의문이 있었다는 사실을 알리는 유일한 흔적이다.

조선을 건국한 태조 이성계는 신하들의 강력한 반대에도 개경에서 한양으로 천도를 감행한다. 1395년(태조 4년) 윤9월, 종묘와 사직 그리고 궁궐 공사가 마무리되자 곧바로 도성조축도감이 설치되고 성곽 공사가 시작됐다. 종묘에 조상의 혼을 모셔 국가의 정체성을 확립하고, 궁궐에서 임금이 법을 만들어 국가의 존엄성을 보였다면, 도성을 둘러싼 성곽의 축조는 외적의 공격을 막아 백성이 편안히 생업에 전념할 수 있도록 통치체제의 안정을 꾀하는 국가 수호의 상징이었다. 그런 이유로 종묘와 궁궐, 성곽의 건설은 만세로 이어지는 왕업의 중요한 기초로 인식되어 나라를 창업했을 때 무엇보다도 먼저 해야 할 일로 여겨졌다.

태조의 진두지휘 아래 성곽 공사는 착공한 지 98일 만에 완공이 되었다. 궁궐 공사에 참여했던 경기도, 충청도, 황해도와 국방의 임무를 맡았던 압록강과 두만강 지역의 인력을 제외한 전국에서 징발된 11만 8070명이 참여한 대역사였다. 당시 한양의 인구가 5만 명 정도로 추정되므로 조정에서 성곽 건설에 얼마나 심혈을 기울였는지 짐작할 수 있다. 다듬지 않은 자연석과 흙을 차곡차곡 쌓아올린 성곽은 북악산 정상에서 시작되어 낙산, 남산, 인왕산의 능선을 따라 도성을 둘러싸며 이어지다 다시 북악산에서 끝을 맺었다.

길게 이어진 성곽 사이로 도성의 안과 밖을 연결하기 위해 크고 작은 문들이 들어섰다. 성곽의 동서남북에 흥인지문, 돈의문, 숭례문, 숙정문(숙청문)을 세우고, 4대문 사이마다 작은 성문으로 동북쪽에 홍화문, 동남쪽에 광희문, 서남쪽에 소덕문, 서북쪽에 창의문을 세웠다. 유학을 국시로 삼아 건국된 조선답게 4대문의 이름은 '인의예지'를 넣어 새 나라의 도읍이 어질고, 의로우며, 예의 바르고, 지혜로운 사람들로 넘쳐나는 공간이 되기를 희망했다.

한양 도성의 4대문 가운데 '의를 북돋운다'는 뜻의 돈의문은 한곳에 터를 잡기까지 오랜 시간이 걸렸다. 처음 돈의문이 세워졌을 때 성문은 지금의 위치에서 훨씬 북쪽인 사직동에서 독립문으로 넘어가는 언덕에 있었다. 돈의문이 완공된 지 18년째 되던 1413년(태종 13년) 6월, 풍수학자 최양선은 태종에게 풍수지리적 이유를 들며 돈의문을 옮길 것을 건의했다.

"지리로 고찰한다면 나라의 도읍 장의동 문과 관광방 동쪽 고갯길은 바로 경복궁의 좌우 팔입니다. 청컨대 길을 열지 말아서 지맥을 온전하게 하소서."

태종은 건의를 받아들여 돈의문을 폐쇄하고 그보다 더 남쪽에 서전문西箭門이라는 새로운 성문을 열었다. 돈의문을 대신할 성문의 입지를 논의하면서 처음에는 당대 권력가인 병조판서 이숙번의 집 앞이 가장 적합한 후보지로 검토되었다. 그는 태종이 왕위를 차지하는 데 단초가 된 제1차 왕자의 난에서 혁혁한 공을 세운 태종의 최측근으로 나라의 모든 병권을 쥐고 있었다. 자신의 집 앞에 성문이 세워지는 것을 못마땅하게 여긴 이숙번은 상왕 정종의 거처인 인덕궁 앞이 성문을 세우는 데 더 낫다고 주장했다. 결국 '살아 있는 권력'인 이숙번의 말에 따라 서전문이 세워졌다. 그 결과 도성을 동서 방향으로 반듯하게 가로질렀어야 할 길은 이숙번의 입김에 그의 집을 피해 구부러진 길이 되었고, 성문을 드나드는 사람들과 우마차의 북적대는 소음은 한때 나라의 임금이었던 정종이 감당해야 할 몫이 되어버리는 웃지 못할 일이 벌어지고 만다. 하지만 1422년(세종 4년), 서전문도 10년을 채우지 못한 채 도성 보수 과정에서 다시 헐린다. 대신 그 남쪽에 새로 문을 세워 옛날과 같이 돈의문이라 불렀다. 공공미술작품 〈보이지 않는 문〉에 적힌 성문의 탄생일이 1396년이 아닌 1422년으로 적힌 이유가 여기에 있다.

슬프다 하고 땅을 울리더라

"나는 (…) 경성의 여덟 성문 되는 우리 팔형제 중에 둘째 되는 돈의문이올시다. (…) 몇 백 년 내려오면서 나는 많이 먹어도 항상 간난아이 다려 새아기 새아기 하는 셈으로 새문 새문 하더니 지금은 이 새문이 아주 경성의 여러분과 인연이 지나서 오는 6일에는 경매가 되어간다 합니다. (…) 우리 끝에 동생 서소문은 지난 섣달에 헐려갔고 우리 맏형 동대문과 셋째 아우 남대문은 좌우편 성이 뭉그러져 몇 해 이래로 우리 형제와 연신이 전혀 끊겼는데 지금에 이 몸조차 형해를 잃게 되니 이전을 돌아보고 지금을 생각하매 감구지회를 어찌 금하오리까."

1915년 3월 4일자 『매일신보』에 '나는 경성 서대문이올시다'라는 제목의 기사가 실렸다. 이틀 뒤 조선총독부 토목국에서 주관하는 돈의문 경매를 앞두고 철거될 운명에 처한 성문을 의인화하여 그 안타까운 속마음을 적어내린 글이다.

왕조의 기운이 쇠락하면서 500년 도읍을 굳건히 지켜내던 도성도 온전할 수 없었다. 1907년, 헤이그 특사 사건을 빌미로 고종이 강제 퇴위를 당한 직후, 통감부의 압력에 의해 성벽처리위원회가 설치되었다. 곧이어 도성과 전국 각지의 읍성들이 훼철되기 시작했다. 일본 황태자 요시히토의 방한과 맞물려 숭례문과 흥인지문의 좌우 성벽이 헐려나갔다. 조선주둔군 사령관 하세가와 요시미치는 대포를 쏴서 숭례문마저 없애버리려고 했으나, 임진왜란 당시 일본의 선봉군이 지나간 전승기념물이라는 조선거류민단 단장 나카이 기타로의 설득에 숭례문과 흥인지문은 가까스로 살아남았다. 그러나 1910년 국권이 피탈된 이후에도 도성 파괴 행위는 지속되었다.

조선총독부는 시구개정사업이라는 이름으로 도성 안 각종 도로의 정비를 추진한다. 한양의 전통적인 가로 체계와 지형적 조건을 무시하고 식민통치에 적합한 형태로 개조하려 한 것이다. 일제가 격자형의 가로망을 만들고 도로와 전차 노선을 확장하면서 주요 교통로에 위치한 성문과 주변 성벽은 집중적으로 파괴되었다.

시구개정사업의 일환으로 경희궁 앞에서 돈의문을 지나 서대문

우편국 앞까지 이르는 도로를 확장하는 공사가 1913년부터 시작되었다. 돈의문의 철거 역시 이 사업의 일환으로 결정된 것이었다. 철거가 결정되자 조선총독부는 돈의문의 석재를 도로 공사에 사용하기로 했고, 문루의 목재와 기와는 경매에 붙여져 염덕기라는 사람에게 단돈 205원 50전(현재 시세로 약 521만 원)에 팔려나갔다. 경매가 있은 후 3개월이 지난 1913년 6월 11일자 『매일신보』에는 지축을 흔드는 통곡과 함께 무너지던 돈의문의 마지막 모습이 기록되어 있다.

"문루와 문짝 등은 없어지고 돌덩이 홍예 형상만 두어 달 동안 비바람에 그대로 노출시켰더니 10일 정오경에는 홍예 형상의 큰 돌까지 붕괴되어버렸더라. 이전에 한양의 백성이 편안하라고 쌓았던 도성의 성문이라. 홍예에 쌓은 석재는 주초 돌 말고 17개라. (…) 큰 돌인고로 인부가 위에서 무너뜨릴 때에는 슬프다 '꽝!' 하고 땅을 울리더라. 그리고 문의 좌우 옆에 쌓인 돌은 모두 2~3일 안에 없애버린다 한즉 이로써 대문은 영구히 그 그림자가 사라지겠더라."

1945년 광복 이후에도 한양 도성의 수난은 계속되었다. 6·25전쟁을 거치며 파괴된 서울의 재건을 빠르게 추진하는 과정에서 한양도성은 철저한 무관심 속에 파괴됐다. 성문과 성벽은 여전히 도시의 성장을 가로막는 장애물에 불과했다. 1970년에 이르러서는 전체 18.6킬로미터 가운데 절반에도 못 미치는 6.7킬로미터만이 남아 있을 뿐이었다.

사라진 성문과 성벽의 복원은 전혀 뜻밖의 일을 계기로 시작되었다. 1968년 1월, 북한 무장공비가 서울 세검정 일대까지 잠입하는 사건이 일어난다. 이에 정부는 국민의 안보의식을 강화하는 수단으로 도성의 복원을 적극적으로 추진했다. 1975년부터 1982년까지 8개 지구에서 광희문과 숙정문을 포함한 9.8킬로미터의 성벽이 복원

된 것이다. 2008년 동대문디자인플라자(DDP) 공사를 위해 옛 동대문운동장 지역을 재개발하는 과정에서 남산에서 내려온 물이 청계천으로 흐를 수 있도록 설치한 홍예문인 이간수문이 원형 그대로 발굴되었고, 2014년에는 일제가 한양공원과 조선신궁을 건립하는 과정에서 완전히 파괴되어 사라져버린 줄로만 알았던 남산 성벽이 그 모습을 드러냈다. 이후 지속적인 복원 사업에 의해 현재 전체 길이의 70퍼센트에 달하는 도성이 복원되었으며, 유네스코 세계문화유산 등재도 추진되어 2012년 세계문화유산 잠정목록에 이름을 올렸다.

멸실되었던 성문들이 복원되는 와중에도 한양 도성의 4대문 중 유일하게 돈의문은 복원되지 못하고 있다. 2009년 서울시는 한양 도성의 전 구간 복원을 목표로 한 정비 계획을 발표했다. 이 계획에 따라 2013년까지 돈의문을 본래의 위치에 복원하려 했다. 옛 사진 자료만으로는 복원하는 데 어려움이 따르지만 때마침 국립고궁박물관 수장고에서 발견한 돈의문의 현판을 기준 삼아 비례법을 적용하여 성문의 정확한 규격을 산출해낼 수 있었다. 하지만 돈의문을 제자리에 복원할 경우 도로를 가로막게 되어 교통 정체가 심각할 것이라는 우려와 함께 예산 확보 등 악재가 이어지자 돈의문의 복원은 2022년까지 중장기 과제로 미뤄졌다.

문화재 '복원'을 넘어서 '무엇을' 복원할 것인가

"최대한 복원할 것인가. 최소한의 보존 처리만 할 것인가. 아무것도 하지 않고 내버려둘 것인가. 레플리카(복제품)를 만들 것인가."

– 『L의 운동화』, 김숨

소설 속에서 1987년 6월 민주항쟁의 도화선이 됐던 연세대 학생이한열의 운동화 복원을 의뢰받은 복원전문가가 말한다. 무엇을 복원하고 무엇을 복원하지 않을 것인가. 복원을 한다면 어떠한 상태로 복원해야 할 것인가. 복원은 단순히 붙이고 칠하는 기술이 아니라 그 대상이 지닌 역사성에 대한 시대적 인식의 반영이다.

문화재 복원은 수많은 맥락을 고려한 '선택'이 필요하다. 역사적 근거 없이 이루어진 복원은 역사의 파괴와 왜곡으로 이어질 수 있다. 4대문과 4소문의 하나인 숙정문과 혜화문의 복원을 두고 원형을 훼손했다는 비판이 일었다. 500년 동안 석문으로만 남겨져 있던 숙정문에 태조 당시에 문루가 있었다는 주장에 기대어 없던 문루를 지어 올리고 편액을 달았다. 혜화문은 본래 편액이 남아 있었음에도 불구하고 이를 무시한 채 새로운 편액을 만들어 달기까지 했다.

조선왕조의 법궁인 경복궁의 정문 광화문의 어긋난 위치를 바로잡고 철근 콘크리트에서 목조 건물로 새로 고쳐 짓는 과정에서도 어떠한 현판을 달 것인가를 두고 논란이 일었다. 한글 전용을 내세우는 사람들은 한글 현판을 달아야 한다고 주장했고, 광화문의 복원을 표방한 이상, 처음 모습 그대로 한자 현판을 달아야 한다는 주장이 팽팽히 맞섰다. 현판을 둘러싼 논쟁은 문화재청이 문화재 원형 복원의 원칙에 따라 고종 때 광화문 중건 당시 걸었던 훈련대장 임태영의 글씨로 결정하면서 일단락되었다. 문화재청은 경복궁의 복원 시점으로 잡은 1885년에 가장 근접한 시기에 걸려 있던 현판으로 선택한 것이다. 문화재청은 2009년 「역사적 건축물과 유적의 수리복원 및 관리에 관한 일반원칙」을 세우고 "복원은 고증에 의해 충분하고 직접적인 증거를 통해 역사, 문화적 가치를 회복할 수 있는 경우에 가능하다"고 규정한 바 있다. 서울시도 돈의문의 복원에 있어 졸속으로 추진하기보다는 한양도성자문위원회 및 전문가들의 의견을 수렴하여 보다 신중히 복원 계획을 수립하기로 결정하고 복원 계획을 늦추기로 했다.

돈의문은 그 이름보다 '새문新門'이라는 별칭으로 더 많이 불리었다. 한양 도성의 서쪽 대문이 여러 차례 자리를 옮겨 잡으며 새롭게 세워졌기에 백성들에게 돈의문은 늘 '새문'이었기 때문이다. 서대문역에서 세종대로 사거리에 이르는 일대를 '새문안'이라고 일컫는 명칭도 여기서 유래한 것이다. 그 옛날 친숙했던 별명과 같이 서울의 서쪽에 자리를 틀고 앉아 오고가는 사람들을 늘 편안케 한 '새문'이 다시 한 번 우뚝 서는 날을 고대해본다.

서울한양도성 서울역사박물관 한양도성연구소, 2015.
순성의 즐거움: 서울성곽 600년을 걷다 김도형, 효형출판, 2010.
한양도성 걸어서 한바퀴 유영호, 창해, 2015.

VARIATIO 04 이상한 징조들

1600년대 중엽
세계 각국에서 서서히 나타난
이상한 징조들

얼어붙은 영국의 템스 강

매서운 추위에 종자 수확이 끊긴
중국 강남의 감귤농장

1년 내내
눈이 녹지 않은 에티오피아

강추위에 얼어 죽은
북아메리카의 인디언들

이상 기후와 함께 잇달아 발생하는
전염병, 경제위기, 폭동과 사회불안

얼어붙은 템스 강을 그린 17세기의 삽화

그리고

한반도에서도 나타나기 시작한 이상 현상

1670년(현종 11년, 경술년) 5월

이미 여덟 차례나 기우제를 지냈지만
5월 초가 지나도록 비 소식이 없었고
파종 시기를 놓친 백성들은 발만 동동 굴렀다

"40년 동안 살면서 금년 같은 가뭄을
본 적이 없습니다. 실로 국운이 걸려 있어
걱정을 이루 다 말할 수 없습니다."

– 평안감사 민유중이 형에게 보낸 편지 중

1670년 7월 9일
드디어 내린 큰비

그러나 이번에는
멈추지 않고 쏟아지는
차가운 폭우

전국을 강타한 물난리로
간신히 심은 농작물이 썩고
산사태와 홍수로 가축과 사람이 죽어나갔으며

여름부터 가을까지
큰 태풍이 여섯 차례나 닥쳐와
조선 팔도 곳곳이 큰 피해를 입는다

뿐만 아니라
수시로 관찰되는 크고 작은 지진
작물과 초목에 들끓는 병충해
사람과 가축 사이에 퍼지는 역병

지진, 냉해, 가뭄, 홍수
우박, 태풍, 전염병, 해충

여덟 가지 자연재해는
이듬해인 1671년(현종 12년, 신해년)까지
2년 동안 조선 전역을 초토화시켰다

"기근의 참혹함이 팔도가 똑같아
백성들의 고통이 끝없고
국가의 존망이 결판났습니다."

– 어전회의에서 영의정 허적, 1670년(현종 11년) 8월 21일

"목숨을 잃는 재앙이 전쟁보다 심하여
백만 목숨이 구렁텅이에 빠지게 되었으니
실로 수백 년 이래에 없던 재난이었다."

– 『조선왕조실록』, 1670년(현종 11년) 10월 15일

혹독한 자연재해로 인한

참혹한 백성들의 삶

겨울의 엄혹한 추위를 견디기 위해
병든 시체의 옷을 벗겨 입거나
인육을 먹는 일도 있었으며

가축들 사이에 전염병이 돌아
소 4만여 마리가 폐사하고

조선 총 인구의 5분의 1인
약 100만 명이 사망했다

경술년(1670년)과 신해년(1671년)의
참혹한 대기근이 가져온
조선 사회의 변화

백성들의 구휼을 최우선으로 두고
사회안전망을 적극 재정비한 조정

이전까지 비변사* 소속이었던
진휼청을 상설 복지기구로 독립

* **비변사: 조선 후기 군사, 정치, 경제 업무를 맡은 국정 총괄 기구**

가뭄으로 농사짓지 못하고 굶어 죽어가는
백성들의 세금 부담을 덜기 위해

부자에게는 세금을 더 걷고
빈자에게는 세금을 덜 걷는
대동법을 전국적으로 확대 시행

또한 유랑민으로 전락한
백성들을 관리할 요량으로

촌락 단위로 주민을 관리하는
오가작통제와 호패법을 강화 실시

경신 대기근은
자연재해 앞에서 속수무책이었던
당시 사람들의 의식구조를 크게 변화시켰고

자연현상을 보다 과학적으로 연구하고
실용적인 것을 추구하려는
1700년대의 실학사상에 큰 영향을 주었다

04 이상한 징조들

위기의 17세기

17세기는 전 세계적으로 평안한 날이 하루도 없을 정도로 '위기의 시대'였다. 영국에서는 청교도 혁명, 프랑스에서는 프롱드의 난이 일어났으며, 이와 거의 때를 같이하여 네덜란드, 스페인, 이탈리아, 독일, 러시아 등지에서도 폭동이나 반란이 일어났다. 사회적 동요와 더불어 농업 생산량의 감소와 인구 감소, 물가 폭락, 교역 축소 등 경제적 침체도 이어졌다. 서양뿐만 아니라 동양에서도 명·청 교체기가 있었고, 조선은 전쟁과 함께 사상 유례가 없는 대기근을 겪었다. 프랑스의 계몽사상가 볼테르는 이러한 17세기를 "세계의 한쪽 끝에서 다른 쪽 끝에 이르기까지" 거의 모든 지역에서 변란이 있었던 시대로 평가했다.

역사학자들은 17세기 전 세계적으로 위기를 초래한 원인을 규명하고자 이 시기에 빈번하게 발생한 자연재해, 기근, 전염병에 주목했다. 여기에 인문과학과 자연과학 분야의 여러 학자들이 가세하여 늦은 포도 수확일, 평균기온의 하강, 북극해와 알프스의 빙하 확산, 강과 운하의 잦은 결빙, 나이테 결의 변화, 해수면 변동 등을 들어 17세기에 소빙기 기후가 존재했음을 증명했다. 소빙기가 언제 시작하여 언제 끝났는지에 대해서는 학자들 사이에 다양한 주장이 제시되고 있으나 소빙기가 절정에 이른 시기는 17세기였다는 것이 학계의 공통된 의견이다.

소빙기는 태양의 흑점 활동이 쇠퇴 내지 거의 중지 상태에 있어 태양의 발열량이 감소하면서 시작되었다는 것이 일반적인 견해이다. 이에 따라 지구의 평균기온이 1~2도 정도 내려가 서늘한 여름과 추운 겨울이 잦아지는 이상저온이 장기간 지속되었다. 한랭한 소빙기 기후는 각종 자연재해를 가져왔고, 기근과 전염병이 끊이지 않아 사람들은 굶주림, 질병, 빈곤에 허덕여야 했다. 이는 자연스레 사회적 동요로 연결됐고 반란, 전쟁, 혁명이 전 세계적으로 빈번하게 발생하게 되었다.

17세기 조선도 이와 같은 소빙기 기후의 영향권에서 자유롭지 못했다. 임진왜란과 병자호란으로 인구가 감소하고 농토가 황폐화되던 상황에서 닥친 소빙기의 자연재해는 전쟁을 겪었던 시기가 더 나았다고 회고할 만큼 역사상 유례없는 참혹한 대기근을 일으켰다.

사상 최악의 자연재해

1670년(현종 11년, 경술년), 새해 벽두부터 하늘에 불길한 징조가 보이기 시작했다. 정월 초하루, 하늘에 속은 붉고 겉은 푸른 햇무리가 관측되었다. 이어서 사흘 뒤에는 달무리가 관측되었고, 그 후 한 달 내내 매일 햇무리와 달무리가 관측되었다. 이윽고 꼬리가 1미터 정도 되는 붉은색의 유성이 서울 상공에 나타났고, 평안도에서는 대포 소리와 같은 굉음을 내며 유성이 떨어졌다. 하늘에 이어서 땅에서도 이변이 나타났다. 아무런 징후도 없이 전국적으로 지진이 일어난 것이다. 1월에 시작된 지진은 그해가 끝날 때까지 계속되었다. 자연의 자그마한 변화도 농사, 민심, 왕권, 국운과 관련된 중대 사안이었기 때문에 하늘과 땅에서 나타나는 범상치 않은 조짐에 국왕과 신하들은 잔뜩 긴장했다. 하지만 어느 누구도 이런 변화들이 조선을 송두리째 뒤흔드는 대재앙의 시작임을 알지 못했다.

하늘과 땅에서 나타난 불길한 징조는 현실로 나타났다. 봄날이 한창인데 눈, 서리, 우박이 내리기 시작하여 여름이 시작하는 4월까지 계속됐다. 4월은 밀과 보리를 수확하고 조, 콩, 벼의 씨를 뿌리는 시기로 1년 농사에서 가장 중요한 달이었는데 연거푸 이어지는 냉해에 농작물은 크게 손상되고 갓 솟아오른 싹은 모두 얼어 죽고 말았다. 게다가 냉해로 얼어붙었던 대지는 곧 이어진 가뭄으로 바싹바싹 타들어갔다. 비 한 방울도 내리지 않는 가뭄이 조선 팔도 곳곳을 휩쓸었다. 모내기 철인 5월이 되어도 가뭄이 해갈될 기미는 전혀 보이지 않았다.

"아, 내가 즉위한 이래로 천재와 시변이 달마다 생기고 가뭄과 수해가 서로 잇달아 없는 해가 없어 밤낮으로 걱정하며 편안할 겨를이 없었는데, 오늘날에 이르러서는 가뭄이 더욱 참혹하여 봄부터 여름까지 들판이 모두 타버려서 밀, 보리를 수확할 수 없게 되었고 파종도 시기를 놓치게 되었다. 가엾은 우리 백성들이 무슨 죄가 있단 말인가. 아, 허물은 나에게 있는데 어째서 재앙은 백성들에게 내린단 말인가. 이런 생각을 하니 미칠 것 같고 마음이 찢어지는 듯하다. 백성은 양식에 의지하고 나라는 백성에게 의지하는 법인데, 백성들이 곤궁을 당하고 있으니 장차 어찌해야 하겠는가. 가만히 생각건대, 어찌할 바를 모르겠고 마음이 급하다. 넓은 대궐이 무엇이 편안하겠으며 먹는 것이 무엇이 맛있겠는가."

-『현종개수실록』, 1670년(현종 11년) 5월 2일

조정은 비를 내려달라고 하늘에 청하기 시작했다. 첫번째 기우제를 지내고도 비가 내리지 않자 기우제는 이후 일곱 차례나 더 거행됐다. 기우제의 효험이 있었는지 오랜 가뭄 끝에 비가 내리기 시작했으나 이번에는 전국에 폭우가 쏟아져 수해가 발생했다. 5월 말에 시작된 폭우는 10월까지 이어져 엄청난 비를 쏟아부으며 전국을 물바다로 만들어버렸다. 이재민이 속출했고, 논과 밭의 농작물이 물에 잠겨 썩어나갔다. 다리가 끊기고 강물이 넘쳐서 국가의 기간 교통망과 통신 체계까지 흔들렸다. 엎친 데 덮친 격으로 홍수와 함께 병충해도 발생하기 시작했다. 황충(메뚜기과에 속하는 곤충)이 휩쓸고 지나간 자리에는 말라 죽은 작물과 속이 텅 빈 쭉정이만 남았다. 조정은 기우제를 지낸 지 불과 두세 달 만에 날이 개기를 비는 기청제를 올리는 지경에 이르렀다.

폭우로 물난리를 겪는 와중에 태풍이 닥쳐왔다. 사상 초유의 초대형 태풍이 제주도에 상륙해 섬 전체를 초토화시켰다. 태풍이 일으킨 해일로 모든 농작물이 염해를 입어 도민이 모두 굶주리게 되었다. 제주 목사는 급히 조정에 곡물 지원을 요청했으나 곡물을 실은 배는 풍랑으로 표류해 도착이 지연되었다. 제주 목사는 굶주린 백성들과 함께 선창에 직접 나와 배를 기다리다 지쳐 대성통곡하며 울부짖었다. 이때 제주도에 닥친 기근으로 인해 전체 도민의 20~30퍼센트 이상이 사망한 것으로 추정된다. 제주 목사는 당시의 참상을 다음과 같이 묘사했다.

"남은 자도 이미 귀신 꼴이 되었습니다. 닭과 개를 거의 다 잡아먹었기에 경내에 닭과 개의 소리가 들리지 않고 이어서 마소를 잡아 경

각에 달린 목숨을 부지하고 있으니, 사람끼리 잡아먹는 변이 조석에 닥쳤습니다."

경술년 조선 팔도를 뒤덮은 것은 자연재해만이 아니었다. 정초부터 시작된 전염병이 전국으로 확산되어 병에 걸린 사람이 도마다 수천 명에 이르렀다. 전염병은 보통 춘궁기와 겹치는 봄여름에 유행하는데 이번에는 겨울에 더 극성을 부렸다. 남쪽 지방에서 시작된 전염병은 엄청난 피해를 내며 북상했다. 전국에서 유리걸식하는 백성들이 먹을 것을 찾아 한양으로 몰려들면서 도성 안에서도 전염병이 삽시간에 번져 병자가 수천에 이르렀다.

한편 전염병이 한창일 때 우역牛疫이라는 가축병마저 창궐했다. 1670년 7월에 처음 발생한 우역은 8월에 전국에 퍼졌고, 해를 넘겨서는 오히려 거세게 확산되어 전국적인 대량 폐사 사태를 낳았다. 소에 의존해 농사를 짓는 상황에서 농민들은 우역 때문에 애써 키운 소를 땅에 묻을 수밖에 없었다. 기록에 따르면 1670~1671년 사이 우역으로 죽은 소는 4만여 두에 이른다.

1670년 한 해 동안 냉해, 가뭄, 수해, 풍해, 병충해 등이 조선을 휩쓴 결과, 전국 360개 고을 모두 흉작의 피해를 입었고 이는 이듬해 1671년(현종 12년, 신해년) 식량 고갈 사태로 이어졌다. 기근으로 곡물 공급이 턱없이 부족해지자 곡물 값이 치솟았다. 조정에서는 중앙과 지방의 비축곡을 풀어 곡물 가격을 조절해보려 했지만 대기근을 돈벌이로 여긴 사람들이 사재기를 하는 통에 효과가 없었다. 식량난이 계속되자 길거리는 굶주림에 지쳐 아사한 사람들의 시체로 쌓여갔다. 한양과 지방, 남녀노소, 빈부귀천을 가리지 않고 전염병과 기근으로 사람들이 죽어나갔다.

유례없는 대기근으로 민심이 크게 동요하자 조정은 백성들을 다독이기 위해 진휼 정책의 '컨트롤타워'라 할 수 있는 진휼청의 설치를 서둘렀다. 조정은 기근이 들 때마다 빈민을 구제하기 위한 진휼청을 임시기구로 설치해왔는데, 인조 때부터는 상설기구로 만들었다. 진휼청은 기근이 닥쳤을 때 비축곡을 풀어 곡물을 대여하거나 판매했을 뿐만 아니라 양곡과 죽을 제공했다. 진휼청이 비변사와 보조를 맞추며 진휼 정책을 추진하면서 조선은 본격적인 대기근 극복 체제에 들어갔다. 진휼청은 강화도, 평안도, 남한산성, 통영 등지에 비축된 군사용 비상 곡물을 끌어와 진휼 정책에 사용했고, 1671년 1월, 도성과 지방 모두에 진휼소를 설치했다. 진휼소가 개설되자 기아자들이 구름처럼 몰려들어 진휼소는 날마다 초만원이었다.

조정은 기근으로 굶어가는 사람들에게 식량을 제공하는 한편, 그들이 생업에 전념할 수 있도록 세금을 경감해주었다. 당시 백성들은 토지에 부과하는 전세, 인신에 부과하는 군역, 가호에 부과하는 공납 등 세 가지 세금을 부담하고 있었다. 조정은 재해 정도에 따라 등급을 나눠 군역에 부과하는 군포를 줄여주었다. 삼남 지방 및 강원도, 황해도, 경기도 등 여섯 도의 전세는 도성으로 옮기지 말고 모두 자체적으로 구휼에 필요한 경비로 사용토록 했다. 또한 농민들이 종자와 식량 용도로 관아에서 빌린 환곡에 대해서도 이자율을 낮춰주었다.

기근에 대처하기 위해 비축된 재원을 모두 방출하게 되자 국가 재정은 바닥을 드러내게 된다. 국가 유사시에만 사용하기 위해 평시에 쓸 수 없도록 창고에 봉해놓은 봉부동封不動까지 쓸 정도였다. 조정은 진휼비를 조달하기 위해 국가 예산을 가장 많이 소요하는 군사비와 왕실비를 감축해보지만 만족할 만한 효과를 얻지 못했다. 결국 재원을 마련하기 위해 임진왜란과 병자호란 때 실시된 적이 있는 공명첩을 발행하게 된다. 공명첩은 자원자에게서 재물을 받아 신분 제약을 풀어주거나 직첩(벼슬 임명장)을 발급하는 일로, 공명첩을 판 자금은 고스란히 진휼에 투입되었다. 공명첩은 신분제 사회에서 신분의 한계를 뛰어넘을 수 있는 몇 안 되는 경로였다. 대기근이 하층민에게 뜻하지 않은 신분 상승의 기회를 준 셈이었다.

국내에서 곡물을 조달하는 일이 한계에 다다르자 일부 관료들은 청나라에서 곡물을 수입해오자는 의견을 개진했다. 하지만 현종의 적극적인 수용 의사에도 불구하고 성사되지 못하다가 30년 뒤인 을해년부터 병자년까지 '을병 대기근'이 닥치자 실행이 채택되어 청나라에서 3만 석을 들여와 진휼에 투입되기에 이른다.

진휼청을 상설화하여 기근을 구제하려는 조정의 노력은 언제나 역부족이었다. 일시적인 구휼의 한계를 인식한 조정은 더욱 체계적인 사회 안전망을 만들고자 기근에 대비하여 환곡 제도를 실시했지만 지역이 보유한 자체 환곡만으로는 재난을 이겨내기 힘들었다. 중앙에서는 지방 각지에 있는 비축곡을 배로 실어와 구휼을 요청한 지역에 다시 배분했는데 이와 같은 원격지 이동 시스템은 기근이 닥쳤을 때 즉각적으로 대처하는 데 한계가 있었다.

숙종 초기 연이은 기근을 겪으면서 이 같은 한계점이 드러나자 18세기에는 각지의 바닷가에 창고를 설치하고 곡물을 비축해두었다가 인근 지역에 기근이 닥치면 빠르게 운송해 구제하게 했다. 또한 가급적이면 고을 자체에서 기근을 해결할 수 있도록 17세기 후반부터 자비곡이라는 진휼용 환곡을 각 고을에서 자체적으로 운영하게끔 했다. 이와 더불어 중앙의 진휼청도 독자적인 환곡을 갖고 진휼에 나섰다. 이를 토대로 18세기에는 진휼곡을 다량 비축해 일회적으로 소비되는 죽 대신 마른 식량을 무상으로 제공할 수 있었고, 더불어 유상 대출도 대폭 실시할 수 있었다.

조정은 대대적인 세제 개편도 단행했다. 공납을 특산물과 같은 현물로 내는 대신 소유한 토지의 크기에 따라 쌀로 내는 대동법이 바로 그것이다. 광해군이 경기도에서 처음 대동법을 실시한 것을 시작으로 인조와 효종은 강원도, 충청도, 전라도 해읍海邑까지, 현종은 전라도 산군山郡까지, 숙종은 경상도, 황해도까지 확대 시행했다. 대동법의 확대 시행이 모두 기근이 들었던 해에 시작되었다는 점은 기근과 대동법의 연관성을 보여준다.

한편 조정은 재원 확보를 위한 방편으로 동전을 주조했다. 경신 대기근을 겪는 와중에 병조판서 김좌명이 기근으로 바닥난 재원을 조달하기 위해 동전 주조를 건의한 적이 있으나 성사되지 못하다가, 1678년(숙종 4년)에 조선 후기 법정 화폐인 상평통보가 주조되기에 이른다. 상평통보가 주조되었던 당시도 연이은 기근으로 재원이 부족하던 시기였다. 대동법의 확대, 동전의 주조 모두 기근 구제책으로 시작된 것이지만, 결과적으로 조선의 상품화폐 경제를 발달시키는 데 크게 기여했다.

18세기 후반까지 이어진 재난 관리와 사회 안전망 확보를 위한 노력의 결과, 기근의 발생이 현격히 줄어들었고 이는 영조와 정조대의 정치사회적 안정으로 이어졌다.

冊

대기근, 조선을 뒤덮다 김덕진, 푸른역사, 2008.

VARIATIO

05 조선의 커리어우먼

"인덕궁에 있는 그녀의 생활은
어떻게 처리해야 하겠는가?"

"월급을 주어
생활하도록 해야 합니다."

"그것만으로 부족하다.
마땅히 식사와 함께
방자, 취반인, 급수인 등을 주어야 한다."

– 1420년(세종 2년) 1월 9일

방자

개인 몸종

취반인

밥 해주는 사람

급수인

물 긷는 사람, 일명 무수리

이 모든 편의를 누린
관노비 출신의 여인

궁궐의 모든 살림을 담당했던
정5품 상궁과
상궁의 하위직급 시녀

이들을 통틀어 부른 이름
상궁시녀尙宮侍女

궁녀는 내명부 품계를 받은
조선 유일의 여성 관직자로
왕족을 전담해야 했던 까닭에
선발 기준부터 까다로웠다

"궁녀는 오직 여러 관서에 소속된
관노비로만 뽑아들인다.
양인 여성은 일절 논하지 않는다."

–『속대전』, 「형전」, 공천조

관노비 가운데 조상 친인척 중
죄인과 병력 없는 집안의 아이로

각 처소의 필요에 따라
보통 4~13세의 여아를 수시로 선출

그중 10세 이상은 처녀성 판단을 위한
앵무새 피 감별법을 시행

이렇게 최종 선발된 아이는
수습궁녀, 생生각시라 불렀다

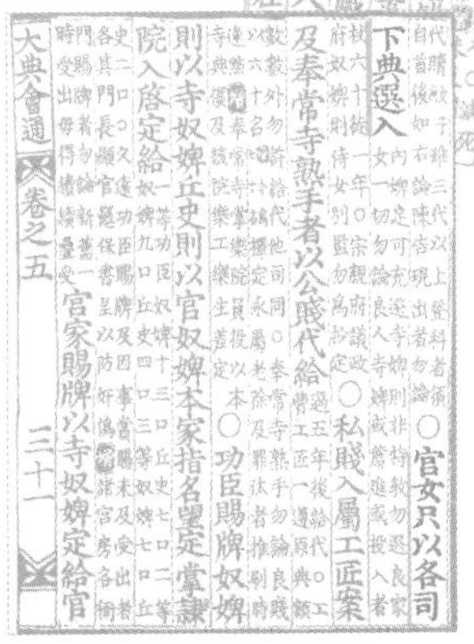

왕과 왕비의 각종 궁중의례를 보필하고
잠자리를 책임지는 지밀

왕실 가족의 옷과 침구류를 짓는 침방
의복과 장식물에 수를 놓는 수방

세숫물과 목욕물을 대령하는 세수간
세탁 전반을 담당하는 세답방

음료와 과자를 만드는 생과방
수라상 및 잔치 음식을 준비하는 내소주방 등

각 부서에 배치된 생각시들은
도제식 교육과 현장 실습으로 일을 터득

생각시 생활 15년이 흐르면
신랑 없는 결혼식인 계례식과 함께
정식 궁녀, 나인으로 승격

또다시 15년이 지나면
상급 궁녀, 상궁이 된다

한 번 입궁하면 평생을
궁에서 보내야 했지만
때로는 자신의 의지와 상관없이
출궁되기도 했다

모시던 상전이 죽어
3년 상을 치른 경우

중병에 걸렸거나 고령 등의 이유로
더는 일할 수 없는 경우

나라에 극심한 가뭄이 드는 등
큰 변란이 있는 경우

"궁녀 25인을 내보냈으니,
이는 가뭄 때문이었다."

–『조선왕조실록』, 1685년(숙종 11년) 2월 29일

그뿐만 아니라
평생 왕의 여자로 살아야 했던 궁녀는
출궁 후에도 절대 혼인할 수 없었다

"조정의 관리로서 궁중에서 내보낸 궁녀를
데리고 사는 자는 장 100대에 처한다."

–『경국대전』

그럼에도 불구하고

하루 8시간 일하고 하루 쉬는 격일제의
비교적 좋은 근무환경

쌀, 콩, 북어와 같은 현물 월급과 더불어
때때로 하사되는 특별 상여금

처소별 궁녀 전체를 통솔하는
단 한 명의 최고 수장, 제조상궁

양반 관료 정2품에 준하는 높은 월급과
막강한 영향력을 가진 요직 중의 요직

500여 년의 세월 동안
궁궐을 지킨 왕실의 살림꾼
조선의 궁녀

이들은 단순 노동자가 아니라
조선왕조와 궁중문화를 유지시킨
조선의 전문직 여성들이었다

고종황제의 후궁 정귀인을 모시던 임상궁

05 조선의 커리어우먼

생각시에서 상궁이 되기까지

조선시대 궁궐은 왕과 신하가 함께 국정을 처리하는 업무 공간이자 왕실 가족의 생활 공간이기도 했다. 왕과 왕비를 중심으로 혼인을 하지 않은 자녀들과 대비, 후궁, 세자, 세자빈 등이 대가족을 이루며 궁에서 생활했다. 왕실 구성원이 입고, 먹고, 자는 일상에는 많은 손길이 필요해 궁궐은 항상 그들의 수발을 드는 여성들로 가득했다. 그리고 그 여인들의 대다수는 궁녀였다.

궁녀는 왕실을 위해 일하는 여성이었기에 그에 걸맞은 벼슬이 내려졌다. 궁녀에게는 5품부터 9품까지의 직책이 주어졌는데 5·6품의 직책을 가진 여관을 상궁이라 하고, 그 아래 7·8·9품의 직책을 가진 여관을 나인이라 했다. 이는 여인의 몸으로 공직에 진출하는 것이 원칙적으로 불가능했던 조선시대에 여성에게 허락된 유일한 관직이었다. 품계로만 따지면 일반 관리와 다르지 않아 보이나 궁녀는 왕비를 정점으로 한 내명부라는 별도의 체계에 속해 있었다.

궁녀는 왕명으로 품계를 받은 조선시대 유일한 여성 공무원이었지만 이들의 출신은 미천했다. 궁녀의 선발 대상이 관청에 소속된 여자 종, 천민으로 한정되어 있었기 때문이다.

"궁녀는 단지 각사各司의 하전下典으로만 뽑아 들인다. 내비內婢는 뽑아 궁녀로 충원할 수 있고, 시비侍婢는 특교特敎가 없으면 뽑지 못한다. 양가의 딸은 일절 거론하지 못한다. 양인이나 시비를 추천하여 들이거나 스스로 궁녀가 되어 들어오는 자는 장 60대를 때리고도 1년에 처한다. 종친부와 의정부의 노비는 시녀나 별감으로 골라 정하지 못한다."

—『속대전』, 「형전」, 공천조

그러나 법과 현실에는 괴리가 있기 마련이었다. 양인의 딸은 궁녀가 되는 길이 법적으로 금지되어 있었다고는 하나, 생계를 위해서 자발적으로 궁녀가 된 양인 출신 여성도 적지 않았고, 양반의 서녀까지 궁녀로 입궁하는 예도 있었다. 더욱이 궁녀는 형조에서 공노비 가운데 필요한 인원을 뽑게 되어 있었지만 인맥에 의해 궁녀가 되는 경우도 많았다. 먼저 입궁한 궁녀가 가까운 일가친척을 데려다가 자신의 후계자로 삼기도 했고, 대를 이어 궁녀의 세습이 이루어지기도 했다.

궁녀는 어린 소녀들 위주로 선발했다. 왕의 여자로 평생을 살아야 했으므로 당시 여성의 평균 혼인 연령이 15세 무렵이었던 것을 고려해 10세 미만의 소녀들이 주로 궁녀의 선발 대상이 되었다. 궁궐 생활의 적응이나 전문성이 요구되는 교육, 성적인 문제 등을 생각했을 때 어린아이들을 뽑아 훈련시키는 것이 수월했다. 13세 이상의 소녀가 궁녀가 되는 경우에는 반드시 처녀인지를 확인하는 절차를 거쳤다. 이때 앵무새의 갓 뽑아낸 피를 사용했다. 의녀가 소녀의 팔뚝에

앵무새의 피를 떨어뜨려 피가 묻으면 처녀로 인정했고, 묻지 않으면 처녀가 아닌 것으로 판정했다. 오늘날 상식으로 쉽게 이해되지 않는 이 같은 처녀 감별법은 남녀 사이의 화목을 상징하는 앵무새의 피가 잘 묻지 않으면 장차 불화가 있을 것이라는 나름의 믿음에 뿌리를 둔 것이다.

엄격한 신원조회를 거쳐 최종 선발된 견습 나인은 생生각시라 불리며 나이 많은 선배 궁녀와 함께 생활하면서 개인 지도를 받거나 어깨너머로 업무를 익혔다. 업무 이외에도 궁중용어, 궁중예법, 한글 등을 배웠고, 유교 경전인 『소학』과 여성 수신서인 『여사서』, 『내훈』 등을 익혀 교양을 쌓았다.

한편 생각시에게는 무시무시한 신고식이 기다리고 있었다. 섣달 그믐날, 궁에서는 낮에 귀신을 쫓는 나례와 처용놀이를 하고 밤에는 악귀들을 몰아내기 위해 불꽃놀이를 했다. 대궐에 어둠이 짙게 깔리면 그해 들어온 생각시들에게 밀떡을 물린 다음, 그 위에 수건을 마스크처럼 귀에 걸게 하고 뜰에 한 줄로 세웠다. 그러면 횃불을 든 내시들이 생각시들에게 다가와 횃불로 입을 지지는 시늉을 하면서 '쥐 부리 글려, 쥐 부리 지져!'라고 위협했다. 생각시들이 겁에 질려 발을 동동 구르며 울부짖는 모습을 먼발치에서 왕비와 선배 궁녀들이 구경했다. 이 행사는 어린 궁녀들에게 말조심을 일깨움과 동시에 궁녀들 사이에 숨어 있을지도 모르는 잡귀를 몰아내려는 주술적 의미도 있었다.

생각시는 입궁한 지 15년이 지나면 관례를 올렸다. 관례는 성인식인 동시에 혼례식이기도 했다. 관례를 통해서 비로소 왕의 여자가 된다고 인식했기 때문이다. 관례를 치른 뒤에는 정식으로 어엿한 궁녀가 되었다는 의미에서 나인이라 불렸다. 그리고 나인이 되고 나서 다시 15년이 경과해야 '궁녀의 꽃'이라 할 수 있는 상급 궁녀, 상궁의 자리에 오를 수 있었다.

1737년(영조 13년) 음력 3월 26일, 조정은 한 장의 과거 답안지로 인해 소란이 일었다. 과거에 응시한 이현필이 영조의 실정을 지적하는 내용으로 답안지를 가득 채웠기 때문이다. 더구나 이현필이 과거에 합격까지 했으니 영조의 분노는 한층 더할 수밖에 없었다. 신하들이 전전긍긍 임금의 눈치를 살피는 사이 영조는 눈물을 흘려가며 "임금 노릇하기가 참으로 괴롭다"고 운을 띄우고 답안지의 내용을 조목조목 해명했다. 당시 이현필이 지적한 영조의 문제점 중 하나는 궁녀를 지나치게 많이 뽑으려 한다는 것이었다. 이현필은 영조가 "600명의 궁녀도 부족하다"고 말한 사실을 근거로 영조를 비판했다.

조선이 창업되었을 때 태조는 내명부의 품계를 정하면서 5품 이하 궁녀의 수를 18명으로 정했다. 이후 세종대에 궁녀의 수가 100여 명 가까이에 이르고, 인조대에 이르러서는 230여 명쯤 되었다가 숙종을 거쳐 영조대에 궁녀의 수가 대폭 늘어났다. 사실 영조가 말한 600여 명의 궁녀는 상궁과 나인뿐만 아니라 그들 밑에서 허드렛일을 하는 무수리까지 모두 포함한 숫자였다. 왕실 가족이 늘어나고 궁궐 살림이 커지면서 궁녀의 수요가 증가한 것이 원인이었다.

궁녀들의 일터는 다양했다. 궁녀의 업무는 철저히 분업화되어 각 방에 소속된 궁녀가 한 분야의 전문가로 성장할 수 있도록 운영되었다. 왕과 왕비의 거처에서 수직守直하며 보필하고 잠자리를 책임지는 지밀, 왕실 가족의 옷을 짓는 침방, 의복과 장식물에 수를 놓는 수방, 수라상 및 음식물을 준비하는 내소주방, 차 및 궁중 잔칫상을 준비하는 외소주방, 음료와 과자를 만드는 생과방, 빨래부터 다듬이질, 다리미 등 세탁 전반을 담당하는 세답방 등 일곱 부서 외에 세숫물과 목욕물을 준비하고 내전 청소를 맡은 세수간, 수라상을 차리고 물리던 퇴선간, 내전 침실의 등불 켜기, 불 때기 등의 잡일을 맡아보던 복이처, 궁중에서 사용하는 등불을 준비하는 등촉방 등 네 곳의 부설 부서에서 궁녀들이 근무했다. 이러한 부서는 한 장소에만 있지 않았고, 여러 개가 존재했는데 대전·중궁전·대비전 등과 같이 독자적으로 운영되던 처소도 있었다.

궁녀들은 병이 들어 더이상 일을 할 수 없게 될 때까지 궁궐에서 일해야 했지만 근무 환경은 비교적 좋은 편이었다. 일반적으로 하루에 2교대나 3교대로 나누어 근무했고, 보통 8시간을 일하면 다음 날은 하루 쉬는 격일 근무를 했다. 다만 밤 근무를 해야 하는 지밀의 경우에는 근무 시간이 다른 방에 비해 조금 더 길어 12시간을 근무했다. 밀려드는 졸음을 쫓아가며 번을 서야 했던 지밀의 야간 근무는 언제나 신참 궁녀들의 몫이었다.

궁녀는 나름 고소득을 올리는 노동자였다. 더구나 궁궐에서 근무하는 덕에 웬만한 물품은 궁궐에서 해결할 수 있어 생활비도 크게 들지 않았다. 궁녀는 삭료(봉급), 선반(밥), 의전(옷값) 등 세 가지 형태의 보수를 받았다. 삭료는 매달 지급되었고, 월급 말고도 옷값과 함께 근무 중 식사까지 제공받았다. 의전과 선반은 일종의 복리후생비와 같은 개념이다. 궁녀가 여성이다보니 몸치장에 들어가는 비용은 필수불가결한 사항인지라 의전은 1년에 두 차례 지급되었다.

게다가 연말이나 명절에는 특별 상여금도 있었다. 월급만 놓고 비교했을 경우, 정3품 이상의 양반 관료보다 5품에 불과한 상궁이 오히려 더 많은 보수를 받았다. 몇몇 궁녀들은 재산 증식에도 관심이 많아서 논과 밭, 집 등의 부동산을 매입하여 궁 밖에다가 자신만의 재산을 축적했다. 인조, 효종, 현종 3대를 모셨던 상궁 박씨는 부동산을 매입하여 국가로부터 공증을 받아 최소 1만여 평이 넘는 대지를 보유한 지주였다. 이렇게 부를 쌓아올린 궁녀들이 궁 밖에서 한량처럼 행동하는 바람에 사회적 문제를 일으키기도 했다.

"무릇 명색이 궁녀인 자들이 기생을 끼고 풍악을 벌이는 짓을 한다. 게다가 액정서의 노예들과 각 궁의 종들을 여럿 거느리고 꽃놀이나 뱃놀이를 하는 행렬이 길에서 끊이지 않을 지경인데도 전혀 근심하거나 꺼리지도 않는다. 심하게는 재상들이 강가에 지은 정자나 교외에 지은 별장에 마구잡이로 들어가기도 한다. 이밖에도 비루하고 외설한 일을 말하면 또한 추잡해진다."

–『정조실록』, 1778년(정조 2년) 윤6월 13일

궁녀가 궁궐에 한 번 들어오면 죽어서야 떠날 수 있는 것이 원칙이었지만 예외도 있었다. 자신이 모시던 주인이 세상을 떠났을 때, 궁녀 자신이 병들었을 때, 가뭄이나 홍수 등 자연재해가 일어났을 때, 국가 재정이 악화되었을 때 등이다. 극심한 가뭄이 들면 당시 사람들은 결혼하지 못한 여인들의 한이 하늘에 닿아 날이 가문다고 믿어 궁녀들의 원한을 풀어주기 위해 출궁을 시켰다. 궁 밖으로 나온 궁녀는 친정이나 친척집으로 돌아가 생을 마감하거나 돌아갈 곳이 없는 궁녀들은 비구니가 되어 정업원(도성 내에 있던 여승방)에서 여생을 보냈다. 하지만 출궁을 했다고 해서 궁녀가 혼인을 하여 가정을 꾸릴 수는 없었다. 그들은 여전히 왕의 여자였기 때문이었다.

궁녀, 그들은 누구인가

"운영을 보지 않으면 병이 심장과 뼈에 사무치고, 보려고 하면 헤아리기 어려울 정도로 큰 죄를 짓게 되니, 어찌 근심스럽지 않겠느냐?"

조선시대 고전 소설 『운영전』은 궁녀 운영과 선비 김진사의 비극적인 사랑을 그리고 있다. 안평대군 사저의 궁녀였던 운영은 김진사와 금지된 사랑에 빠졌다가 자신의 사랑을 지키고자 목을 매어 자결하고, 김진사는 운영의 뒤를 따라 죽음을 택해 영원한 사랑을 얻는다.

궁녀는 왕의 여자라는 이유로 사랑이 금지되었다. 오로지 왕이나 세자의 승은을 입는 것만이 유일하게 남녀 사이의 사랑으로 허용되었다. 승은을 입은 궁녀는 하루아침에 신분이 바뀌었다. 경종의 어머니 희빈 장씨는 궁녀 출신으로 유일하게 왕비에 올랐고, 영조의 어머니 숙빈 최씨도 궁녀 출신으로 왕의 후궁이자 왕의 어머니가 되었다. 고종의 후궁이자 영친왕의 어머니인 순헌황귀비 엄씨도 마찬가지다. 하지만 승은 후궁이라는 신데렐라가 될 기회는 하늘의 별 따기보다도 힘든 일이었고, 궁에서는 목숨을 담보로 한 궁녀들의 연애 사건이 빈번히 벌어졌다. 1675년(숙종 1년), 인조의 셋째 아들인 인평대군의 아들 3형제와 궁녀 사이의 불미스러운 스캔들은 역모 사건으로 비화되기도 했다. 심지어 궁녀들 사이에서 '대식對食'이라 불린 동성애가 은밀하게 이루어지기도 했다.

궁녀들이 후한 대우를 받았다고는 하나 평생을 독신으로 늙어가야 했기에 민간에서는 궁녀로 뽑히는 것을 피하기 위해 조혼의 풍습까지 생겨났다.

"내수사에 명하여 양가의 딸을 들여 궁녀로 삼게 했다. 이에 내수사 사람이 여러 날 동안 민간에서 궁녀가 될 아이를 찾아 마을이 소요스럽게 되면서 10세 이상인 자들은 다투어 시집가며 이를 피했다. 국법으로는 궁인을 으레 각사의 종에서 뽑았는데, 이제 양민을 침범하고 환관을 시켜 맡게 하니, 듣는 자들이 속으로 개탄했다."

– 『효종실록』, 1653년(효종 4년) 9월 24일

그러나 고통과 어려움 속에서도 궁중의 생활문화를 창조하여 전승해나간 이들도 바로 궁녀였다. 중요무형문화재 제38호로 지정된 조선왕조 궁중음식은 나인들에 의해 민간으로 전해졌다. 조선왕조의 마지막 주방 상궁이었던 한희순이 그의 제자 황혜성에게 전수한 것이 황혜성의 맏딸인 한복려와 제자 정길자 등에게 이어졌다. 서울시 무형문화재 제27호로 지정된 궁중다례의식 역시 순종의 비 순정효황후를 모시던 상궁 김명길과 성옥염이 김의정에게 전수하여 현재까지 이어지고 있다. 오늘날 박물관에 보존되어 있는 각종 궁중 복식과 유물들은 대부분이 궁녀들의 손을 거쳐 만들어진 것이다. 그런 의미에서 궁궐은 자신을 희생해가며 봉사했던 궁녀들이 있었기에 지탱될 수 있는 공간이었다.

冊

궁녀: 궁궐에 핀 비밀의 꽃 신명호, 시공사, 2012.

내시와 궁녀 박상진, 가람기획, 2005.

왕의 여자 김종성, 역사의아침, 2011.

조선의 역사를 지켜온 왕실 여성 신명호 외 8명 저, 글항아리, 2014.

조선의 전문가의 일생 규장각한국학연구원, 글항아리, 2010.

VARIATIO

06 숨겨진 진실

410 頂ヲNNW 4'ニ見ル

西嶼

東嶼

西嶼中間上陸揚ヨリ望ム

西嶼

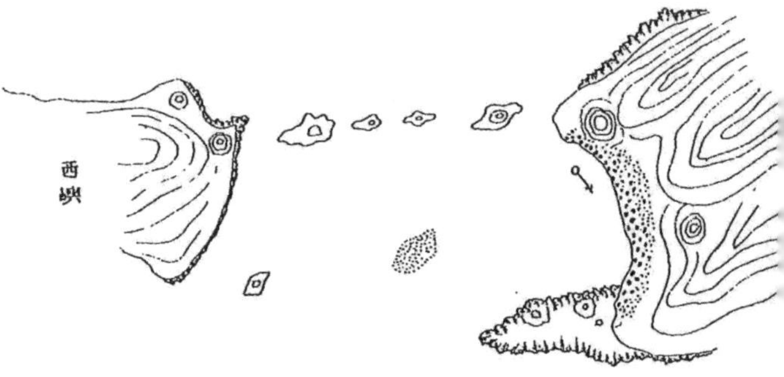

1987년 일본

교토대학교 호리 가즈오 교수가 발표한
한 편의 논문이 학계에 파장을 일으켰다

「1905년 일본의 독도 영토 편입」

독도는 한국 땅이라는
일본 학자로서는 파격적인 주장과

〈태정관 지령〉이라는
100여 년 전의 문서가 첨부된 논문

〈태정관 지령〉에 담긴
일본이 숨겨왔던 독도의 진실

1876년 일본
지적조사를 위해 시마네 현을 찾은
내무성 소속의 한 공무원

그는 시마네 현을 둘러보던 중 오키 섬 너머에
작은 섬 두 개가 있다는 사실을 듣게 된다

두 섬의 이름은 울릉도와 독도의 옛 이름인
죽도竹島와 송도松島

두 섬을 지적도에 기록하려면
공식적인 확인 절차가 필요하다고 판단한 내무성 공무원은
시마네 현의 관계부서 담당자에게
두 섬의 소속을 직접 확인할 것을 권고한다

1876년 10월

시마네 현이 내무성에 보낸 공문

"죽도와 송도를 시마네 현의
지적도에 포함시켜도 되겠습니까?"

시마네 현이 보낸 공문을 받은
내무성 관계자들은 고심 끝에 결론을 내린다

"영토 문제는 단독으로 판단할 수 없으니
태정관*의 검토를 받는 것이 좋다."

* **태정관: 메이지 정부의 최고 행정기관(지금의 총리실과 같은 역할)**

몇 달 후
태정관에서 내무성에 보내온 회신
〈태정관 지령〉

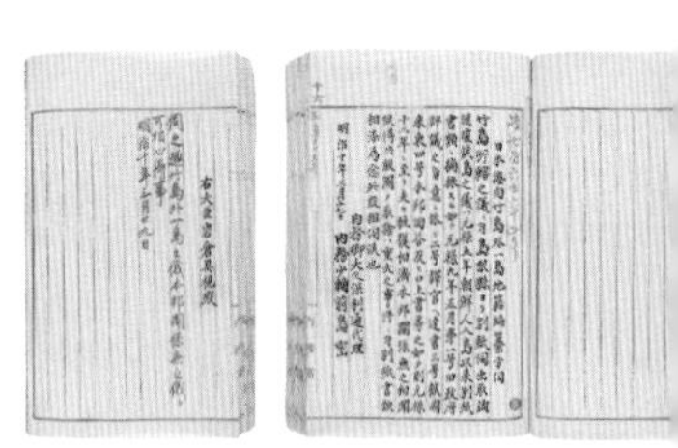

죽도 외 일도(송도) 지적편찬의 건은
1692년 안용복 등
양국 어민 충돌사건 이래
일본과 조선과의 외교교섭 결과

"일본과 관계없음을 명심할 것."

– 1877년 3월 29일

〈태정관 지령〉의 부속문서에 첨부된
죽도와 송도에 대한 설명 중
송도를 설명한 부분은
오늘날 독도와 거의 정확하게 일치한다

"둘레 약 30정(약 3.3킬로미터)
죽도(울릉도)와 동일노선에 위치
오키 섬과의 거리 약 80해리(약 157.5킬로미터)
나무와 대나무는 거의 없으며
죽도와 마찬가지로
물고기와 짐승(강치. 현재는 멸종함)을 잡을 수 있다."

오늘날 독도를 실측한 값
둘레 약 3.3킬로미터
오키 섬과의 거리 약 157.5킬로미터

그러나

한일 간 독도분쟁이 시작되면서
송도가 곧 독도임을 부정하기 시작한
일본 우익 학자들

"송도는 존재하지 않는 가상의 섬이다."
"다른 섬을 잘못 표기한 것이다."

그리고 2005년
일본 국립 공문서관을 찾은 한 남자

한일문제를 연구하던
일본인 목사 우루시자키 히데유키

오래된 서류 속에서 그가 찾아낸 것은
일본 정부가 오랫동안 은폐했던 사실

〈태정관 지령〉을 뒷받침하는
독도 문제의 결정적인 단서

〈태정관 지령〉의 첨부지도
〈기죽도약도〉

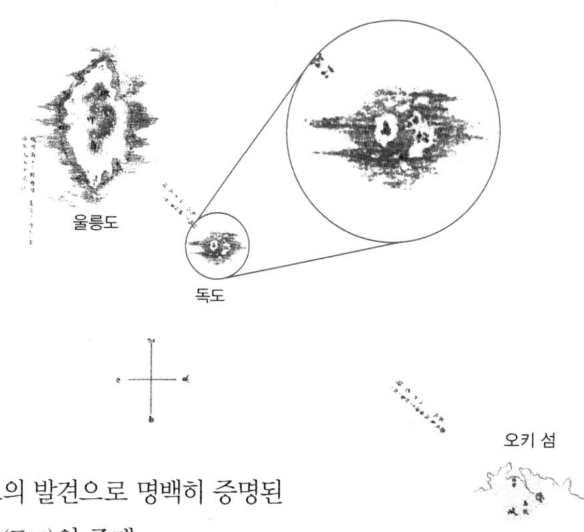

지도의 발견으로 명백히 증명된
송도(독도)의 존재

죽도로 불렸던 울릉도와 일본의 오키 섬
그 사이에 그려진 송도의 정확한 위치

지도상 송도에서 죽도까지 거리
서북 방향으로 40리 정도

실제 울릉도에서 독도까지의 거리
87.5킬로미터 = 약 40해리

지도상 오키 섬에서부터 송도까지 거리
서북 방향으로 80리 정도

실제 오키 섬에서부터 독도까지 거리
157.5킬로미터 = 약 80해리

〈기죽도약도〉와 위성지도를 비교했을 때
그 위치가 정확히 일치하는 송도

뿐만 아니라
〈기죽도약도〉와 같은 시기
일본에서 제작된 두 장의 지도

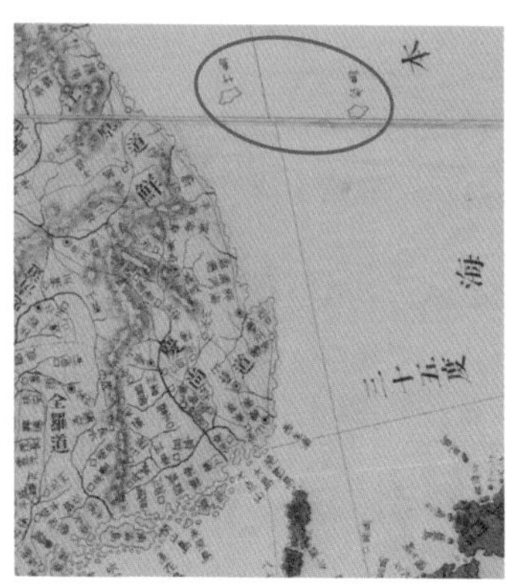

〈동판조선국전도〉(1882년)

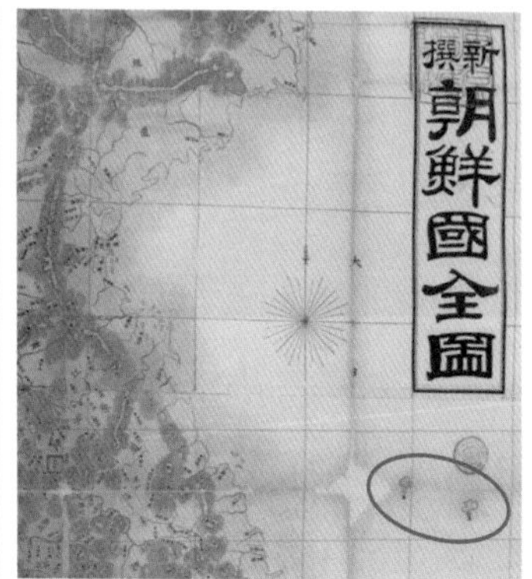

〈신찬조선국전도〉(1894년)

두 지도 모두 죽도(울릉도)와 송도(독도)를
조선 영토와 같은 색으로 채색했다

독도가 조선의 영토임을 입증하는
일본의 문서와 지도들

그러나
이미 독도가 조선 땅임을 인지하고 있던 일본은
조선의 국권을 빼앗고 침략하는 과정에서
우리 영토인 독도를 자국 영토에 불법 편입시킨다

"오키 섬 서북 85리에 있는 이 무인도는
타국이 이를 점유했다고 인정할 만한
형적形迹이 없고(…) 이에 소속 및 섬 이름을
다케시마竹島로 이름하며 시마네 현 소속으로 한다."

– 일본 각의에서 결정된 〈독도 영토 편입 결정문〉, 1905년 1월 28일

대나무가 자라지 않는 독도에
'죽도'라는 이름을 붙이는 모순

이는 일찍이 일본이
'송도'를 조선 영토로 밝혔던 기존 입장을
회피하기 위한 것으로 해석된다

"독도를 일본에 편입시킨 것은
일본이 조선 각지에서 저지른 주권 침해나
침략과 같은 성질의 찬탈 행위이다."

– 호리 가즈오 교수

"우리가 자기 인생의 역사를 지울 수 없듯이
국가도 스스로 나라의 역사를 지울 수 없다."

– 우루시자키 히데유키 목사

06 숨겨진 진실

「시마네 현 고시 제40호」와 다케시마의 날

2005년 새해 시작부터 한국과 일본 사이에는 독도를 둘러싸고 묘한 긴장감이 흘렀다. 일본 시마네 현 의회가 「시마네 현 고시 제40호」 시행 100주년을 기념하기 위한 기념일 제정을 요청하는 청원서를 일본 의회에 제출하면서 한일 사이의 신경전은 시작되었다. 1905년 2월 22일에 작성된 「시마네 현 고시 제40호」의 내용은 다음과 같았다.

"북위 37도 9분 30초, 동경 131도 55분, 오키시마隱岐島에서 서북으로 85해리 거리에 있는 섬을 다케시마竹島라고 칭하고 이후부터는 본 현 소속의 오키도사隱岐島司의 소관으로 정한다."

독도를 일본의 영토로 편입한다는 내용의 고시는 관보에 게시되지도 않은 채 내부 회람용이라는 도장이 찍혀 현청 게시판에 고시되었다. 시마네 현은 이와 같은 고시를 기념한다는 명목으로 '다케시마의 날'을 제정할 것을 청원한 것이다. 청원서의 내용이 알려지자 한국 내에서는 시마네 현을 비난하는 여론이 높아졌고, 우리도 이에 대응하여 1900년 독도가 대한제국의 영토임을 선언한 칙령 제41호를 관보를 통해 공포한 10월 25일을 '독도의 날'로 지정하자는 서명운동이 시작되었다. 하지만 시마네 현 의회는 한국에서의 비난 여론에 아랑곳하지 않고 그해 1월, 100년 전 독도를 일본 영토로 편입시키는 것을 고시했던 2월 22일을 '다케시마의 날'로 정하는 조례안을 상정하여 3월에 최종 통과시켰다. 행정구역상 독도를 관할하는 경상북도는 이에 항의하며 그동안 시마네 현과 자매교류로 맺어오던 일체의 사업을 중단하고 매년 10월을 '독도의 달'로 하는 조례안을 가결시켰다.

"지금 일본이 독도에 대한 권리를 주장하는 것은 제국주의 침략전쟁에 의한 점령지 권리, 나아가서는 과거 식민지 영토권을 주장하는 것입니다. 이것은 한국의 완전한 해방과 독립을 부정하는 행위입니다. 또한 과거 일본이 저지른 침략전쟁과 학살, 40년간에 걸친 수탈과 고문·투옥, 강제징용, 심지어 위안부까지 동원했던 그 범죄의 역사에 대한 정당성을 주장하는 행위입니다. 우리는 결코 이를 용납할 수 없습니다. (…) 일본이 잘못된 역사를 미화하고 그에 근거한 권리를 주장하는 한, 한일 간의 우호관계는 결코 바로 설 수가 없습니다."

– 노무현 대통령, 〈한일관계에 대한 특별 담화문〉, 2006년 4월 25일

시마네 현의 조례 제정 이후에도 일본은 독도에 대한 영유권을 주장하는 방위백서를 발간하고 독도 주변 수역에서 수로 탐사를 시도

하는 등 도발의 수위를 높여갔다. 2006년, 노무현 대통령은 독도에 대한 실효적 지배를 강화하겠다는 특별 담화를 발표하며 강경한 어조로 일본을 비판했다. 일본은 대통령의 특별 담화를 국내용으로 일축하며 독도의 영유권 주장에 대한 홍보를 강화하는 방향으로 나아갔다. 2008년 2월에 일본 외무성에서는 일본의 독도 영유권을 주장하는 책자를 발간하여 배포했고, 같은 해 7월에는 중학교 사회 교과서의 학습지도요령 해설서에 독도를 일본 영토로 표기했다. 그리고 2012년부터 '다케시마는 일본 고유의 영토'라는 내용을 교육시킬 것이라고 발표했다.

현재까지도 한국과 일본 간에 지속되고 있는 독도를 둘러싼 분쟁은 20세기 이전, 독도에 대한 지배 및 관할을 어떻게 봐야 하는지에 대한 역사 논쟁과 연결되어 있다. 그리고 1987년, 교토대학교 호리 가즈오 교수가 발표하여 학계에 파장을 일으켰던 한 편의 논문이 다시금 주목받기 시작했다.

다케시마 외 일도는 일본의 영토가 아니다

1876년 10월, 전국적인 지적 편찬 작업의 일환으로 일본 내무성 지리국 직원이 시마네 현 앞바다에 있는 '다케시마(당시 울릉도를 '죽도'로 부름)'라는 섬의 정보를 조회하게 된다. 지리국 직원은 시마네 현의 한 주민으로부터 다케시마라고 불리는 홀로 떨어진 섬이 있다는 정보를 듣고 그 즉시 시마네 현 지적 편제 담당자에게 섬과 관련된 내용을 옛 일기와 옛 자료를 통해 조사하여 내무성에 보내주기를 요청한다.

내무성의 요청이 있었던 같은 달, 시마네 현 참사는 1618년부터 1695년까지 약 78년간 돗토리번 영지 내의 상인 오야 규에몬과 무라

카와 이치베라는 자가 옛 막부의 허가를 받아 매년 바다를 건너가 다케시마를 개척했다는 경위와 함께 '다케시마와 외 일도外 一島'의 약도를 첨부한 보고서를 내무성에 제출한다. 이에 내무성은 독자적으로 다케시마에 관한 기록을 조사하고, 시마네 현이 제출한 문서와 함께 검토한 뒤 '다케시마'와 '외 일도'는 조선의 영토이지 일본의 영토가 아니라는 결론을 내린다.

하지만 내무성은 해당 사안을 한 나라의 영토에 관련된 중대한 문제로 판단하여 약 5개월간의 검토를 거치고 이듬해 1877년 3월, 우대신 이와쿠라 도모미에게 「일본해 내 다케시마 외 일도 지적 편찬 방사」라는 보고서를 제출하며 어떻게 처리할지에 대한 판단을 의뢰하게 된다. 부속서류 안에 '외 일도'는 '마쓰시마松島(당시 독도를 '송도'로 부름)'라고 명기되었고, 그 위치와 형상도 올바르게 기술되어 있었다. 이에 태정관 조사국은 자체 심사를 통해서 '다케시마와 외 일도'를 일본의 영토가 아니라 조선의 영토로 인정한 내무성의 견해를 인정하고, 같은 달 지령문을 작성하여 태정관에게 제출했다. 이것은 우대신 이와쿠라 도모미, 참의 오쿠마 시게노부, 데라시마 무네노리, 오키 다카토 등에 의해 승인된 후 이들의 날인이 찍혀 내무성에 전달되었다. 이 지령문은 관계서류와 함께 메이지 시대 발간된 일종의 관보인 〈태정류전〉에도 "일본해 내 다케시마 외 일도를 판도 밖으로 정한다"라고 하여 아래와 같이 함께 기록되었다.

별지로 내무성이 품의한 일본해 내의 다케시마 외 일도 지적 편찬의 건

상기 건은 겐로쿠 5년(1692년)에 조선인이 입도한 이래 막부와 조선국 사이에 조회와 답신을 한 결과, 결국 일본과는 관계가 없다고 주장한 일에 대하여 품의한 취지를 청취한 뒤 다음과 같은 지령이 있어야 하는지 이 건에 대해 문의합니다.

지령안
품의한 다케시마 외 일도 건은 일본과 관계없음을 명심할 것.

당시 일본 최고의 국가기관인 태정관은 시마네 현과 내무성이 보고한 다케시마와 마쓰시마 두 섬을 공식적으로 일본령이 아니라고 선언했다. 이 지령문은 그해 4월, 내무성에서 시마네 현에 전달하면서 논의가 마무리되었다. 그로부터 28년이 지난 1905년, 일본 정부는 독도를 자국 영토에 편입하는 행정조치를 취한다. 당시 만주와 한반도에 대한 이권을 두고 러시아와 전쟁중이던 일본 정부가 동해에서의 해전 수행을 위한 군사적 필요성을 고려한 것이었다. 일본 내무성에서는 한국령으로 여겨지는 풀 한 포기 나지 않는 암초를 얻음으로써 일본이 한국을 침략하려 한다는 의심을 불러일으키는 것이 득보다 실이 많다는 주장도 있었으나, 독도에 망루를 세워 무선 또는 해저전신을 설치하면 적함을 감시하는 데 유리하다는 일본 외무성의 주장이 힘을 받았다. 그리고 주인 없는 땅은 먼저 발견한 나라가 차지한다는 국제법상 '무주지 선점론'을 이유로 「시마네 현 고시 제40호」가 작성되었다. 일본은 독도의 영유권 귀속 사실을 조선에도 통보하지 않았으며, 중앙정부의 관보에 고시하지도 않았다.

교토대학교 경제학부 호리 가즈오 교수는 1987년 3월, 일본 조선사연구회에서 발간한 논문집에 「1905년 일본의 독도 영토 편입」이란 글을 싣고 독도가 한국 땅인 이유를 다양한 역사적 자료를 거론하며 증명했다. 그 과정에서 호리 가즈오가 다시금 주목한 자료가 바로 〈태정관 지령〉이었다. 호리 가즈오는 1877년 태정관이 정식으로 이 섬을 일본의 판도 밖, 즉 조선 영토라고 인정한 〈태정관 지령〉을 근거로 일본 정부의 입장을 옹호한 일본 학자들의 주장을 정면으로 반박했다. 또한 그는 "전 조선 국토에 대한 군사점령이 조선 병합의 전제였다는 것으로 보면, 이 다케시마 영토 편입은 그 선구였다"

고 말했다.

〈태정관 지령〉은 울릉도와 독도를 시마네 현의 지적에 편입시켜야 하는가 하는 영토 문제가 직접 발단이 되어, 영토 문제를 담당하는 중앙정부기관인 내무성의 신중한 검토를 거쳐, 최종적으로 최고 국가기관인 태정관이 울릉도와 독도가 일본 땅이 아니라고 판단한 것으로, 가장 확실하고 권위 있는 독도 영유권 귀속에 대한 판단이다. 내무성, 대장성, 사법성, 외무성의 4개 성과 최고 국가기관인 태정관이 총체적으로 참여한 의사결정의 결과물인 〈태정관 지령〉은 이해관계가 대립하는 조선과 일본의 두 당사자 간의 문제에서 상대방 국가가 영유권 귀속을 인정한 것이므로 조선이 조선 땅으로 인정하여 기록을 남긴 것보다 훨씬 더 객관적이고 증거 능력이 있는 자료라고 할 수 있다. 결국 1905년 2월, 일본이 무주지無住地라는 이유를 붙여 독도를 시마네 현에 편입시킨 행위가 거짓이라는 것은 무엇보다도 〈태정관 지령〉에 의해 분명하게 입증된다.

〈기죽도약도〉의 발견

일본 가나자와 교회의 목사 우루시자키 히데유키는 2005년 대구 대신대학교에서 '천황제 군국주의에 따른 한반도 침략 죄'에 대한 설교를 하게 됐다. 그가 한국에 머물던 당시 시마네 현이 다케시마의 날을 제정하면서 한국과 일본 사이에 첨예한 갈등이 있었다. 우루시자키는 그때까지 다케시마라는 섬 이름조차 잘 알지 못했다는 부끄러움에 일본으로 귀국한 후 독도에 관한 자료를 수집하기 시작한다. 이때 그는 호리 가즈오 교수의 논문을 읽게 되면서 독도를 일본 영토에서 제외하겠다는 내용이 담긴 〈태정관 지령〉의 존재에 대해서도 알게 된다. 이후 직접 일본 국립 공문서관에 찾아가 자신의 눈으로 〈태정관 지령〉을 확인하던 그는 지령문 뒤쪽의 작은 봉투 안에 접혀진 한 장의 첨부 지도를 발견한다. 바로 〈기죽도약도〉다.

〈태정관 지령〉의 별지 첨부 지도인 〈기죽도약도〉는 시각적으로 '다케시마 외 일도'에 대해 기술하고 있었다. 〈기죽도약도〉에는 '외 일도', 즉 마쓰시마가 오키 섬으로부터 80리, 다케시마로부터 40리 떨어진 위치에 있다는 설명과 함께 동서 두 개의 큰 섬과 여러 개의 작은 암초가 표기되어 있었다. 지도의 거리 비율을 토대로 실제 지형과 비교해보았을 때, 〈태정관 지령〉의 다케시마, 마쓰시마, 오키는 각기 울릉도와 독도, 일본 오키 섬을 나타내고 있다는 것이 분명해졌다. 〈기죽도약도〉가 발견되기 전부터 연구자들은 '외 일도'가 독도라는 결론을 내리고 있었지만 지도의 발견으로 그러한 연구 결과가 옳았다는 것이 확실히 증명되었다. 〈태정관 지령〉과 함께 확인된 〈기죽도약도〉에 의해서 그동안 '외 일도'가 어느 섬을 가리키고 있는지 판단할 수 없다고 주장했던 일본 학자들의 견해는 거짓이었음이 분명해졌다.

그럼에도 불구하고 다케시마문제연구회를 중심으로 일부 일본의 독도 연구자는 여전히 〈태정관 지령〉의 '외 일도'가 독도를 가리킨다는 사실을 극력 부인하고 있다. 연구회의 좌장 시모조 마사오는 〈태정관 지령〉에는 "현재의 독도에 대해서는 아무것도 쓰여 있지 않다"고 자의적으로 단정한다. 메이지 초기에 명칭의 혼동이 일어나 울릉도를 오래된 명칭인 다케시마로 부르지 않고 마쓰시마라고 부르기도 했다는 점을 이용하여 시모조는 '다케시마와 외 일도'는 현재의 독도가 아닌 두 개의 울릉도를 가리키고 있다고 주장하는 것이다.

〈태정관 지령〉을 왜곡하여 해석하는 주장들은 〈태정관 지령〉이 그만큼 결정적으로 중요한 문서라는 것을 반증하는 동시에 독도가 일본의 고유 영토라는 일본 외무성 주장의 허구성을 여실히 증명한다. 〈태정관 지령〉의 '외 일도'는 일본 학자들이 주장하는 울릉도도 아니며 가공의 섬도 아닌 바로 독도다. 〈태정관 지령〉에 나타난 독도 인식은 지리적으로, 역사적으로 아주 구체적이고 정확했으며, 독도는 분명하게 조선의 영토라는 것을 입증해주고 있다.

冊

1905년 일본의 독도 영토 편입 호리 가즈오, 1987.

일본태정관과 독도 이성환 외, 지성인, 2016.

조선국교제시말내탐서 및 태정관지령과 독도 정태만, 『독도연구』 제17호, 2014.

태정관지령 부속 지도 기죽도약도 발견 경위와 그 의의 우루시자키 히데유키, 『독도연구』 제14호, 2013.

VARIATIO

07 우리의 전통놀이

1637년(인조 15년)

청나라로 끌려가는 소현세자와 봉림대군(효종)을
보필하며 동행한 무관 김여준에게
청의 관료들은 '이 시합'을 강요한다

험악한 얼굴, 장대한 기골을 한 채
김여준을 도발한 청나라 장수 우거

"(분노를 참지 못한) 김여준은
우거가 몸을 돌려 피하는 틈을 타
재빨리 허리를 낚아채 들어 메쳤다."

–『대동기문』

이윽고 우거는 극심한 고통에
거품과 피를 토하면서 쓰러졌고
이에 청나라 관료들은 입을 다물고 만다

고구려 각저총의 〈씨름도〉

5세기경 축조된
고구려 고분 각저총 벽화 속에
등장한 것을 시작으로

『고려사』에 최초의 문헌 기록으로
모습을 드러낸 우리의 전통놀이 씨름

"(고려 충혜왕이) 왕이 된 첫해에
나랏일을 젖혀둔 채 아랫것들과 더불어
씨름을 벌여 위아래 예절이 없었다."

– 『고려사』

1356년
고려 공민왕은
씨름꾼에게 쌀을 주고
궐에서 왕을 호위하는 벼슬을 하사했으며

고려시대에는 씨름꾼을 '용사'라 부르고
조선시대에는 왕을 지키는 갑사를
씨름꾼 중 선발하기도 했다

"경회루에서 역사力士들로 하여금
힘을 겨루게 하고 이긴 자에게 상을 내렸다."

– 『조선왕조실록』, 1431년(세종 13년) 3월 22일

씨름은
임진왜란 중 군사들이 유일하게 즐긴 놀이이자
이순신의 군사훈련 도구이기도 했다

"장수들을 모아 위로하는 술잔을 돌리고
씨름을 붙인 결과 임계형이 일등을 했다.
밤이 깊도록 즐겁게 놀게 했는데
그것은 나 스스로 즐겁자는 것이 아니라
오랫동안 고생하는 장수들의
수고를 덜어주자는 생각에서였다."

–『난중일기』, 1596년 5월 5일

고려를 지나 조선에 이르러
대중적인 놀이 문화가 된 씨름

"젊은 장정들이 남산 기슭에 모여
씨름을 하며 승부를 겨룬다.
여기에는 내국(배지기), 외국(등지기),
윤기(딴죽거리) 등 여러 기술이 있다."

–『동국세시기』

씨름하는 동자들과 그것을 구경하는 이들의 모습을 그린 유숙의 〈대쾌도〉

특히 씨름은 단오에 성행,
많은 사람들이 모일 수 있는 공간에서
소규모 대회가 열리기도 했다

"씨름은 주로 단오 때에 행해지며
매년 설날에도 씨름 대회가 벌어지고
우승자는 황소를 상으로 받았다."

–『오주연문장전산고』

그러나

씨름이 보편화되면서
발생하게 된 각종 사건들

"대사가 만약 나를 씨름에서 이긴다면
내 아내를 가지시오."

– 『기인기사록』

"광주 저자도의 사노비가
같은 마을에 사는 이와 더불어 씨름을 하다가
이기지 못함에 노하여 (상대를) 찔러 죽였다.
그러자 죽은 이의 아내가 즉시 칼을 잡고
(가해자를) 찔러 죽여 복수했다."

– 『조선왕조실록』, 1664년(현종 5년) 1월 20일

씨름 승부에 대한 집착이 점점 과열되자
이를 형벌로써 금지하고자 했던 조정

"저잣거리에서 씨름하며 치고 때리는 일이
있을 경우에는 살인 여부를 논할 것 없이
관사에서 장 1백 대를 때리도록 하라."

– 『조선왕조실록』, 1771년(영조 47년) 11월 18일

그러나 민초들의 고단한 삶에 낙과도 같았던
씨름 열기는 쉽게 가라앉지 않았다

왕에서 서민까지
계층을 막론하고 모든 이들이
열정적으로 즐긴 우리의 전통놀이
씨름

씨름은 각 지방에서 소규모로 성행하다
1912년 10월, 서울 단성사 극장에서
최초의 현대적인 씨름대회가 개최되었으며

이후 1983년
제1회 '천하장사 씨름대회'가 열리며
국민의 호응을 받는 민족 스포츠로 자리잡게 된다

07 우리의 전통놀이

인류 역사상 가장 오래된 스포츠

"옛 풍속에 서로 부딪쳐 싸워서 승부를 결단하기를 좋아했다. 이것을 씨름이라 한다. 붉은 다리 훨훨 피는 가슴에 넘치고 용기는 구정九鼎을 단번에 들기나 할 듯 방초 푸르른 평평한 벌판에 성난 소뿔로 비비며 쌍쌍이 달려든다."

-『해동죽지』

씨름은 인류 역사상 가장 오래된 스포츠다. 까마득한 옛날, 인간은 생존을 위하여 신체의 일부를 활용하여 적을 제압하거나 사냥을 했다. 그것이 인류 문명의 발달과 함께 스포츠화되어 달리기와 던지기는 육상으로, 때리기는 권투로, 낚아채어 넘어뜨리는 것은 씨름과 레슬링으로 발전했다. 이런 이유로 씨름과 유사한 형태의 격투기는 중국 솨이자오, 일본 스모, 몽골 부흐, 터키 야울귀레쉬를 비롯해 러시아 삼보, 스위스 슈빙겐 등 유럽, 남미를 비롯한 아프리카에서도 찾아볼 수 있다.

씨름에 관한 기록은 고구려의 각저총(씨름무덤)과 장천 1호분의 〈백희기악도〉에서 처음으로 등장한다. 5세기경 축조된 각저총의 〈씨름도〉는 주실의 동쪽 벽에 그려져 있는데 나무 아래에서 두 역사力士가 맞붙어 씨름을 하는 모습이다. 나무 아래에는 두 마리의 개가 앉아 있고, 상투를 틀어 올린 반바지 차림의 두 장년 남자가 띠를 두르고 씨름하는 자세로 맞붙어 있다. 그 옆에는 씨름을 심판하기 위해서인지 지팡이를 짚은 백발노인이 서 있다. 두 역사가 띠를 두르고 씨름하는 자세는 현대 씨름판의 모습과 거의 비슷하다. 두 명의 씨름꾼과 심판으로 보이는 노인의 모습은 이 시기에 이미 씨름이 일정한 규칙을 갖춘 경기로 자리잡았음을 보여준다. 고구려 고분벽화 전문가로 손꼽히는 울산대학교 역사문화학과 전호태 교수는 각저총의 〈씨름도〉가 죽은 자를 위해 그려진 그림이라는 점에서 당시 고구려인들이 씨름을 죽은 자가 다른 세계로 들어가기 위한 통과의례로 여겼을 것으로 해석한다. 실제로 내륙 아시아의 민족들 사이에는 장례 때 씨름을 하는 풍습이 있으며, 일본에서도 장의행사의 하나로 씨름을 해왔다.

고구려에서 씨름이 연희의 하나였던 것처럼 고려시대에도 씨름은 주요 스포츠 중 하나였다. 고려 충혜왕은 우리 역사상 씨름을 가장 좋아한 임금이다. 1330년, 왕위에 오른 첫해부터 나랏일은 젖혀둔 채 내시들과 날마다 씨름을 했다는 기록이 있을 정도다. 『고려사』는 이런 충혜왕을 두고 "위아래 예절이 없었다"고 비난하고 있다. 당시 씨름은 왕의 심사를 달래줄 흥미로운 놀이였다. 충혜왕은 밤마다 궁궐에서 씨름판을 벌여 이를 구경하면서 씨름에 참여한 역사들에게 상으로 포목을 내렸다. 충혜왕 때 기록을 통해 씨름이 개인의 체력 단련이나 대결을 벗어나 산악백희散樂百戲와 마찬가지로 관람자를 위해 시행된 공연의 성격이 추가되었음을 짐작할 수 있다.

왕의 놀이이자 죽음도 불사하며 즐긴 씨름

씨름은 임금이 직접 내시들과 행하기도 했지만 보통 '용사'에 의해 주도되었다. 용사는 일반 군인과 달리 필요에 따라 선발된, 특별한 기량을 갖춘 병사를 의미한다. 왕이 용사를 동원하여 씨름을 했다는 것은 씨름이 무예 실력을 가늠해보는 잣대로 활용되었을 뿐 아니라 이들 사이에 널리 퍼져 있던 놀이였음을 알 수 있다. 씨름은 용사를 뽑는 기준이 되기도 했다. 공민왕 때에는 씨름을 잘한다는 이유로 관직을 얻기도 했다.

"공민왕이 박강이 용력이 있다는 말을 듣고 또 그의 아비가 자기를 업고 다니던 공로를 생각하여 그를 불러 보고는 힘이 센 시위군과 씨름을 시켰더니 시위군이 잇달아 넘어졌다. 왕이 크게 기뻐하여 국고의 쌀을 내리고 바로 중랑장에 임명하여 임금을 호위하는 부대에 소속시켰다."

–『양촌집』

조선시대에도 씨름은 여전히 왕의 놀이였다. 세종도 씨름을 무척 좋아했다. 종친들을 불러 경회루에서 활쏘기 시합을 하고 나면 으레 유명한 역사들을 불러 씨름판을 벌이고 구경했다. 세종대에는 승려 상총과 역사 양복산이 씨름을 했는데 상총이 양복산을 땅에 메다꽂아 양복산이 죽은 일도 있었다. 씨름 애호가였던 세종은 사람을 죽인 상총을 교수형에 처하는 대신 양복산의 장례비를 대주라는 조치를 내렸다.

조선시대 씨름꾼은 고려시대와 달리 전문 군인을 일컫기보다 힘을 쓰는 말단직의 관리인 '역사'로 불리게 된다. 씨름꾼 중에서 힘이 센 사람을 왕을 호위하는 갑사로 뽑기도 했으나, 전술적인 기량을 갖추지 못한 씨름은 단순히 힘을 겨루는 놀이로 인식되었다. 화약과 총포의 발달이 일정한 체력 단련을 포함한 전투기술을 놀이화하는 데 직접적인 역할을 한 것이다. 그럼에도 군인을 선발하는 데 씨름은 여전히 중요한 절차로 여겨졌다. 의병장 김덕령은 원래 유학자였으나 단오에 벌어진 씨름판에서 수령의 권유로 씨름을 했다가 장사를 꺾고 이름을 떨치게 되자 임진왜란 발발 후 장수로 천거되기도 했다.

씨름은 양반부터 일반 백성들까지 노소를 불문하고 고루 즐기던 놀이였다. 일반 백성들 사이에서는 일상적으로 씨름 겨루기가 이루어졌으나, 장난삼아 씨름을 하다가 살인이 벌어지기도 하는 등 폐단도 적지 않았다. 현재 씨름 경기의 반칙 규정을 보면 목을 조르거나 비트는 행위, 상대방의 급소를 차거나 잡아당기는 행위, 상대방의 목을 끌어안아 숨을 못 쉬게 하는 행위 등이 포함되어 있는데 과거에는 이러한 일이 씨름판에서 행해졌고 이것이 사망사고로 이어졌다. 이러한 사고가 빈번하게 발생했음에도 씨름에 대한 대중들의 인기가 높아지자 조선시대에 씨름을 금지하는 조치가 두 번에 걸쳐 이루어졌다.

"요즈음 인심과 풍속이 날로 심하게 경박하고 악독해지고 있다. 주인을 죽이는 강상綱常의 변이 끊이지 않아 (…) 끝까지 추문하여 엄히 다스릴 것을 형조에 말하라. 그리고 지금 이후 각저(씨름)나 도박, 답교(다리밟기) 등의 일은 사헌부로 하여금 금지하게 하라."

– 『명종실록』, 1560년(명종 15년) 5월 6일

"이후 저잣거리에서 씨름하며 치고 때리는 일이 있을 경우에는 살인의 여부를 논할 것 없이 그 관사에서 엄중히 장 1백 대를 때리도록 하라. 일찍이 듣건대 평양에서는 상원일(정월 초하루)에 석전石戰(돌팔매 싸움)을 벌인다고 하니, 장으로 치는 것도 오히려 그러했는데, 더욱이 돌멩이이겠는가? 관서에 분부해서 일체 엄중히 금지하게 하고, 경중에서 단오에 벌이는 씨름과 원일에 벌이는 석전을 포청에 분부해서 이를 범하는 자는 종중결곤(두 가지 이상의 죄목이 있을 시, 가장 중한 죄를 적용해 곤장을 치는 것) 하게 하라."

– 『영조실록』, 1771년(영조 47년) 11월 18일

1560년에 씨름을 금지시켰음에도 불구하고 계속해서 씨름이 행해지자 조정은 1771년에 다시 씨름 금지 조치를 내린다. 하지만 이미 민간에 광범위하게 퍼져 놀이화된 씨름을 어명으로 금지하기는 어려웠다. 결국 금지조치는 제대로 실행되지 못했다.

프로 민속씨름의 시작

1912년 10월, 유각권구락부의 주관으로 서울 단성사 극장에서 처음으로 근대적 의미의 씨름대회가 개최되었다. 특정 단체에 의해서 씨름대회가 열린 것은 이때가 최초의 일이다. 유각권구락부는 유도, 각력(씨름), 권투 등 3가지 운동을 하는 이들이 모여서 만든 일종의 동호인 모임이었다.

씨름이 근대적인 스포츠로 체계를 잡기 시작한 것은 1927년 조선씨름협회가 창립된 이후부터다. 조선씨름협회는 창립 기념으로 그해 9월 서울 휘문고등보통학교 운동장에서 제1회 전조선씨름대회를 단체전과 개인전으로 나누어 개최했다. 이는 당시 조선씨름협회의 연례행사로 개최된 것이었다. 같은 해 조선중앙기독청년회 주최, 동아일보사 운동부 후원으로 제1회 조선씨름대회가 열려 씨름의 현대화에 큰 획을 그었다. 동아일보는 '내 운동 씨름, 획기적인 혁신', '조선 전래 운동 씨름대회, 운동계의 신시험', '조선 전래의 씨름, 민중적 경

기로' 등의 헤드라인으로 씨름을 홍보하며 민족의식을 고취시켰다. 1935년 씨름은 전조선종합경기대회(지금의 전국체육대회)의 정식 종목으로 채택되면서 그 위상이 높아졌다.

일제강점기 조선총독부가 노골적으로 민족정기를 말살하는 정책을 펴기 시작하면서 씨름대회 주최에도 탄압이 가해졌다. 제1회 조선씨름대회를 앞두고 동아일보가 민족의식을 고취시키는 씨름 관련 기사를 게재하자 총독부가 이를 삭제토록 지시하면서 당시 일부 지면이 백지로 나갔다. 그럼에도 씨름 열기가 사그라들지 않자 1929년에 '스모'를 일선 학교 교육을 통해 보급하여 씨름을 폄하하기도 했다. 조선씨름협회는 총독부의 탄압에도 불구하고 1936년부터 1941년까지 총 여섯 차례의 선수권대회를 치렀으나 태평양전쟁 중에 중단되고 만다.

광복 이후 사회적 혼란으로 제대로 된 대회를 치르지 못하다가 1959년 한국일보사가 창간 5주년을 기념하여 대한씨름협회 주관으로 개최한 제1회 전국장사씨름대회가 성황을 이루면서 씨름은 제2의 전성기를 누리게 되었다. 그리고 1972년 한국방송공사가 문화공보부의 지원을 받아 제1회 KBS배 쟁탈 전국장사씨름대회를 개최한 것을 계기로 씨름은 현대화의 전환점을 맞는다. 당시 씨름 경기가 사흘 동안 텔레비전으로 중계되며 사람들의 큰 호응을 얻었다.

1980년, 제5공화국 정부의 스포츠 장려정책에 의해 씨름도 프로스포츠로서 급물살을 타게 된다. 1982년에 야구가 제일 먼저 프로스포츠로 지정된 후 다음해인 1983년에 씨름이 축구와 더불어 프로 스포츠의 길을 걷게 되었다. 제1회 천하장사 씨름대회는 우리나라 명산의 이름을 따서 백두, 한라, 금강, 태백급 등 4체급으로 나누어 장사를 뽑았다. 천하장사는 체중에 관계없이 무제한으로 겨뤘으며, 무명의 이만기가 우승을 차지하면서 모래판에 돌풍을 일으키며 씨름 부흥의 촉매 노릇을 했다.

이종격투기에 자리를 내준 전통 씨름

1990년대까지 씨름의 인기는 프로 야구나 축구에 버금갔다. 작은 체구에도 화려한 기술 씨름을 선보이며 10번의 천하장사 타이틀을 거머쥔 이만기와 205센티미터의 큰 키로 '인간 기중기'로 불렸던 이봉걸, 모래판의 신사 이준희의 트로이카 체제에 이어 혜성같이 등장한 젊은 신인 강호동은 씨름의 황금기를 이끌었다. 천하장사를 결정하는 씨름 중계 때문에 9시 뉴스가 편성을 미룰 정도였다. 대형 스타의 활약에 힘입어 씨름은 대중 스포츠로서 확고한 입지를 다지며 신체적으로 뛰어나고 스타성 있는 어린 선수들이 씨름판으로 모여들었다.

언제나 계속될 것 같았던 씨름의 인기는 한순간에 사그라졌다. 가장 큰 원인은 1997년 외환위기로 기업들이 스포츠단 운영을 포기한 것이었다. 순식간에 8개 프로팀이 해체되었고, 2004년 LG투자증권 씨름단, 2006년 신창건설 씨름단이 역사 속으로 사라졌다. 잇따른 프로팀의 해체 속에 씨름계 내부의 분열과 대립은 아마추어 씨름마저 고사시켰다. 게다가 화려한 기술 씨름이 자취를 감추고 힘과 체중으로 상대를 제압하는 샅바 씨름이 모래판 위에 대세를 이루자 관객들은 점차 씨름을 외면하게 되었다. 급락하는 인기와 프로팀의 해체로 갈 곳을 잃은 선수들은 모래판을 떠났다. 간판 선수였던 최홍만과 이태현 등은 이종격투기 진출을 선언하여 씨름을 아꼈던 팬들에게 충격을 안겨주었다.

생존의 기로에 처한 우리의 씨름과 대조적으로 일본의 전통 스포츠인 스모는 여전히 인기를 끌고 있다. 씨름과 유사해 보이는 스모는 상대방과 힘을 겨뤄 먼저 넘어뜨리거나 일정한 공간 밖으로 밀어내면 이기는 방식으로 진행된다. 일본의 국기國技로 불리며 사랑을 받는 스모도 위기의 순간은 있었다. 1990년대 경제 불황의 여파로 스모의 인기가 떨어지자 스모협회는 여러 자구책을 마련했다. 전통에 얽매이지 않고 외국인 선수를 영입하여 흥행을 유도했고, 먼저 관객들에게 다가가는 전략으로 각지를 도는 홍보 행사와 어린이와 프로 선수가 대결하는 이벤트 등을 통해서 사람들을 경기장으로 불러 모았다. 스모가 소중한 문화유산의 일부라는 인식이 더해지면서 스모는 잃어버렸던 인기를 회복했다. 국내에서도 침체기를 극복한 스모를 거울삼아 씨름의 인기를 되살려보자는 목소리가 나오고 있다.

현재 씨름계는 씨름진흥법안(2011년) 마련을 비롯해 통합씨름협회 발족 등의 자구책을 강구하고 있다. 또한 지루한 샅바 싸움 대신 박진감 넘치는 기술 씨름을 유도하기 위해 경기 규칙과 환경을 새롭게 정비하고 있다. 씨름의 국제화를 위한 노력도 이어져 2016년 3월 씨름을 유네스코 인류무형문화유산 대표목록에 등재신청하는 데에 성공했다. 우리 민족 고유의 놀이 문화이자 무예의 하나였던 씨름이 과거의 영광을 되찾을 수 있을지 지켜볼 일이다.

冊

씨름 이만기 외, 대원사, 2002.

씨름의 사회사 김효경, 『한국민속학』 제37집, 한국민속학회, 2003.

Cultura

2부 문화를 품다

01 신비의 약초

02 이것은 도깨비가 아니다

03 오늘은 어디에서 묵을까

04 천 년의 시간을 견딘 종이

05 2만 6천 5백 장

06 그 많은 술들은 어디로 사라졌을까

07 거리를 재는 인형

CULTURA

01 신비의 약초

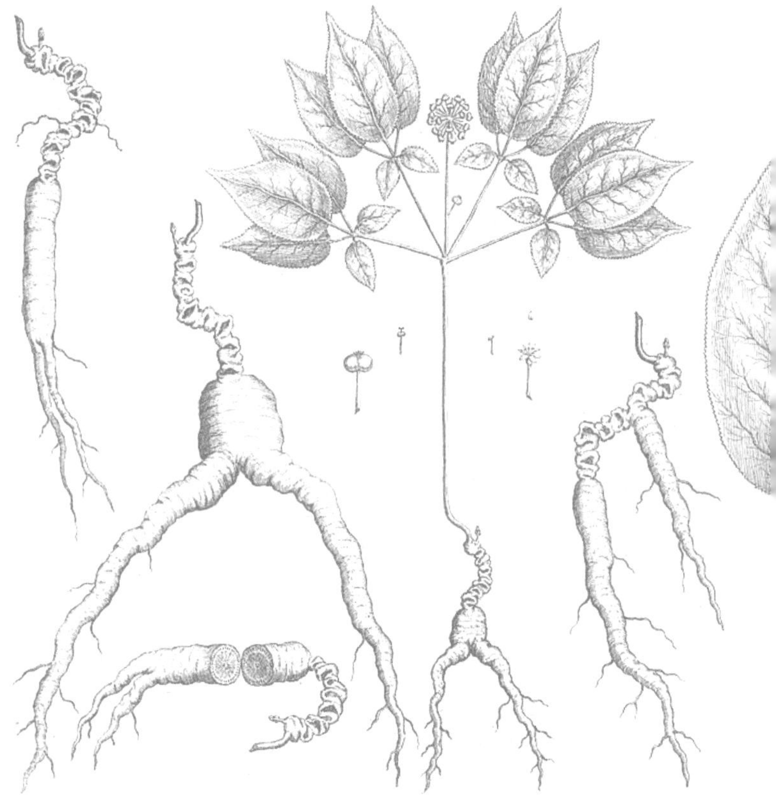

"이 약초를 꼭 찾아봐주십시오."

"그 뿌리의 절반을 날것으로 먹은 뒤
맥박이 훨씬 강해지고 식욕이 증진되고
원기가 왕성해졌습니다."

– 프랑스인 선교사, 피에르 자르투(1714년)

"인삼은 백제의 것을 중하게 여기고
다음으로는 고구려(요동)의 것을 쓰는데
고구려의 것은 백제의 인삼보다 못하다."

– 『명의별록』

"일본에서 이것은 이 세상의
어떤 물질보다 가치 있는 것이며,
다 죽어가는 사람도 살릴 수 있다."

– 동인도회사 관리, 리처드 콕스의 기록(1617년)

"중국에서는 인삼을
같은 무게의 금과 맞바꾸었으며
은과 바꿀 경우는 무게당
7배의 값을 받았다."

– 윌리엄 그리피스, 『은자의 나라 한국』

동아시아 교역품 중
최고의 가치를 인정받던
조선의 대표 수출품이자
삼국시대부터 뛰어난 효능으로
동아시아에서 인정받은 명약

인삼

"이 식물은 숲이 울창하고 산세가 수려한
북미 지역에 있을 것으로 생각됩니다."

– 피에르 자르투

인삼의 가치를 알게 된 서양 상인들은
인디언을 동원해 북미 지역의 산속을 뒤지기 시작
북미 지역에 야생 삼 찾기 열풍이 분다

1860년대 인삼 수출량

조선 24톤

미국 201톤

엄청난 양의 미국산 야생 삼이

중국, 일본 등으로 유입

조선 인삼의

5분의 1 가격에 판매된다

위기를 맞은
조선의 인삼 수출

"베이징과 광저우에 코네티컷과
매사추세츠산 인삼이 수입돼 미국과 조선은
인삼 무역의 경쟁국이 되고 있다."

– 윌리엄 그리피스, 『은자의 나라 한국』

그러나

미국의 인삼과 비교해
약효가 탁월했던
조선의 인삼

18세기 초부터
대규모 인삼 재배가 활발했던 조선은
보관하기 쉬우며, 인삼의 효능을 높인
홍삼 제조기술까지 갖추고 있었다

반면
무분별한 채취로 급격하게 감소한
북미 지역의 야생 삼

18세기
조선과 미국 간에 펼쳐진
인삼 전쟁

이를 통해 최고의 품질을 인정받은
조선의 인삼은 조선 최고의
수출 상품으로 자리잡는다

01 신비의 약초

금과 맞바꿨던 천하제일의 명약

1884년(고종 21년), 왕과 왕비의 총애를 받아 20대의 젊은 나이에 권력을 휘두르던 여흥 민씨 가문의 실력자 민영익은 우정국(지금의 우체국) 개국 축하연에 참석했다가 개화파 자객의 칼을 맞는다. 온몸이 난자당해 죽음의 문턱에 서 있던 민영익을 살려낸 사람은 미국인 의료 선교사 알렌이었다. 평소와 같이 민영익을 치료하던 어느 날, 알렌은 민영익의 체온이 오르며 부상당한 상처가 붉게 타오르는 것을 발견한다. 도무지 이유를 알 수 없었던 알렌은 민영익의 가솔들에게 이리저리 질문을 던진 끝에 인삼을 복용한 것이 원인임을 알게 되었다. 인삼이 모든 질병을 치료하리라는 믿음에서 벌어진 해프닝이었다. 공식 학명에 '만병통치약'이라는 뜻의 그리스어 'Panax'가 명명되었듯이 인삼은 동서고금을 막론하고 신비한 효능을 인정받아온 천연 약용식물이다.

"인삼은 백제의 것을 중하게 여기는데, 형체가 가늘고 단단하며 희다. 기운과 맛은 상당上黨(중국 산시성)에서 나는 것보다 박薄하다. 다음으로는 고구려의 것을 쓰는데 고구려는 바로 요동으로, 형체가 크며 허하고 연하여 백제의 인삼만 못하다. 백제는 지금 고구려에 신속되었는 바, 고구려에서 바치는 인삼에는 두 가지 종류가 겸해서 있으니, 어느 것을 취해 쓰느냐에 달려 있을 뿐이다. 그러나 실제로 쓰기에는 모두 상당에서 나는 인삼만 못하다."

―『명의별록』

중국 남북조 시대 의약학자 도홍경이 저술한『명의별록』에 따르면 이미 6세기 무렵에 고구려와 백제 인삼이 중국에서 귀한 약재로 유통되고 있었다. 한반도와 만주는 인삼이 자연 성장하기에 최적의 조건을 갖춘 곳이어서 고구려와 백제 그리고 신라에서까지 고루 인삼이 산출되고 있었다. 이때까지만 해도 중국인들은 도홍경의 기록처럼 중국 인삼이 한반도 인삼보다 우월하다고 막연하게 생각하고 있었으나, 약효의 차이를 실제로 확인하게 되자 한반도 인삼에 너도나도 열광하기 시작한다. 삼국시대 인삼이 삼국의 대중국 무역에서 주요 수출품으로 자리잡은 것은 물론이며 중국에 보내지는 선물 목록에서도 인삼은 빠지지 않았다.

원나라 황제 쿠빌라이 칸은 고려 인삼이 세상에서 가장 좋다는 말을 전해 듣고는 직접 고려에다가 인삼을 바칠 것을 요구하기도 했다. 당시 원나라 관리들 사이에서 그 옛날 진의 시황제가 불로장생을 꿈꾸며 그토록 찾아 헤매던 불사약이 바로 고려 인삼이라는 소문마저 돌았다. 원나라에서는 오늘날 중국의 '한류' 열풍에 버금가게 고려의 풍습을 따라하는 '고려양'이 무섭게 번지고 있었다. 집 안을 고려청자로 장식하고 고려 화문석을 깐 바닥에서 고려 인삼을 달여 마시는 풍경을 찾아보는 것은 어려운 일도 아니었다.

삼국시대부터 시작된 한반도 인삼의 명성은 조선시대에도 이어졌다. 명나라 황실과 귀족들이 '불로장생의 선약'이라 생각한 조선 인삼의 매력에 푹 빠진 까닭에 명나라와 조공·책봉 관계를 맺고 있던 조선은 막대한 양의 인삼을 진헌품으로 바쳐야 했다. 매년 정기 또는 비정기적으로 파견되는 사행사를 통해서 수백 근의 인삼이 명나라로 보내졌고, 조선을 방문하는 명나라 사신마다 노골적으로 따로 인삼 챙겨주기를 원하는 바람에 조선 관리들은 진땀을 흘려야 했다. 『세종실록』「지리지」에 따르면 전국 329개 군현 가운데 112개 고을에서 자연산 인삼이 채취되고 있었으나 산출되는 인삼의 양에는 한계가 있었다. 급증하는 인삼의 수요와 자연산 인삼의 무분별한 채취로 백성들의 부담이 증가하자 인삼을 인공 재배하려는 시도가 계속해서 이루어졌다. 마침내 1724년(경종 4년), 개성 사람 박유철이 반음지 식물인 인삼의 특성을 살려 해를 가리는 방식의 농사법을 개발하여 인삼을 대량으로 재배하는 데 성공했다. 이후 제주도를 제외한 전 국토에서 인삼 재배는 빠르게 확대되었다.

인삼의 인기가 높아지자 가격도 천정부지로 뛰어올랐다. 최상품의 자연산 인삼은 중국에서 같은 무게의 금과 맞바꾸어질 정도였다. 인삼에서 얻는 이익이 커지자 위로는 고위 관리부터 아래로는 일반 백성들까지 인삼을 몰래 재배했다. 그리고 사무역과 밀무역을 통해 인삼을 팔아 이익을 챙겼다. 조선 초기 인삼의 대중국 수출이 외교관계에 기대어 이루어졌다면 16세기부터는 사무역과 밀무역을 통한 거래가 현저하게 증가했다. 인삼을 캐거나 팔기 위해 몰래 국경을 넘나드는 일이 잦아지면서 외교 분쟁으로 비화되기도 했다. 조정에서는 "인삼 매매는 이익이 커서 상인 모리배들이 죽음을 무릅쓰고 법을 어긴다"며 수차례에 걸쳐 인삼 밀매 금지령을 내리고 신고 포상금을 걸거나 밀수꾼들을 가차 없이 참형에 처하기도 했지만 인삼 밀수 행위는 수그러들지 않았다.

조선의 인삼 종자를 확보해라

중국 못지않게 조선 인삼에 열광했던 나라는 일본이다. 739년, 발해 문왕이 기진몽을 일본에 사신으로 파견하면서 인삼을 함께 보냈다는 기록이 『속일본기』에 처음 등장한다. 일본에서는 자생하지 않아 인삼의 신비한 효능에 대해 알지 못했던 일본 왕실과 귀족들은 그 효능을 알게 되면서 신라를 통해 인삼을 사들였다.

일본의 상류 계급에서만 제한적으로 소비되던 인삼은 죽어가는 사람도 살려낼 수 있는 만병통치약이라는 믿음이 널리 퍼지기 시작하면서 17세기 일본에서의 인삼 수요는 폭발적으로 늘어났다. 사람들은 비싼 가격에도 불구하고 인삼을 사기 위해 아침 일찍부터 인삼 판매점인 인삼좌 앞에 장사진을 쳤고, 그날의 물량이 모두 떨어져버려 인삼을 미처 구하지 못한 사람들은 자살 소동을 일으키기도 했다. 당시의 이러한 풍조를 반영하여 죽어가던 사람이 인삼을 먹고 기사회생하지만 비싼 가격 탓에 인삼을 사느라 진 빚을 갚지 못하여 스스로 목숨을 끊고 만다는 우스갯소리가 "인삼을 먹고 목을 맨다"라는 일본의 속담으로 지금까지 전해진다. 인삼의 인기는 통신사로 일본을 다녀왔던 홍치중의 목격담에서도 그 실상을 확인할 수 있다.

"일본의 풍속은 매번 병이 나면 곧 인삼을 복용하여 효과를 본다. 그러므로 값의 많고 적음을 논하지 않고 다투어 산다. 70냥에 한양에서 인삼을 사서 에도(도쿄)에 들어가면 반드시 300냥에 팔아넘긴다. 신이 일찍이 왕명을 받고 일본을 왕래했기 때문에 그 사정을 대략 안다."

– 『승정원일기』, 1727년(영조 3년) 5월 25일

조선 인삼은 에도 막부로부터 조선과의 외교 업무를 전적으로 위임받았던 쓰시마 번을 통해 일본으로 수입되었다. 쓰시마 번은 조선 조정에 인삼을 제대로 확보하지 못하면 다이묘의 자리를 보존하지 못할 수도 있다고 볼멘 소리를 해가며 인삼 확보에 열을 올렸다. 막대한 양의 조선 인삼이 왜관을 거쳐 일본으로 수출되었고, 인삼의 결제 대금으로 다량의 일본산 정은丁銀이 조선에 유입되었다.

조선과 일본의 인삼 무역은 의외의 결과를 초래한다. 조선 인삼을 사느라 은이 대량으로 유출됨에 따라 가뜩이나 어려웠던 막부 재정에 적자를 가져왔고, 막부는 은의 함량을 줄인 겐로쿠은元祿丁銀이라는 순도 64퍼센트의 악화惡貨를 주조하게 되었다. 순도가 낮은 은으로는 인삼 수입이 어렵다고 판단한 쓰시마 번은 막부에 요청해 순도 80퍼센트의 인삼대왕고은人蔘代往古銀이라는 인삼 수입 전용 화폐까지 특별 제조한다. 오직 조선과의 무역용으로만 사용된 화폐였다.

쇼군 도쿠가와 요시무네는 인삼 수입으로 악화일로를 걷고 있던 일본의 대조선 무역 적자를 해결하고자 특단의 조치를 취한다. 은의 유출을 막기 위해 조선에서 인삼 종자를 구해다가 직접 인삼을 일본에서 재배하려는 인삼 국산화 사업을 시도한 것이다. 쇼군의 특명을 받은 '산업 스파이'들은 왜관으로 몰래 잠입하여 조선인들을 회유해 가며 인삼에 대한 방대한 자료를 수집했다. 1728년(영조 4년)까지 총 서른다섯 뿌리의 인삼 묘목과 60알의 인삼 씨앗이 일본으로 보내져 일본 각지에서 시험 재배가 이루어졌다. 마침내 18세기 전반 쇼군의 염원대로 일본은 인삼의 국산화에 성공하여 '오타네 닌징'이라 불리는 일본 인삼이 대량으로 보급되었고, 그 여파로 18세기 중반 이후 조선의 대일본 인삼 수출이 막히면서 조선으로 들어오던 일본 은의 양은 격감한다.

조선 인삼의 경쟁자로 떠오른 미국 인삼

조선 인삼이 서양에 알려지기 시작한 것은 일본에 머물러 있던 네덜란드 동인도회사 직원들에 의해서다. 일본 주재 네덜란드 무역관장 쿠커르 바커르는 1637년(인조 15년) 본국에 보낸 보고서에서 조선의 특산물로 인삼을 소개했다. 13년간 조선에 머물렀던 네덜란드인 하멜도 『하멜표류기』에서 인삼을 소개하면서 서양에 조선은 '인삼의 나라'로 알려졌다. 1709년(숙종 35년), 베이징에 와 있던 프랑스인 선교사 피에르 자르투는 청나라 강희제의 명을 받아 지도 제작을 위해 조선과 청나라의 국경 지역을 답사하다가 우연히 조선 인삼을 접하게 된다. 인삼의 뛰어난 효능과 가치를 생생하게 체험하게 된 자르투는 직접 그린 인삼 삽화와 함께 다음과 같은 편지를 본국에 보냈다.

"중국에서는 고귀한 신분의 사람들이 먹는 약에는 거의 대부분 인삼(산삼)이 배합됩니다. 가격이 매우 비싸 서민들은 감히 구해볼 엄두를 내지 못합니다. 저는 무척 지쳐서 말 잔등에 올라앉아 있기도 어려울 정도였습니다. 이를 눈치 챈 관원이 저에게 한 뿌리를 주었습니다. 곧바로 그 반을 먹었는데 한 시간 뒤에 피로가 말끔히 가셨습니다. 그 뒤로는 그것을 자주 먹습니다. 언제나 같은 효과를 보았습니다. (…) 여러 가지 정황으로 볼 때 이러한 식물은 숲이 울창하고 산세가 수려한 캐나다에 있을 것으로 생각됩니다."

때마침 캐나다 인디언 이로쿼스 부족의 마을에서 선교 활동을 하던 프랑스인 선교사 라피토는 자르투의 편지를 읽고 인디언들과 함께 인삼을 찾아 나선다. 3개월을 찾아 헤맨 끝에 그는 몬트리올 근교에서 인삼을 찾아냈고, 미국과 캐나다의 산간 지역에서 대량으로 발견된 인삼은 네덜란드 상인들에 의해 중국으로 수출되었다.

막대한 양의 미국 인삼은 시장의 판도를 흔들었다. 비싼 가격에도 불구하고 조선 인삼만을 먹어오던 중국인들이 값싼 미국 인삼으로 갈아타면서 조선의 인삼 수출은 직격탄을 맞고 만다. 인삼 수출로 안정적인 재정 수입을 벌어오던 조선은 인삼 값 폭락으로 가장 큰 피해를 보게 되었다. 동양학자 윌리엄 그리피스는 당시 상황을 그의 저서『은자의 나라 한국』에서 다음과 같이 기록하고 있다.

"조선의 상권이 무너졌다. 상선에 인삼 다발을 실은 네덜란드인들은 허드슨 만으로 내려와서 다시 암스테르담과 런던으로 가서 영국 동인도회사에 5배의 값을 받고 인삼을 팔았다. 광동에서 양육되어 북경으로 운반된 미국 인삼은 시장을 뒤엎어놓았다. 이로 인해 인삼 값은 놀라울 정도로 폭락하고 조선의 인삼 전매사업은 커다란 타격을 입었다."

인삼의 국산화에 성공한 일본과 값싼 미국 인삼만을 찾는 중국으로 인해 인삼 시장에서 주도권을 상실하게 된 조선이 새로운 돌파구로 찾아낸 것은 홍삼이었다. 홍삼은 인삼을 수증기로 쪄내 건조, 가공한 것으로 오랫동안 보관할 수 있는 장점이 있고, 가공 과정에서 홍삼 특유의 새로운 성분이 생성되어 그 약효가 탁월했다.

홍삼의 등장에 인삼 시장은 요동쳤다. 홍삼 무역이 실시된 첫해인 1797년(정조 21년) 120근에 불과했던 홍삼 무역량은 1847년(헌종 13년) 4만 근까지 급증했다. 게다가 조선의 홍삼이 아편 해독에 뛰어난 효능이 있다는 믿음이 중국인들에게 생기면서 홍삼의 판매는 폭발적으로 증가했다. 청나라에서 홍삼 1근은 조선에서의 판매가격보다 최고 7배까지 비싼 가격에 판매되었고, 고가의 홍삼이 매매될 때마다 자연스레 조선의 국고는 다시금 풍족해졌다. 19세기 후반 홍삼 무역으로 조선 조정이 거둔 세금만 한 해 20만 냥에 이르렀다니 당시 홍삼은 '조선시대판 블루칩'이라 불러도 과언이 아니었다.

인삼 전매의 역사

"처음 홍삼 무역의 길을 열었던 것은 역관의 생활 방편을 돕기 위해서였다. 그런데 이것이 한 번 변하여 의주 상인이 무역하는 밑천이 되었으며, 두 번 변하여 개성 사람들의 생업이 되었고, 세 번 변하여 홍삼 세액이 점점 늘어나 국가 재정을 보충하는 데 이르렀다. 이에 슬그머니 홍삼 무역은 나라 전체의 정치적 큰 관심거리가 되었다."

– 『승정원일기』, 1851년(철종 2년) 8월 28일

조선의 인삼 정책을 총괄하던 관청은 사역원이었다. 외국어 통역과 번역 업무를 관장하는 사역원이 인삼에 대한 무역 업무까지 관여하게 된 것은 역관들이 중국으로 사행을 갈 때 여비를 마련하기 위해 인삼의 휴대가 허락되면서부터다. 당시 역관들은 여비를 스스로 해결해야 했는데 조정은 보상 차원에서 출장비 대신에 인삼을 챙겨 가서 거래할 수 있는 특권을 주었다. 한 사람당 인삼 열 근씩 여덟 꾸러미를 쌌다고 하여 '팔포무역'이라고 한다. 역관들은 중국에서 인삼을 비싼 가격에 되팔아 여비를 충당하고도 남을 많은 이익을 남겼으며, 조정은 일정액의 세금을 부과하여 이를 국가 재정에 충당했다. 1864년(고종 1년), 영의정 김좌근은 홍삼으로 거두는 세금은 사역원 경비를 제외하고도 각종 재정에 보태어 쓸 수 있어 재정을 여유롭게 할 방법으로 이보다 좋은 것은 없다 말하기도 했다.

1894년(고종 31년), 갑오개혁으로 사역원이 폐지되자 막대한 수익을 가져다주는 인삼 사업을 차지하려고 각 관청들은 신경전을 벌였다. 처음에는 재정을 담당하는 탁지부가 사역원이 해오던 인삼에 대

한 업무를 그대로 이어받았다. 이때 전매제도의 효시라 할 수 있는 포삼공사와 포삼공사장정이 마련되어 홍삼의 제조와 판매를 제조업자에게 맡기고 별도의 세금을 징수했다. 하지만 농상공부가 새롭게 설치되면서 탁지부의 반발에도 불구하고 업무 조정이 이루어져 농상공부에서 인삼 재배와 홍삼 제조에 대한 업무를 전담하게 되었고 탁지부는 이와 관련된 세금의 징수 업무만 담당하게 되었다.

탁지부와 농상공부, 두 정부 부처가 인삼을 둘러싸고 신경전을 벌일 때 임금인 고종 역시 인삼에서 벌어들이는 이익에 눈독을 들이고 있었다. 갑오개혁으로 정부 재정과 왕실 재정이 분리되면서 고종은 왕실 재정을 강화하기 위해 인삼 사업을 왕실 직속으로 돌리려 했다. 전격적으로 아관파천을 단행해 친일 내각을 붕괴시킨 고종은 정국의 주도권을 다시 장악하게 되자 1899년 왕실 재산을 관리하는 궁내부 소속 내장원에 삼정과를 설치해 인삼을 직접 관장하게 했다. 이로써 인삼에서 나오는 수익은 왕실 재정의 든든한 재원이 되었다. 1901년에서 1905년 사이 인삼에서 거둔 수익은 내장원 전체 수익의 절반 이상을 차지했다. 내장원의 풍부한 자금은 군비 증강, 상공업 진흥, 전차, 전기, 철도 등 근대시설을 도입하는 근대화 작업인 광무개혁을 추진하는 원동력이었다.

을사늑약을 강제로 체결한 뒤 통감부를 설치하여 대한제국의 내정을 본격적으로 간섭하기 시작한 일제는 재정을 정리한다는 명목으로 내장원 삼정과를 폐지하고 인삼에 대한 관리권을 통감부로 가져갔다. 1908년에는 홍삼전매법을 제정하여 조선 내의 전매 수익을 독차지하기에 이른다. 홍삼전매법은 일제강점기에도 계속 적용되어 오다가 1920년에 그 내용의 일부를 개정한 홍삼전매령으로 대체되었다. 광복 이후에도 새로운 홍삼전매법이 제정되어 안정적인 재정 수입의 확보를 위한 국가의 독점은 계속되었다. 1996년, 100여년을 이어온 인삼 전매제도가 폐지되면서 일정 시설을 갖추면 민간인들도 자유롭게 홍삼을 가공하고 판매할 수 있도록 경쟁체제가 도입되어 전매청을 모태로 민영화된 KT&G를 비롯하여 다양한 업체들이 홍삼 사업에 참여하고 있다.

1970년대까지만 해도 우리나라는 세계 최대 인삼 생산국이자 수출국이었다. 1978년, 세계 인삼 생산량 중 우리나라가 차지하는 비중이 70퍼센트를 웃돌 만큼 세계 인삼 시장을 석권했다. 하지만 1990년대 이후 미국, 캐나다, 중국 등 강력한 경쟁자들이 인삼 시장에 등장하면서 한국 인삼의 점유율은 옛 명성이 무색할 만큼 하락하고 있다. 캐나다와 미국은 높은 가격경쟁력, 활발한 연구와 개발 투자, 국가품질보증정책 등의 전략으로 세계적인 인삼 수출국으로 올라섰고, 중국은 저렴한 생산비와 넓은 재배지를 강점으로 삼아 지린성에서 생산하는 인삼만으로도 전 세계 인삼 생산량의 70퍼센트를 차지할 정도의 세계적인 인삼 생산국이 되었다. 게다가 인삼 한 뿌리 나지 않는 스위스는 인삼의 사포닌 성분을 활용한 제품을 개발해 부가가치가 높은 인삼가공제품 분야에서 시장점유율 1위를 차지하고 있다.

150년 전 한국은 인삼으로 이미 미국과 무역전쟁을 치렀으나, 오늘날에도 미국, 캐나다, 중국과 세계 시장을 차지하려는 치열한 인삼 전쟁은 계속되고 있다. 미국산 인삼에게 시장을 내어주는 위기 상황에서 홍삼이라는 새로운 수출 활로를 찾아냈던 것과 같이 인삼 종주국의 위상을 회복할 새로운 돌파구가 필요한 시점이다.

교양으로 읽는 인삼 이야기 옥순종, 이가서, 2005.

대한제국기 내장원의 인삼관리와 삼세 징수 양상현, 『규장각』 제19집, 1996.

신라-신라통일기 인삼 생산과 대외교역 양정필·여인석, 『의사학』 제13권 2호, 2004.

이이화 한국사 이야기 7 이이화, 한길사, 2015.

이것은 도깨비가 아니다

우뚝 솟은 뿔
부릅뜬 눈
긴 엄니
허리에 두른 짐승 가죽
손에 든 철퇴
그리고
원색 피부

"경주에 영묘사라는 절이 있었는데
그 터는 본시 큰 못이었다.
그걸 두두리豆豆里 무리가
단 하룻밤 만에 메우고 절을 지었다.
비형* 이후 두두리를 크게 섬겼다."

–『신증동국여지승람』 중

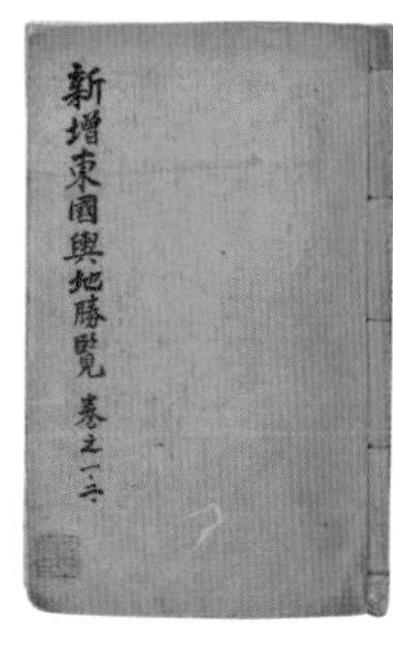

* **비형鼻荊**

: 신라 제25대 진지왕 사후 진지왕의 혼령과 도화녀 사이에서 태어난 반신반인半神半人

비형, 두두리 등으로 불렸던
고대의 도깨비는
유능한 토목공사 집단이자
잡귀를 물리치는 신이神異한 존재였다

시간이 흘러 조선 산수에
모습을 드러낸 도깨비
도깨비들의 성격부터
취향과 특기까지

'목격담' 형태로 전달되는
살아 있는 이야기

"글쎄, 대뜸 씨름을 하자는 거야!"
"밤새 난리법석 논다지?"
"수수떡, 메밀묵, 술이라면 껌뻑 죽지."
"못된 사람을 욕보이고, 딱한 사람은 돕는다네."

해 질 녘
사람의 모습으로 나타나
한바탕 어울리다

동틀 녘
손때 묻은 물건으로 돌아가는

도깨비로 풀어낸 삶
감투문화 풍자
민초들의 희망

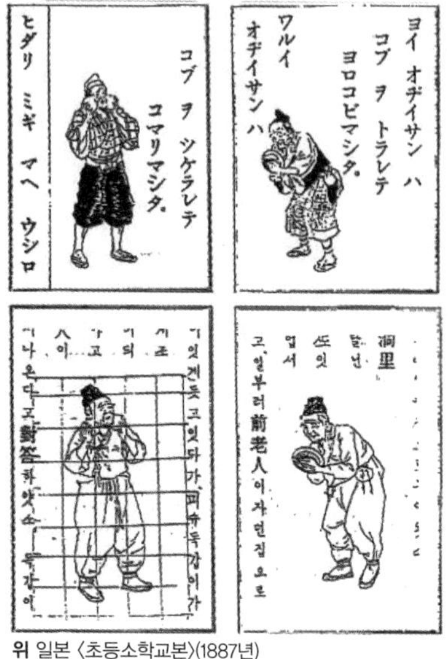

위 일본 〈초등소학교본〉(1887년)
아래 조선 〈보통학교 조선어급한문독본〉(1915년)

그리고 여기
익숙한 이야기 하나

혹 떼려다 혹 붙인
혹부리 영감 이야기

1915년
일제강점기 교과서에 실린
최초의 도깨비 이야기

우리 이야기로 둔갑한 일본 전래민담
고부도리지이상こぶとり爺さん

민담을 공유하는
역사를 공유하는
두 나라

내선일체內鮮一體
일본과 조선은 한 몸이다!

이야기 속 친숙한 외모의

도깨비

〈초등국어독본〉에 실린 혹부리 영감 이야기에 등장하는 오니의 얼굴을 한 도깨비

우리가 도깨비의 모습으로
알고 있는 외양은
사실 일본의 요괴 오니

인간을 벌하는
잔학무도한 괴물의 모습을 한 오니

"우리의 도깨비는 뿔이 없다.
덩치가 크고 온몸에 털이 많으며
누렁이 냄새가 난다.
바지저고리를 입고 패랭이를 쓰고 다닌다.
손에는 나무방망이를 쥐고 다닌다.
무엇보다 도깨비는 사람을 좋아해
사람들과 어울려 살기를 원한다."

– 김종대(중앙대학교 국어국문학과 교수)

오직 한국에만 있는
상상 속의 존재 도깨비는
한국의 대표 문화원형이다

02 이것은 도깨비가 아니다

인간적인, 너무나 인간적인 도깨비

땅거미가 짙게 내려앉은 시간. 술에 거나하게 취한 채 집으로 걸음을 재촉하는 나그네의 앞을 생면부지의 웬 사내 하나가 대뜸 가로막더니 이렇게 말한다. "야, 너 나랑 씨름 한 번 하자." 난데없는 도전에 나그네는 취기도 올랐겠다 사내와 엎치락뒤치락 힘을 겨뤘다. 새벽녘이 되어서야 겨우 사내를 쓰러뜨린 나그네는 허리띠로 사내를 나무둥치에다가 묶어놓고 잠이 들었다. 다음날 잠에서 깬 나그네가 나무를 보니 사내는 온데간데없고 빗자루만 달랑 묶여 있는 게 아닌가!

아무런 이유도 없이 불쑥 나타나 행인에게 시비를 걸더니 다음날 빗자루나 도리깨 따위로 변해버린 사내는 우리의 옛이야기에서 빼놓을 수 없는 존재인 도깨비다. 전국적인 규모로 광범위하게 조사한 설화자료집인 『한국구비문학대계』에는 도깨비가 등장하는 다양한 설화와 민담이 총 213편 남아 있다. 도깨비 씨름을 비롯해 도깨비불, 도깨비감투, 도깨비방망이, 혹 떼러 갔다 혹 붙인 사나이 등 우리 이야기에 등장하는 도깨비는 사람을 놀라게 하고 장난기가 많지만 인간에게 해를 끼치지는 않는다. 착한 사람을 도와 부자로 만들어주거나 어리숙하게 인간의 꾀에 속아 넘어가 간이고 쓸개고 전부 내어주기도 한다.

그러나 고대인들은 도깨비가 지닌 능력을 신성한 능력으로 보아

신으로 숭상하기도 했다. 고대인들의 도깨비 숭상은 도깨비 이야기가 수록된 최초의 문헌인 『삼국유사』의 「도화녀·비형랑」 이야기에서 그 모습을 찾아볼 수 있다. 기록에 따르면 죽은 진지왕(신라 제25대 왕)의 혼백과 과부 도화녀 사이에서 태어난 귀신의 자식인 비형랑이 도깨비 무리를 시켜 다리와 문을 세우게 한다.

왕이 비형을 불러 묻기를 "네가 귀신(도깨비)을 거느리고 논다는 말이 사실이냐" 하자 비형이 대답하길 "그렇습니다" 했다. 왕이 "그러하면 너는 귀신의 무리를 이끌고 신원사의 북쪽 도랑에 다리를 놓아 보도록 하여라" 했다. 비형은 칙명을 받들고 그 무리들로 하여금 돌을 다듬어 하룻밤 사이에 큰 다리를 놓았다. 그런 까닭에 귀교鬼橋라 한다.

–『삼국유사』 권1 「기이」 2

하룻밤 만에 다리와 문을 세우는 것은 인간이 할 수 없는, 오직 도깨비만이 할 수 있는 일이었다. 놀라운 토목공사 실력을 보여준 도깨비를 경주 지역의 사람들은 마을의 수호신이자 가문을 수호하는 가신으로 숭배하기 시작한다. 이를테면 경주 남쪽에 있는 숲속에 마을 사람들이 모여 제사를 지내거나 집 안에 신당을 차려놓고 복을 비는 식이었다. 고려 무신정권 시기의 권력자 이의민도 자신의 집에다가 도깨비를 모시는 신당을 짓고 날마다 복을 빌던 사람들 중 하나였다. 당시 사람들은 도깨비를 '두두리' 또는 '목랑木郞', '목매木魅'라고 불렀는데 이는 후대에 전승되고 있는 설화와 민담에서 도깨비가 변신한 모습이 나무방망이였다는 점과 밀접한 연관이 있다.

삼국시대와 고려시대를 거치며 신으로 섬겨지던 도깨비는 유교를 국교로 삼아 건국된 조선시대로 넘어오자 그 위상이 흔들린다. 유교 경전에 담긴 귀신관이 유포되면서 도깨비는 신성한 능력을 가진 존재에서 하루아침에 일개 잡신으로 치부된다. 『논어』에서 공자는 "산 사람도 잘 섬기지 못하면서 어찌 귀신을 섬기겠느냐?"라고 일갈하며 이른바 괴력난신怪力亂神에 대해 말하는 것을 금기시했다.

하지만 다른 한편으로는 도깨비를 음양론에 입각하여 설명하고자 했다. 조선왕조의 기초를 세웠던 정도전은 산과 바다의 음허한 기운과 풀과 나무, 땅과 돌의 정이 스미고 엉켜서 도깨비가 만들어진다고 보았다. 이익은 『성호사설』에서 세상의 이치에 벗어나는 비정상적인 사태를 모두 도깨비의 장난이라고 말하기도 했다. 이때부터 오늘날 설화와 민담에 등장하는 도깨비의 구체적인 모습들이 만들어진다. 사람도 아니고 귀신도 아니면서 신비한 능력을 지녀 사람을 홀리고 고약한 장난을 치기도 하지만, 아둔하여 인간에게 쉽게 속아버리기도 해서 인간보다도 더 인간적인 모습을 지닌 존재로 재탄생하게 된 것이다.

내선일체의 도구로 전락하다

대한제국 정부에 의해 한성중학교(경기고등학교의 전신) 교사로 초빙되었던 다카하시 도오루는 1910년, 한 권의 책을 발간한다. 책의 제목은 『조선의 이야기집』으로 총 24편의 설화와 4편의 고전소설, 547개의 속담이 수록된 우리나라 최초의 설화집이다. 책의 첫머리를 장식한 이야기는 마음씨 착한 혹부리 영감이 도깨비 덕택에 혹을 떼고, 마음씨 나쁜 혹부리 영감은 도깨비 때문에 혹을 더 붙이게 되었다는 「혹부리 영감」이었다.

"혹부리 영감 이야기는 일본과 한국의 설화이다. 그 직접적인 본원지는 조선반도이다. 나는 오랫동안 가설만 세운 채로 만족할 수 없었다. 그런데 러일전쟁 덕분에 일본 제국의 세력이 팽창하여 동아시아 대륙에 관한 문헌학적 연구에 있어 크게 편의를 얻게 된 결과, 조선의 민간설화 중에서 혹부리 영감에 관한 두 가지 이야기를 발견할 수 있었다."

– 다카기 도시오, 「한일 공통의 민간설화」

조선의 민담을 연구하던 일본인 학자들은 다카하시 도오루가 소개한 조선의 설화 「혹부리 영감」에 놀라워했다. 일본에서 전승되어 오는 「고부도리지이상こぶとり爺さん」과 동일한 내용의 설화가 조선에서도 발견되었기 때문이다. 이들은 조선의 「혹부리 영감」이 13세기 제작된 일본의 설화집 『우지슈이 모노가타리宇治拾遺物語』에 수록된 「고부도리지이상」과 유사하다는 점에 주목했다. 두 설화는 '혹이 달린 노인이 다른 세계의 존재인 도깨비와 오니를 만나 혹을 떼이고, 이를 알게 된 이웃 노인이 자신의 혹도 떼어내고픈 욕심에 똑같이 따라하다가 오히려 혹을 더 붙이고 만다'는 이야기의 줄기가 동일했다. 「혹부리 영감」은 노인의 혹을 노래주머니로 착각한 도깨비가 금은보화를 주고 혹을 사가지만, 「고부도리지이상」은 오니의 연회에서 멋진 춤을 선보인 노인을 다시 연회에 오게 하려고 오니가 혹을 저당물로 떼어간다는 차이가 있을 뿐이다.

일본의 신화학자 다카기 도시오는 일본의 「고부도리지이상」이 조선에서 유래했을 것이라는 자신의 가설을 입증해줄 증거를 발견했다며 흥분을 감추지 못했다. 또 다른 일본인 학자 나카무라 료헤이도 한일 양국 사이에 존재하는 유사한 설화를 "먼 옛날부터 어디선가 깊이 연결되어 있었다"는 증거물로 보았다.

「혹부리 영감」은 일제강점기 초등교육기관인 보통학교에서 사용되는 교과서에 세 차례에 걸쳐 수록되었다. 그 이유는 간명했다. 한국의 「혹부리 영감」과 유사한 이야기가 일본에도 전승된다는 것의 의미, 즉 '내선일체內鮮一體'라는 일본의 식민지 통치정책이 작용하고 있었다.

'내지(일본)와 조선(한국)은 한 몸이다'라는 뜻의 '내선일체'는 한국을 통치하는 총독부의 가장 기본적인 정책 방향이었다. 내선일체의 슬로건이 본격적으로 등장하기 시작한 것은 황국신민화 정책이 노골화되는 1937년부터이지만, 1910년 대한제국을 병합한 이후 일본은 한국인을 일본인으로 '동화'시키려는 노력을 아끼지 않았다. 한국의 교육현장에서도 동화의 논리는 예외 없이 적용되었다.

"국어독본 내용은 수신서와 더불어 풍성 도야 및 국민성 함양에 도움이 되는 교재를 선택했다. (…) 따라서 내지와 조선 사이의 친밀한 관계를 보여주기에 충분한 전설·사화는 역점을 두어 선택하고, 그밖에 내지를 이해할 수 있는 교재를 많이 집어넣었다."

– 조선총독부 학무국, 『현행 교과서의 편찬 방침』(1921년)

이른바 내지와 조선(한국)의 친밀한 관계를 보여주는 사례를 중점적으로 선택했다는 총독부의 편찬 방침에 따라 보통학교 교과서에는 신라의 왕자로서 일본에 귀화했다는 『일본서기』의 「아메노히보코」, 일본인의 도움을 받은 지석영의 이야기인 「제생을 위한 고심」 등이 수록되었다. 같은 맥락에서 일본과 유사한 한국의 설화 「혹부리 영감」도 자연스럽게 교과서에 포함되어 동화의 이념을 주입시키는 도구의 하나로 활용되었다.

일제강점기 보통학교 교과서에 실린 「혹부리 영감」에는 삽화가 곁들여졌다. 삽화에 등장하는 도깨비는 머리 위로 우뚝 솟은 뿔과 부릅뜬 눈, 뾰족하게 삐져나온 엄니를 특징으로 하며 온몸에 털이 나 있고 허리에는 짐승의 가죽을 두른 모습으로 묘사되었다. 한 손에 무시무시한 가시가 솟아 있는 철퇴를 쥐고 있기도 하다. 삽화에 묘사된 도깨비의 모습은 광복이 되고 70여 년이 지난 현재까지도 도깨비의 일반적인 외형으로 사람들의 뇌리에 박혀 있다.

한국의 도깨비 그리고 일본의 오니

일제강점기 교과서의 삽화로 등장한 도깨비가 우리 고유의 도깨비의 모습일까? 조선의 「혹부리 영감」을 발견한 일본인 학자들은 우리의 도깨비를 일본 요괴의 일종인 오니おに로 번역했다. 그리고 「고부도리지이상」의 영향을 받아 「혹부리 영감」의 삽화에 「고부도리지이상」에 등장하는 일본의 오니를 조선의 도깨비의 모습으로 둔갑시켜서 실어버린다.

도깨비의 외모뿐만 아니라 그 속성마저 변화되고 왜곡되었다. 광복 이후에도 도깨비로 둔갑된 오니는 각종 교과서와 전래동화에 삽화로 등장했으며, 수천 년 동안 우리 민족과 함께 있던 도깨비는 어느 순간 흔적도 없이 사라져버렸다.

신으로 인식되던 도깨비와 다르게 일본의 오니는 인간을 괴롭히고 재앙을 가져다주는 악귀이다. 하나 혹은 두 개의 뿔이 달려 있고 어금니가 튀어나온 얼굴에 몸집은 보통 사람의 두 배다. 빨간색 혹은 파란색 빛깔의 몸에는 털이 많이 나 있고, 원시인처럼 도롱이로 만든 옷을 입고 있다. 손에 망치나 도끼를 들기도 하는데 주로 철퇴를 들고 있다. 이와 같은 오니의 형상은 에도시대에 들어와 정착되었으며, 요괴인 오니는 숭배의 대상이 아니라 퇴치의 대상이었다. 일본의 전설 모모타로 이야기에서 오니는 세상을 어지럽히는 존재로 등장하는데 모모타로가 오니를 퇴치하면서 사람들이 행복을 되찾는다.

일제강점기 일본인들이 「혹부리 영감」에 주목한 이유가 일본의 고대 설화와 유사성 때문이라는 사실은 전남대학교 일어일문학과 김용의 교수의 연구를 통해 드러났다. 그는 일제강점기 교과서에 수록된 「혹부리 영감」이 내선일체 이데올로기에 의하여 개작되었음도 밝혀냈다.

그러나 중앙대학교 국어국문학과 김종대 교수는 「혹부리 영감」이 한국에서도 존재했었다고 주장하는 것은 문제가 있으며, 일제강점기에 일본인들에 의해 의도적으로 조작되어 한국의 설화로 둔갑한 이야기라고 주장하고 있다. 다카하시 도오루의 『조선의 이야기집』에서 「혹부리 영감」을 맨 앞에 내세운 점에 대해서도 검증해야 한다고 주장한다. 두 연구자의 공통된 성과는 일제가 식민 통치를 원활하게 하기 위하여 「혹부리 영감」을 이용했음을 밝힌 점이며, 차이점은 「혹부리 영감」의 기원에 대한 것이다. 다만 설화의 기원은 현재 발굴된 자료만으로는 한계가 있기 때문에 새로운 자료가 발굴될 때까지 해결이 불가능하다.

사라진 도깨비를 찾아라

19세기 남종화의 거장 허련이 1882년(고종 19년)에 그린 〈채씨효행도〉에는 조선의 도깨비를 추측해볼 만한 단서가 등장한다. 〈채씨효행

우리가 알고 있는 것과는 사뭇 다른 도깨비의 모습이 그려진 허련의 〈귀화전도〉

도〉 중 〈귀화전도鬼火前導〉는 화첩의 주인공인 채홍념이 부친의 기일에 가기 위해 산길을 걷던 중 비바람을 만나 갈 수 없게 되자 하늘을 향해 통곡하니 갑자기 어디에선가 도깨비불이 나타났고, 그 도깨비불을 따라 길을 걸어가 제사를 무사히 지낼 수 있게 되었다는 이야기를 그린 것이다. 화폭에는 채홍념이 앞을 잘 볼 수 있도록 도깨비가 불을 들고 안내하는 장면이 그려져 있다.

〈귀화전도〉에 그려진 도깨비는 인간보다 덩치가 작고 희끄무레한 모습으로 우리가 일반적으로 알고 있는 머리에 뿔이 돋아 있는 일본의 오니와 다르다는 것을 알 수 있다.

"동이가 취한 눈을 들어 바라보니 궐물은 패랭이를 쓰고 베 홑것을 걸치고 허리에 전대를 두르고 손에 채찍을 쥐었는데 신장이 8척이요, 걸음걸이는 허뚱거렸으며, 언어는 매우 공손하고, 용모는 퍽

기괴하여, 사람 같으면서 사람도 아니었고 귀신 같으면서 귀신도 아니었다."

–『이조한문단편집』,「연귀취부」

「연귀취부」와 같이 도깨비의 외형이 자세하게 묘사된 경우도 더러 있으나, 도깨비가 등장하는 수많은 문헌에서 도깨비의 외형을 구체적으로 언급한 이야기를 찾기는 어렵다. 더구나 설화와 민담 속 도깨비는 그 모습과 특징이 너무나 다양하여 하나의 정형화된 형태로 특정하기도 힘들다. 그럼에도 불구하고 우리 고유의 도깨비가 지닌 본모습을 찾기 위한 노력은 계속되고 있다. 오랜 시간 도깨비를 연구해온 중앙대학교 국어국문학과 김종대 교수는 우리나라 도깨비의 모습을 키가 크고 패랭이를 썼으며 온몸에 털이 많이 나고 노린내가 진동하는 모습으로 복원했다. 2005년에는 한국콘텐츠진흥원이 문화원형사업의 일환으로 각시도깨비, 김서방도깨비, 낮도깨비, 외눈도깨비, 외다리도깨비, 달걀도깨비, 불도깨비 등의 모습을 형상화하여 복원하기도 했다.

도깨비의 본모습 찾기는 단순히 겉모양을 바로잡는 과정이 아니다. 스위스의 심리학자 칼 구스타프 융은 집단으로 전승되는 신화와 전설, 민담을 옛 조상들이 경험했던 의식들이 쌓인, 집단 무의식의 원형이 녹아든 지혜의 보고로 분석했다.

도깨비의 옛말이 처음으로 등장한 조선 세종 때의 간행물『석보상절』에는 도깨비에게 복과 장수를 기원하는 구절이 나온다. 도깨비는 인간의 모습을 했지만 특유의 신비한 능력으로 인간에게 풍요를 가져다주는 존재였다. 갖은 금은보화를 쏟아내는 도깨비방망이에는 삶의 고달픔에서 벗어나려는 백성들의 한이 투영되어 있고, 도깨비감투에는 시공간을 초월하는 해학이 담겨 있다. 한국인의 무의식 속에서 이제는 소멸되어버린 도깨비의 본모습을 찾는 작업은 선조들의 한과 욕망이 고스란히 녹아든 민족 고유의 문화원형을 복원하는 의미 있는 일인 것이다.

冊

한국 도깨비 동화의 형성과 변형 양상 연구 정진희, 한양대학교 박사학위 논문, 2009.
혹부리 영감과 내선일체 김용의, 전남대학교출판부, 2011.

CULTURA

03 오늘은 어디에서 묵을까

행여 길 위에서 날이 저물까
서두르던 여행객의 가장 큰 고민

오늘 밤, 어디에서 묵을까?

1800년대 조선
사대부들의 여행에 필요한
준비물을 적어놓은 문서
『행구건기』에 실린 품목들

세면도구와 간단한 필기도구
이불과 요, 베개

비상용 약재와 간장, 된장
각종 조리도구와 식기류

쌀 한 섬과 말린 양식
비상시에 쓸 엽전 꾸러미와 말 사료까지

갖은 짐을 짊어지고 떠나는
고단한 여행길

조선시대 여행객들의 속담
'여행길에는 육족六足이 필요하다.'

여행자들을 위한 숙소가
턱없이 부족했던 조선 초기

필요한 물품을
모두 챙겨 다녀야 했던 여행객들은
대부분 마을 민가에서
하룻밤 신세를 져야 했다

상품경제와 교통이 발달하기 시작한

17세기 후반

큰 도로나 나루터를 중심으로

등장하기 시작한

새로운 숙박시설

"흙바닥에 거적자리를 깐 것이 방이다. 나무토막 베개 대여섯 개가 아무렇게나 뒹굴고 있다."

– 이사벨라 비숍, 『한국과 그 이웃 나라들』(1897년)

훌륭한 시설은 아니었지만

여행자의 부담을 크게 줄여준 새로운 숙소

주막

가난한 농민들은 농사 대신

너도나도 주막 운영에 뛰어든다

"산간벽촌에 주막이 없는 곳이 없다."

– 이마무라 도모, 『조선풍속집』(1909년)

이후 주막은 숙소로서만이 아니라
공공장소의 기능도 겸하는
다양한 성격의 공간으로 발전한다

조정의 새로운 정책을
백성들에게 널리 알리는
기자회견장

옛 파발擺撥 대신
중요한 공문서를 전달하는
우체국

응급환자를 다른 지역으로
이송할 때 잠시 머무르는
임시 병원

19세기 무렵부터는
주막의 규모에 따라
간단한 생필품을 구입하거나
다양한 종류의 음식을 사먹을 수도 있게 된다

그리고

1903년 조선을 찾은
폴란드 작가의 흥미로운 기록

"여행을 시작하면서 처음 묵는 주막에
돈다발을 건네주고 영수증을 받으면
이후에는 그것을 돈 대신 사용한다.
마지막에 머무는 주막 주인은
영수증을 받고 남은 금액을 거슬러준다."

– V. 시에로셰프스키, 『코레아, 1903년 가을』

КОРЕЯ.

ТРЕТЬЕ ИЗДАНІЕ

Цѣна 1 р. 25 к.

БИБЛИОТЕКА

С.-ПЕТЕРБУРГЪ

마치 체크카드를 사용하듯
은행식 거래가 가능했던 조선의 주막

주막은 구한말까지
전국 곳곳에서 운영되지만

일제강점기 이후
철도와 신작로가 등장하며 자취를 감추었고
이후 일본식 여관이 등장하기 시작했다

금강산 일본식 여관

03 오늘은 어디에서 묵을까

나그네의 쉼터, 주막

주막은 사극에서 빠지지 않고 등장하는 친숙한 장소이다. 삼국시대부터 조선시대까지 시대에 상관없이 극의 배경으로 등장한다. 머리를 틀어 올린 주모가 연신 술과 국밥을 나르고, 마당에 놓인 평상에서 사내들이 술을 연거푸 들이키며 노닥거리는 모습은 결코 낯선 장면이 아니다. 과연 실제 주막은 우리가 그동안 보아왔던 드라마 속의 모습과 같은 공간일까?

주막이 언제부터 존재했는지 정확하게 고증할 수는 없다. 삼국시대 김유신과 애틋한 사랑을 나눴던 천관녀의 술집을 주막의 효시로 보기도 하고, 고려시대 숙종이 새로이 주조한 해동통보를 민간에 활발하게 유통시키려 개경과 각 지방에 열었던 주식점酒食店을 주막의 연원으로 파악하기도 한다. 하지만 천관녀의 집과 주식점은 모두 술과 음식을 판매하는 점포였을 뿐, 식사와 숙박을 동시에 해결할 수 있는 곳은 아니었다. 김정호가 편찬한 지리서 『대동지지』는 주막이 원院에서 출발했다고 기록하고 있다.

"대·중·소로 주변에 여행자들의 숙식을 위하여 원을 세웠으나 임진왜란 이후 대부분이 문을 닫고 점사가 생겨난 가운데 원 이름이 그대로 점店(주막) 이름으로 된 곳이 많았으며 생겼다 없어짐이 무상하여 어디에 있었는지 모두를 알 수 없다."

예나 지금이나 사람과 물자, 정보를 효율적으로 이동시키고 통제하는 것은 중요한 국가적 과제이다. 조선 조정은 왕명이 신속하게 전달되어 지방에 중앙정부의 행정력이 미칠 수 있게끔 역원제를 운영했다. 한양을 중심으로 전국의 주요 도로에 540여 개의 역을 설치하여 말이 지치면 갈아탈 수 있게 역마를 제공했고, 숙박시설로 원을 세워 여행의 피로를 풀 수 있도록 편의를 제공했다. 지금의 이태원, 역곡, 조치원 등의 지명들은 역원이 있었던 마을에서 유래한 이름이다.

관에서 설치한 원을 서민들이 이용하기는 어려웠다. 기본적으로 공무를 집행하는 관리들을 위한 시설이었기 때문이다. 서민들은 노숙을 하거나 민가에서 하룻밤 신세를 지는 것이 보통이었다. 제사와 손님을 지극 정성으로 모시는 '봉제사 접빈객奉祭祀 接賓客'에 집안의 품격이 좌우된다고 생각했던 양반들은 자기 집에 찾아오는 길손에게 기꺼이 사랑채를 내주었다. 이를테면 길손들을 재워주고, 먹여주고, 심지어는 여비까지 챙겨주는 통에 경주 최부잣집은 1년에 쌀 2000여 가마를 과객 접대에 사용하기도 했다.

우리에게 익숙한 숙박업소 겸 음식점으로서의 주막이 등장하기 시작한 것은 17세기 이후부터다. 임진왜란과 병자호란의 기나긴 전쟁으로 피폐해진 민생을 달래고 공납의 폐해로 무너져버린 국가재정을 튼튼히 하기 위해 현물로 납부하던 공물을 쌀로 대신 내도록 하는 대동법이 시행되자 나라에서 사용하는 물자를 상인들이 조달하게 되면서 상업에 종사하는 사람들도 늘어났고, 이들의 활동 범위가 전국 단위로 확대되었다. 이 고을에서 저 고을로 상인들의 왕래가 활발해지며 새로운 길이 이어졌고 그 길을 따라 장시가 들어섰다. 장시와 장시를 오고가는 데는 대개 하루가 걸렸기에 식사와 숙박을 간단히 해결할 수 있는 주막의 등장은 당연한 수순이었다.

주막은 장터 부근이나 마을과 마을을 이어주는 길목, 나루터 등 교통의 요지에 자리를 잡았다. 주막이 들어서는 곳이 늘어나면서 주막 운영을 생업으로 삼는 자들이 무리를 이루었다. 한양에서 인천으로 가는 중간 지점인 현재 경기도 소사와 오류동 부근에는 주막이 즐비했다. 아침에 한양에서 출발하면 점심때쯤 그곳에 도착하기 때문이다.

경상도에서 한양으로 가는 길목 중 가장 큰 고개인 문경새재도 주막들이 마을을 이룰 만큼 북새통이었다. 이곳을 찾는 주 고객은 도성으로 과거를 보러 가는 선비들이었는데, 조선 후기 과거를 응시하는 유생의 수가 크게 늘어나면서 주막도 성황을 이루었다. 전국 곳곳에 위치한 주막마을과 거리는 점차 장시의 중심지가 되어갔고, 개항 이후 근대적 상업도시가 이들 지역을 중심으로 형성되었다.

술값을 내놓는 것을 아까워하지 마시오

"중국은 방방곡곡 점포가 있고 술과 음식, 수레와 말을 모두 갖추고 있다. 비록 천리 먼 길을 간다 해도 단지 은자 한 주머니만 차고 가면 자신이 필요한 모든 것을 구할 수 있으므로 그 제도가 편리하다. (…) 호남과 영남의 대로에 주점이 있기는 하지만, 여행하는 사람이 도움을 받는 것은 술과 물, 꼴과 땔나무에 지나지 않는다. 그래서 길을 떠나는 사람은 반드시 여행에 필요한 물건을 싣고 가는데, 먼

길일 경우 말 세 마리에 싣고 가까운 길이라도 두 마리 분량은 되기에 우리나라 사람들이 괴로워한 지가 오래다."

선조 때의 문신 윤국형은 『갑진만필』에서 숙박업소의 설치와 화폐 유통의 필요성을 역설했다. 조선 중기까지만 하더라도 숙박시설의 부족으로 웬만한 여행자들은 식량, 침구, 땔감 등 여행에 필요한 물건들을 말에 싣고 다녀야 했다. 효종 때 풍랑으로 조선으로 표류해 왔다가 13년간 억류되었던 네덜란드인 하멜도 숙박시설이 없어 쌀을 갖고 다니다가 민가에 찾아가 내어놓으면 집주인이 상을 차려 주었다고 증언하고 있다.

조선 후기 상업이 활성화되고 숙종 때 상평통보가 전국적으로 보급되며 주막이 대중화되었으나 19세기까지 조선 여행자의 형편은 크게 나아지지 않았다. 숙종 때 박두세가 지은 소설 『요로원야화기』에는 주막에 도착해 저녁밥을 먹으려고 찬거리로 마른 장과 청어 반 토막을 주섬주섬 꺼내는 정경이 묘사되어 있다.

주막을 문자 그대로 풀이하면 술도 마시고 잠도 자는 곳이라는 뜻이지만 실제로 숙박보다는 술을 파는 것이 주된 일이었다. 나그네들이 한 잔 술로 피로를 푸는 공간이 바로 주막이었던 것이다. 주막에서 술이나 밥을 사먹으면 숙박비는 따로 지불하지 않았다. 1894년(고종 31년) 조선을 정탐한 기록을 엮은 혼마 규스케의 『조선잡기』에는 주막 기둥에 "술값을 아끼지 말라"라는 글이 쓰여 있었다고 전하며 술과 함께 간단한 안주로 명태, 돼지고기, 절인 야채 등을 팔았다고 적고 있다. 주막에서 팔았던 술은 막걸리나 소주가 대부분이었는데 돈이 두둑한 사람에게는 맛과 향이 좋은, 특별히 빚은 방문주를 내놓기도 했다. 술 한 사발을 마시면 안주 한 점을 공짜로 주는 것은 주막의 암묵적인 불문율이었다. 종종 공짜 안주에 눈독을 들이는 술꾼을 주막의 허드렛일을 하는 중노미가 눈에 불을 켜고 감시했지만 붙임성 좋은 술꾼의 넉살에 안주 한두 점을 더 쥐어주는 것은 주막의 흔한 풍경이었다.

주막의 주력 서비스가 술 판매에 있다보니 숙박 환경은 좋지 않았다. 별다른 이부자리 없이 기름칠한 목침 한 개가 전부였고, 뜨뜻한 아랫목은 가장 먼저 주막에 들어온 사람이 차지했다. 비좁은 봉놋방에 10여 명이 혼숙을 하니 한 방에서 서로 다리를 걸치고 잠이 드는 것은 예삿일이었다.

"이 방은 항상 끔찍하게 난방을 해서 살이 불에 타고 찢겼으며, 돗자리 위에 가구를 놓았다. 돗자리는 연기로 데우는 온돌을 덮었다. 벽지는 옛날에는 하얗던 것이 오랜 세월 드나든 손님들로 인해 손때가 묻었다. 한구석에 쌓아둔 침대머리 같은 것은 잠잘 때 쓰는 베개들이다. 거의 열어두는 법이 없는 작은 창문 두 쪽으로 어슴푸레한 빛이 방 안으로 든다. 더러운 옷과 담배 냄새로 찌든 이 방의 공기 속에서 각자 가져온 옷 보따리를 한가운데 두고 하층민들이 뒤엉켜 잔다."

1900년부터 1903년까지 4년간 대한제국에 머물렀던 프랑스인 에밀 부르다레는 여행중에 주막의 봉놋방을 둘러보고 경악했다. 그는 돗자리 위에 침대도 없이 여러 사람과 뒤엉켜 자느니 차라리 마당에 나가 소와 말과 머리를 맞대고 달 아래 잠드는 것이 낫겠다고 혹평했다. 애초에 주막은 값싼 식대에 거저 재워주는 잠자리였기에 훌륭한 시설을 기대할 수 없었다.

주막의 다양한 활용

"그날 밤, 닭 울 때에 수교首校 한 명이 장교와 군노 이십 명을 영송

하고 나와서 외딴 주막을 들이쳤다. 앞잡이가 방문을 열고 보니 방안이 비었었다. "벌써 어느 틈에 김이 새었군, 감쪽같이 도망한 모양인데" 하고 앞잡이가 돌아섰다."

홍명희의 소설 『임꺽정』의 한 대목이다. 실제로 당시 조정에서는 유랑민과 도둑이 주막마을에 숨어들어 각종 범죄와 사회 문제를 일으키고, 주요 관문과 요지에 주막이 우후죽순으로 들어서는 바람에 철거를 논의할 정도로 골칫거리로 여겼다. 그러나 한편으로는 주막이 길을 떠나는 나그네라면 반드시 지나쳐가는 길목에 있고, 전국 팔도의 별의별 사람들이 다 모여드는 장소라는 점에 주목하여 주막을 다양한 용도로 이용하게 된다.

조선 후기 공문서를 보내기 위해 관에서 설치한 역참의 파발이 제대로 작동하지 않자 주막은 파발의 기능을 보완해주는 역할을 맡게 되었다. 큰길에 위치한 주막과 주막 사이를 사람들이 릴레이로 오가며 공문서를 전달했고, 조정은 공문서 전달에 참여한 주막 운영자에게 부역을 면제하는 특혜를 주었다. 1894년(고종 31년) 동학농민군을 진압하던 관군이 전라도 삼례에서 총상을 입자 공문서를 전달하던 방식과 동일한 방식으로 부상병을 주막을 통해 서울로 호송했다.

교통과 통신이 불편했던 조선시대에 백성들이 세상 돌아가는 정황을 알아보기 위한 정보를 얻을 수 있었던 곳은 장시였다. 그중에서도 장시 어귀마다 자리잡고 있는 주막은 막걸리로 목을 축이며 이런저런 귀동냥을 할 수 있었던 최적의 장소였다. 세상 소문을 제일 먼저 듣는 곳이 주막이다보니 암행어사와 지방의 사정을 살피고 백성들을 위로하기 위해 파견된 위유사가 옷차림으로 신분을 숨기고 주막에 들어가 민심을 살폈고, 한편으로는 각종 정부 시책을 홍보하는 장으로도 활용했다. 정조는 주막에 조정 홍보 벽보를 붙이는 일을 소홀히 한 군수를 비롯한 지방 관원들에 대해 줄줄이 죄를 묻기도 했다.

나라의 운명이 경각에 달려 전국 각지에서 의병이 일어났던 대한제국 시절에는 주막에 현금을 지닌 사람들의 출입이 많다는 점을 이용하여 의병들이 항일자금 확보의 공간으로 주막을 활용했다. 일제강점기 주막은 일본 경찰들이 정보를 수집하기 위한 통로로 은밀하게 이용되었다. 일본 경찰은 장날 정보를 수집하기 위해 한국인 순사와 순사보를 변장시켜 주막에 들여보낸 후 정치·경제 이야기뿐만 아니라 거리의 풍문까지 가감 없이 기록하여 통치 자료로 이용했다.

1903년 조선을 방문한 폴란드 작가 바츠와프 시에로셰프스키는 『코레아, 1903년 가을』에서 주막에서 영수증을 통해 신용거래가 이루어졌다는 흥미로운 기록을 남겼다.

"여행객들의 편의를 위해 주막 주인이나 여인숙 주인들은 저 유명한 쿡T. Cook의 수표책보다도 더 영리한 방법을 고안해내기에 이르렀다. 말하자면 모든 여행자들이 여행을 시작하면서 처음 묵게 되는 주막 주인에게 돈다발을 건네주고 영수증을 받은 뒤, 이후부터는 그것을 돈 대신 사용하는 것이다. 이후의 주막 주인들은 영수증에 여행객에게 받아야 할 숙박비나 식대 그리고 기타 사소한 물품비를 표시해둔다. 마지막에 머무는 주막의 주인은 여행자의 영수증을 받고 남은 돈을 내주게 되어 있다. 이 모든 것이 전국 주막 주인들의 조직이 광범위하고 일원화되어 있기에 가능한 것이다."

시에로셰프스키는 처음에는 은행식 거래가 가능한 주막이 마을마다 있으리라고는 반신반의하며 믿지 못했지만 나중에는 이 편의를 이용하지 못한 것을 후회했다. 그는 주막의 영수증을 이용하지 않아 여행경비로 환전한 약 24.5킬로그램의 무거운 엽전 1만 개를 직접 지니고 다녀야 했기 때문이다. 당시 화폐는 무게가 무거워 운반이 어려웠을 뿐 아니라 분실 위험 등의 문제점이 있어 여행자 수표와 비슷한 맥락에서 주막에서의 신용거래가 발전되었음을 유추할 수 있다. 시대를 앞선 세련된 신용거래 제도가 20세기 초 조선에서 존재할 수 있었던 것은 주막의 전국적인 네트워크와 조직력이 있었기 때문에 가능했던 일이다.

조선의 마지막 주막

19세기 후반 개항 이후 수많은 외국인들이 조선으로 건너왔다. 일본과 청나라 등에서 건너온 외국 상인들이 개항장을 중심으로 무역 활동을 하면서 이들에게 숙박을 제공하는 근대적 숙박업소인 신식 여관과 호텔이 새롭게 등장했다. 이후 개항장 밖에서의 상업 활동이 가능해지자 외국 상인의 발길이 닿는 곳마다 신식 여관이 들어선다. 1895년 역원제가 폐지된 이후 숙박업을 전문으로 하는 여관업은 더욱 성행했다. 새로운 형태의 숙박업소가 등장하자 조선인들도 누추한 주막 대신에 신식 여관을 찾기 시작했고, 손님의 발길이 끊기면서 주막은 하나둘씩 사라지고 말았다.

낙동강과 내성천, 금천의 세 강줄기가 하나로 모이는 경상북도 예천 풍양면 삼강리 나루터에는 500년 된 느티나무 아래로 초가 한 채가 남아 있다. 방 2개와 부엌, 마루 1칸이 전부인 초가집은 100여 년 전에 지어진 삼강주막이다. 삼강나루터는 과거를 보는 선비들이 문경새재를 넘으려고 나룻배를 타는 곳이자, 낙동강 하구에서 쌀과 소금을 싣고 거슬러 올라온 상인들이 내륙의 곡식과 거래를 트던

조선의 마지막 주막, 예천 삼강주막

중요한 길목이었다. 나루터 옆에 자리잡은 삼강주막은 나그네의 허기를 달래고, 사공과 보부상들이 안락하게 쉴 수 있는 안식처가 되어주었다.

일제강점기, 강에 다리가 놓이고 산을 뚫고 신작로가 건설되면서 삼강나루터를 찾던 나그네들의 발길도 잦아들었다. 길손이 끊기자 삼강나루터 건너편 달지주막이 먼저 사라졌다. 널찍한 봉놋방을 채울 손님은 더이상 없었다. 새롭게 닦인 신작로와 철길을 따라 깔끔하고 세련된 근대식 여관이 속속 들어서며 주막의 빈자리를 하나씩 채워나갔다.

주막의 명맥이 시들해져가는 사이 1932년 삼강리로 시집을 온 유옥련 할머니는 삼강주막을 이어받아 2005년 8월까지 막걸리를 팔았다. 남편을 잃고 농사일만으로는 5남매를 키우기 힘들어 시작한 일이었다. 장성한 자식들이 모두 도시로 떠나고 주막을 찾는 이들도 없었지만 할머니는 끝내 주막을 지켰다. "아들, 딸네 집에 가 있어도 여기만큼 편하지 않다"는 할머니의 고백에는 사라져가는 주막에 대한 안타까움이 배어 있다.

冊

조선 후기 장시 발달과 사회·문화 생활 변화 김대길, 『정신문화연구』 제35권 제4호, 2012.

조선시대 사람들은 어떻게 살았을까 한국역사연구회, 청년사, 2005.

19세기 충주지역 주막의 연구 조혁연, 충북대학교 박사학위 논문, 2015.

옛 주막의 민속적 고찰 배도식, 『한국민속학』 제15집, 한국민속학회, 1982.

CULTURA

04 천 년의 시간을 견딘 종이

"이 종이의 내구성은
8000년에 달할 만큼 견고해
현재 이탈리아 시장에서 취급하는
일본 화지를 능가한다."

– 문화재 복원가, 넬라 포치

2015년 4월
'요한 23세 교황 지구본'의
복원을 발표한 바티칸

1960년대 전 세계 교구가
상세히 표시된 세계 중요문화재인
요한 23세 교황 지구본

유품 복원에 사용될 재료는
유럽의 복원 역사상
전례가 없는 재료이자

오랜 세월이 지나도
수명을 잃지 않는 종이

『조선왕조실록』『승정원일기』 등

13건의 유네스코 지정 세계기록유산을 지닌

대한민국

기록유산 보유 세계 5위, 아시아 1위

대한민국을 '기록의 나라'로 만든 일등공신

한지韓紙

한지는 6~7세기 삼국시대부터

독자적인 방식으로 제조, 사용되었다

751년(경덕왕 10년) 이전
신라의 닥종이인 것으로 추정되는
종이로 제작된

현존하는 세계에서 가장 오래된 인쇄물
국보 제126호『무구정광대다라니경』

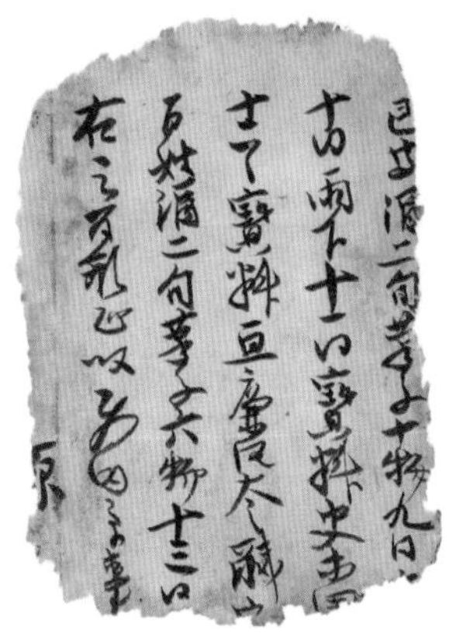

천 년을 넘어 현존하는
한지의 위력

'하얗고 반질반질한 종이'라는 뜻에서
백추지白硾紙라 불린 신라의 종이는
당시 당나라와 일본에도 수출되었다

종이 제작 기술이 더욱 발전한 고려
송나라에서 고려의 종이는
누에고치로 만든 것이라고 잘못 알려질 정도였다

"고려의 종이는 누에고치 솜으로 만들어져
종이 색깔은 비단같이 희고
질기기도 마치 비단과 같은데…
이런 종이는 중국에는 없는 우수한 것이다."

– 도륭, 『고반여사』(1590년경)

이후 성리학의 발전을 기반으로
각종 서적이 쏟아져나오고

1415년(태종 15년)
종이 제작을 위해
조지소造紙所를 설치한다

이후 종이의 수요가 확대됨에 따라
1466년(세조 12년)
조지서署로 확대

각 지역의 종이 기술자들이 조지서에 배치되었고
조선에서는 200여 종이 넘는
다양한 한지가 생산되었다

하지만

한지 제작의 이면

한지를 만들던 조지서가
임진왜란, 병자호란 등 전란으로 황폐해지자
한지 제작은 예부터 한지를 소량 생산해오던
사찰로 이동한다

"종이를 바칠 때 (조정에서는) 품질 검사를 하면서
조금이라도 마음에 차지 않으면 먹물을 뿌려
퇴짜를 놓고 다시 만들어오라 했다."

– 통도사 주지, 경봉 스님

과중한 부역이 사찰로 넘어가자
스님들은 절을 버리고 도망가거나
닥나무를 뽑아버리기도 했다

이후 1884년(고종 21년)

양지 유입

일제강점기에 이르러
일본 종이도 대량 수입되며
한지의 사용은 점차 줄어들고 만다

©서헌강

닥나무 껍질을 벗겨 잿물로 삶고 두드리고
섬유를 건져 올려 짜고 말리고 다듬고 다리는
99번의 제작 과정

질긴 내구성
보온과 통풍 우수
미생물의 번식을 막아 보관성이 뛰어난 종이

견오백絹五百 지천년紙千年
비단의 수명은 오백 년을 가지만
한지의 수명은 천 년을 간다

한지는 세월이 지나도 수명을 잃지 않는
조상들의 지혜가 담긴
우리의 종이다

04 천 년의 시간을 견딘 종이

종이의 전래

105년경 후한의 채륜이 품질 좋은 종이를 생산, 보급한 이후 종이를 만드는 제지술은 동쪽으로는 한반도를 거쳐 일본으로, 서쪽으로는 중앙아시아, 더 나아가 유럽까지 전파되기에 이르렀다. 우리나라에서 언제부터 종이를 만들어 쓰기 시작했는지는 기록으로 명확히 확인되지 않았으나, 고대에 중국의 제지술을 도입하여 종이를 만들어 사용했으며 그 품질이 매우 우수했다는 것은 분명하다.

현재 고구려나 백제의 종이와 제지법에 관한 자료는 찾아볼 수 없으나 중국의 문헌에서 신라의 수도 경주를 의미하는 계림 종이의 우수성을 언급한 기록은 남아 있다. 또한 『일본서기』에 따르면 610년경 고구려의 승려 담징이 일본에 제지법을 전했으므로 우리나라의 제지 기술이 일반화된 시대를 6~7세기경으로 볼 수 있다.

통일신라시대 제지의 중심지는 경주였다. 이 시기의 대표적인 종이는 백추지白硾紙로 국내외에 뛰어난 종이로 알려져 당나라와 일본에 수출되었다. 백추지는 다듬이질이 잘 되어 섬유질이 고르며 희고 질겨서 인기를 끌었다. 당시 중국과 다른 우리만의 종이 제조 방식이 존재했음을 알 수 있는 유물은 바로 『무구정광대다라니경』이다. 현존하는 세계 최고最古의 목판인쇄물인 국보 제126호 『무구정광대다라니경』에 사용된 종이는 적어도 751년 이전에 만들어진 닥종이인 것으로 추정되었다. 755년(신라 경덕왕 14년)경 제작된 것으로 알려진 문서인 국보 제196호 『신라백지묵서대방광불화엄경』도 닥나무로 만들어졌는데 여기에는 “닥나무에 향수를 뿌려가며 길러서 껍질을 벗겨내고 벗겨낸 껍질을 맷돌로 갈아서 종이를 만든다”고 기록되어 있다.

고려시대는 한지의 새로운 도약기였다. 고려인들은 중국에서 전래된 제지술을 도입한 뒤 더욱 발전시켜 당시 중국인이 제일 좋은 종이라 칭했던 질 좋은 한지인 고려지를 만들어냈다. 중국에서는 고려지에 대한 호평이 끊이지 않았다. 중국인은 고려지가 광택이 나고 질기다는 점을 들어 누에고치로 만든 것으로 오해하기도 했다.

명나라 때 동월은 고려지가 닥종이라는 것을 믿지 못해 불로 직접 고려지를 태워 닥종이임을 확인한 후에야 그 오해를 풀었다고 전해진다. 중국의 역대 제왕과 시인묵객들도 고려지를 즐겨 사용했는데 이덕무의 『청장관전서』에는 “금나라 장종이 일찍이 고려 청자지에 글씨를 썼고, 홍무 2년에 송염 등이 『원사』를 편집하고 고려 취지를 택해서 책표지를 했다”고 기록되어 있다.

급증하는 한지 수요

조선시대에 접어들면서 수공업 형태의 종이 제조 방식을 중앙에서 제지를 통제하는 기관을 설치하여 직접 관리하는 방식으로 바꾼다. 관영 수공업 체제의 기틀을 마련한 것이다. 1415년(태종 15년)에 태종은 국영 조지소를 설치해 닥종이를 이용한 종이 화폐인 저화 제도의 정착에 관심을 기울였다. 조지소의 활동이 가장 활발했던 시기는 세종대였다. 세종대는 서적 간행 정책으로 다양한 분야에 걸쳐 학문이 발달했고, 그 결과 서책 간행에 필요한 종이를 제작하는 조지소의 기능과 역할이 크게 확장되었다. 1466년(세조 12년), 세조는 조지소를 조지서로 개칭하여 당시 급격히 늘어난 수요에 따른 원료 조달, 종이 규격화, 품질 개량에 박차를 가했다.

조선 초기부터 역대 왕들은 경제적이고, 질 좋은 종이 제조에 심혈을 기울였다. 성리학에 기반을 둔 왕조답게 조선 건국 초기에 서책 간행이 급증했는데 기존의 종이 원료인 닥만을 이용한 제지법으로는 당시의 종이 수요를 감당하기 어려웠다.

새로운 제지법과 대체 원료에 대한 대책이 시급했던 이들은 중국과 일본의 제지법과 원료 중 좋은 부분을 참고해 종이 제조 기술을 개량하고자 하는 시도를 했다. 이 시기가 종이의 종류도 제일 다양했으며 서책 간행량도 조선시대를 통틀어 가장 많았다. 조선 초기에 제작된 종이에 대한 평가는 고려지의 평을 그대로 이어 받아 중국에서는 조선지를 매우 귀하게 여겼다.

폭발하는 종이 수요와 혹독한 조공 압박, 임진왜란과 병자호란으로 이어지는 전란으로 제지술은 서서히 쇠락의 길을 걷게 되었다. 연이은 환란은 국가 재정의 파탄을 가져왔고, 바닥난 재정을 충당하기 위해 지장(종이를 만드는 장인)은 더욱 무리하게 일해야 했다. 보호와 육성 없이 인재를 혹사시키는 일이 반복되면서 결국 지장의 기술은 퇴보했다.

또한 종이 원료인 닥이 부족해지면서 짚, 보리, 갈대 등의 부원료를 섞어 사용하게 되었고 이는 품질 저하로 이어졌다. 복합적인 이유들로 결국 종이 생산을 담당하던 조지서 기능이 마비됨에 따라 지장들도 뿔뿔이 흩어져 더이상 종이를 생산할 수 없는 상황에 이르게 되었다.

병자호란 이후 종이를 바치라는 청나라의 공납 요구는 상황을 더욱 악화시켰다. 사대외교의 필수품이던 표전지와 자문지 제조를 농가와 조지서에서는 더 이상 감당하지 못하게 된 것이다. 청나라 황제의 초상이 났다 하여 백면지 6만 권과 후백지 3만 권을 조선에 요구해 민간에서는 원료난으로 닥나무 뿌리까지 뽑아 썼다는 기록까지 있다. 이러한 조공지 제조는 사찰과 일반 농민들이 떠맡게 되었다. 심지어 지방 관리들은 종이를 터무니없는 가격으로 수탈하기도 했으며, 지방 토호들마저도 개인이 사용할 종이 제조를 백성들에게 떠넘기기도 했다.

이와 같은 상황을 극복하려고 조정에서 고심 끝에 찾아낸 방법이 사찰의 종이 생산 능력을 이용하는 것이었다. 사찰은 불경 용지를 공급하기 위해 오래전부터 품질 좋은 종이 제조 기술을 가지고 있었고, 지물의 원료인 닥나무가 풍부하고, 원료 초지를 만드는 데에 필수인 물이 깨끗하고 맑다는 조건을 갖추고 있었다.

그리하여 양난 이후 사찰은 조선 후기까지 국가 수요의 모든 종이를 만들어 바치는 곳으로 착각될 정도로 종이 생산을 담당했다. 1700년(숙종 26년)에는 국가 수요량의 절반을 전국 사찰에서 생산을 했고, 지방 관아나 군대에서 쓰는 용지까지도 사찰에서 생산할 것을 강요당했다. 급기야 일부 승려들은 강제 노역에 시달리다 도주하거나 재정 파탄으로 절을 버리고 도망가기도 해서 양산 통도사나 묘향산 사찰과 같은 큰 사찰도 빈 절이 되다시피 했다.

근대 이후 한지 산업의 침체

1882년(고종 19년), 종이 제조를 담당하던 조지서를 없애고 조지 업무를 공조로 옮겨 기술 개량과 생산 장려책이 시행되었다. 그러는 와중에 김옥균이 수신사 일행으로 일본에 갔다가 일본인에게서 양지 제조 시설을 구매해 국내에 들여오면서 국내 최초로 양지를 생산하기 시작했다.

한일병합 이후 일본은 그들 생활양식과 취향에 맞는 종이를 한국에 들여왔다. 일본 회화 양식에 맞는 다양한 화지가 들어오면서 한지도 그들 취향에 맞는 종이로 만들어졌다. 그 대표적인 종이가 현재 대중적으로 많이 사용하는 화선지다. 화선지는 일본인이 중국의 선지를 모방해 개발하여 우리나라에서 생산한 대표적인 종이다. 이 과정에서 전통적인 방식으로 제조한 한지가 거의 사라져 창호지, 장판지, 장지, 태지 등 몇 가지 종류만 그 명맥을 유지했다.

광복 이후에도 사회적 혼란과 선공업 후농업 정책 등으로 한지 생산 기반은 약화되었다. 지방에 있던 한지 제조 시설도 맥이 끊겨 옛 모습을 찾아볼 수 없게 되었고, 건축 양식과 주거 환경의 변화로 인해 그나마 남아 있던 한지의 양대 지종인 창호지와 장판지의 수요도 격감했다.

한지의 부활은 가능할까

2015년, 우리가 한지를 외면하고 있던 사이 해외에서 한지의 가치에 주목하고 있다는 소식이 들려왔다. 유럽 문화재 복원 분야에서 독점적 지위를 유지하던 일본 화지를 제치고 우리 한지를 이용한 문화재 복원 사업이 이탈리아에서 시도된다는 것이다. 복원 대상은 이탈리아 밀라노 인근 베르가모에 있는 교황 요한 23세 박물관에 소장된 희귀 지구본이었다. 교황 요한 23세의 지구본은 그가 교황 재임 시절 바티칸 접견실에 두고 외빈 접견 때마다 활용하던 애장품이었다. 당시 세계 가톨릭 교구 분포도가 상세히 표시되어 있어 중요한 문화재로 평가받고 있다. 지구본 이외에도 800년대 초 제작되어 기독교 미술의 진수를 보여주는 프레스코화 다섯 점의 복원작업에도 현재 한지가 사용되고 있다.

특별한 홍보 활동이 없었음에도 이탈리아에서 한지를 주목하게 된 이유는 한지의 질기면서 촘촘한 성질과 잘 변하지 않는 내구성 덕분이었다. 바티칸 박물관 문서복원팀장 키아라 포르나차리는 "한지는 여러 장점이 있는데, 무엇보다 섬유질이 길고 여러 방향으로 얽혀 있기 때문에 문화재 복원에 적합하다"고 평가했다. 실제로 한지의 내구성이 8000년에 달하는 반면에 화지는 3000년 정도이며 화지에 비해 원본 종이와 잘 맞고 누렇게 번지는 현상이 적다는 장점이 있는데다 가격 경쟁력도 뛰어나다.

그렇다면 그간 한국과 중국, 일본의 수록지(손으로 떠서 만드는 종이) 가운데 일본의 화지가 최고라는 인식이 자리잡게 된 이유는 무엇일까? 일본은 1976년 「전통적 공예품산업의 진흥에 관한 법률」을 제정하여 화지 산업을 지원했다. 전통기술을 유지 발전시키기 위하여 화지 장인을 무형문화재로 지정하여 지원함으로써 후계자 양성은 물론이고 화지 원료의 생산기반 확립 등 종합적인 지원 시스템을 세웠다. 각 생산지의 특성을 살린 화지를 만들도록 장려하여 브랜드 가치 및 경쟁력을 향상시키고 다양한 제품을 개발하게 하는 한편 꾸준히 새로운 수요를 창출하도록 하고 있다.

또한 오랜 세월 동안 해외에 화지의 우수성을 알리기 위한 활발한 국제교류 및 홍보 활동을 기울여왔다. 그 결과 화지는 1966년 피렌체 대홍수 때 피해를 입은 고문서와 문화재 복원용으로 처음 사용되기 시작하여 현재 세계 문화재 복원 종이 시장에서 압도적인 우위를 차지하게 되었다.

해외에서의 한지에 대한 관심이 자극제가 되어 국내에서도 전통 한지를 복원하려는 노력이 진행되고 있다. 행정자치부와 한국전통문화대학교 김호석 교수는 2015년 6월부터 전통 한지의 개념을 새로 세우고 한지 제조의 기준을 표준화하는 작업을 시작했다. 한지를 제작하는 몇몇 장인이 각자 알고 있는 전통 방식의 노하우를 서로 짜맞추고 옛 문헌까지 참고하여 온전한 전통 한지 제작의 비법을 복원해내는 것이다. 이렇게 복원한 한지는 2016년부터 정부의 훈장용지로 사용되고 있다. 외교부에서도 유럽에서 한지를 이용한 문화재 복원에 관심을 갖기 시작한 것을 계기로 한지에 대한 해외 홍보 사업에 박차를 가하고 있다.

하지만 전통 한지 산업은 여전히 영세성을 벗어나지 못하고 있으며 새로운 수요를 창출하거나 후진 양성 등의 체계적인 시스템을 갖추지 못하고 있다. 한지에 대한 세계적인 주목이 마냥 즐겁지만은 않은 이유다.

전통적인 방식의 한지는 종이를 뜨는 작업이 필수적으로 요구된다. 그러나 그 작업 자체가 워낙 힘들어 제조 인력의 확보와 지장 훈련이 어렵고, 수요도 한정적이어서 생산되는 종이의 종류도 매우 적어 품질도 좋지 못하다.

또한 대량 생산이 불가능하기 때문에 가내수공업 형태가 대부분인데 인건비가 높아서 운영을 하는 데 현실적으로 어려움도 크다. 가장 중요한 원료인 닥도 우리나라에서 거의 생산되지 않아 전량 외국에서 수입하여 사용하고 있는 실정이다. 현재 가동중인 기계 한지 제조 공장에서 생산되는 주요 제품들은 고급지나 고부가가치 상품이 아닌 저가 상품인데다 한지 생산업자와 판매업자 간의 극심한 가격 불균형 등 유통 구조로 인한 문제 때문에 제품 가격 보장이 제대로 이루어지지 않아 영세한 한지 제조업자들은 더욱 의욕을 상실해 가고 있다.

冊

한지: 아름다운 우리 종이 이승철, 현암사, 2012.

2만 6천 5백 장

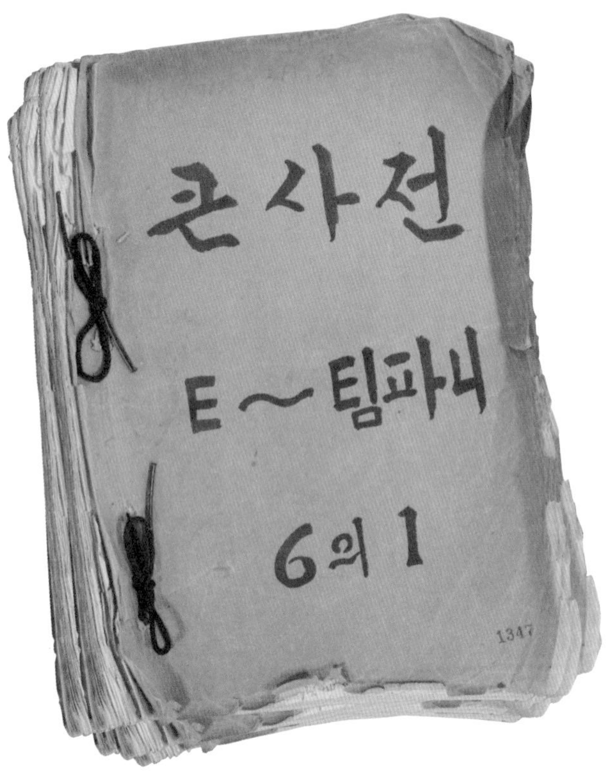

광복 직후인
1945년 9월 8일

서울역 창고에서 발견된
먼지로 뒤덮인 문서

1930~1940년대
중일전쟁, 태평양전쟁 등
전시체제로 급박했던 일제

1938년
한국어 과목 폐지 및 일본어의 국어 사용

1940년
한국어로 된 모든 신문 잡지 폐간
창씨개명 강요

일본은 한국의 말과 글을
말살시키기 위해 혈안이 되었다

이런 일제에 눈엣가시 같았던
한국의 한 단체

1908년
한글 연구를 위한 학술모임인
국어연구학회로 시작해

『한글 맞춤법 통일안』 발표
『조선어 표준말 모음』 발표
외래어 표기법 발표
우리말 사전 편찬사업 등을 주관하던
조선어학회

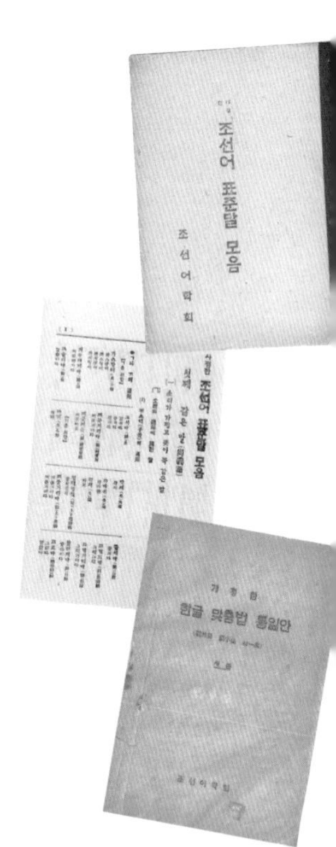

1942년 여름

일본 순사가 발견한
어느 한국 여학생의 일기장

"오늘 국어(일본어)를 한 마디 썼다가
선생님한테 꾸지람을 받았다."

– 『박영희 학생의 일기』 중

한국어가 아닌 일본어만을
국어로 쓰도록 강요했던 당시
일본어를 사용한 학생을 혼낸 교사 정태진은
결국 반제국주의자로 연행된다

그리고 그해 10월
이 사건을 빌미로
조선어학회 사건 발생

당시 연행된 교사 정태진은
조선어학회 사전 편찬위원으로 활동

일제는 이를 빌미로 조선어학회를 급습,
회원들을 검거하고 작업중이던 사전 원고 등
모든 자료를 압수한 후
조선어학회를 강제 해산시킨다

그중 정태진을 포함한 주요 회원들은
'문화적 독립운동' 죄목으로 투옥

〈함흥지방

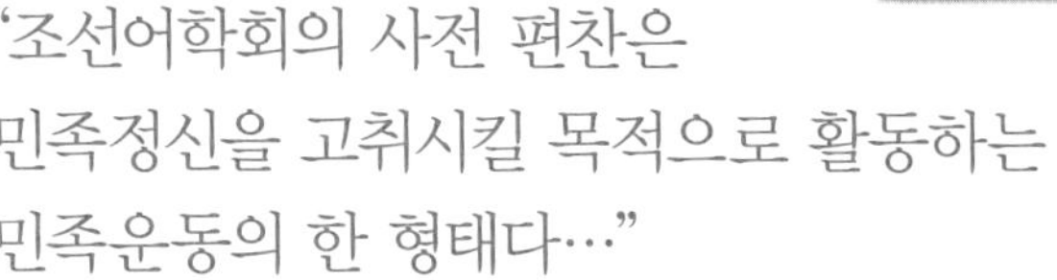

"조선어학회의 사전 편찬은
민족정신을 고취시킬 목적으로 활동하는
민족운동의 한 형태다…"

– 함흥지방법원 판결문(1943년)

판결에 따라 치안유지법의 '내란죄'가 적용된 회원들은
불복하여 상고하지만 이내 기각당하고

광복 이틀 후인
1945년 8월 17일
3년여의 옥고 끝에 풀려난다

조선어학회 기념사진

그러나
흔적조차 찾을 수 없었던
『우리말 큰사전』 편찬에 필요한 사전 원고

1929년부터 1942년까지
오직 우리말글을 지키기 위해
14년간 전국을 돌며 손으로 써 모은
노력이 물거품이 되는 순간

이극로 이우식 이윤재 장지영

정태진 주시경 최현배

"다시 사전 원고를 쓸 생각을 하니 앞이 캄캄했다.
고문당할 때보다 마음이 더 아팠다."

– 정태진

그리고 약 3주 후

조선어학회로 걸려온 한 통의 전화

"경성역(서울역)입니다.
역 운송부 창고에 조선말을 풀이한
원고 뭉치가 한 무더기가 있는데
와서 확인해보시죠."

이는 학회 회원들이 상고했을 당시
증거물로 제출한 서류로
서울로 이송되어 보관하던 중
일본의 급작스러운 패망으로
창고에 그대로 방치돼 있던 원고

사람따라 말글까지 옥살이한
'우리말 큰사전'

되찾은 원고는 1957년까지
총 6권의 『우리말 큰사전』으로 완간된다

"만약 원고를 찾지 못했다면
최초의 『우리말 큰사전』은 또다시
수십 년이 흘러서야 발간되었을 것이다."

05 2만 6천 5백 장

말모이 만들기

"한영자전이나 조선총독부에서 일본어로 대역한 조선어사전은 모두 외인이 조선어를 학습하기 위하여 형성된 사전이요, 조선인이 조선어를 학습하기 위하여서 편찬한 사전이 아닐뿐더러, 언어와 문자에는 아무 합리적 통일이 서지 못한 사전들이다. 문화를 촉성하는 방편으로는 문화의 기초가 되는 언어의 정리와 통일을 급속히 꾀하지 않을 수 없는 것이다. 그를 실현할 최선의 방책은 사전을 편성함에 있는 것이다."

– 이은상, 「조선어사전편찬회 결성 취지문」

세종이 훈민정음을 창제한 이후 몇 권의 언해가 나오기는 했으나 우리말과 한글 연구의 토대인 사전은 편찬되지 못했다. 개항 이후 천주교를 홍보하기 위해 우리말을 배운 프랑스 선교사들이 1880년에 『한불자전』을 출판했고, 1890년에 영국인 언더우드의 『한영자전』이, 1897년에는 영국인 데일의 『한영자전』이 각각 출판되었지만 이 사전들은 모두 외국인이 한국어를 배우려고 만든 것이었다.

우리나라 사람에 의한 우리말 사전 편찬은 20세기 초에 시작되었다. 1910년에 최남선이 설립한 고전 간행 및 보급, 민족문화와 사상의 기원에 관한 연구 모임인 조선광문회에서 주시경과 그의 제자인 김두봉, 권덕규, 이규영 등이 모여 말모이(사전)를 만들기 시작했다.

그러나 이 편찬 사업은 서너 해 계속되다가 주시경이 사망하고 김두봉이 해외로 망명하면서 중단되었다. 한편 조선총독부에서도 사전 편찬 사업을 시작하여 1920년에 『조선어사전』을 간행했다. 그러나 이 사전은 한국어를 일본어로 해석한 것에 불과하여 사전에 오른 말 중에 순우리말은 고작 30퍼센트에 지나지 않았다. 1921년에는 박승빈, 최남선을 중심으로 계명구락부가 조직되었고, 이들은 조선광문회의 남은 원고를 찾아 사전 편찬을 시작했다. 그러나 철자법이나 표준어에 대한 기초 작업이 이루어지지 못하고 사전 편찬의 경비도 부족하여 결국 사업은 중단된다.

1919년 3·1운동 이후 일본이 이른바 문화통치를 명목으로 한국인에 대한 행동의 제약을 완화하면서 각종 민족운동도 활발해졌다. 1927년 민족협동전선운동체인 신간회가 등장하여 상당한 성과를 내었고, 노동·농민운동 그리고 학생운동도 활발히 전개되었다. 이와 같은 사회적 분위기 속에서 사전 편찬 사업은 다시금 활기를 찾게 된다.

우리말의 연구와 사전 편찬에 관심을 집중한 조선어연구회는 1921년에 출범했다. 조선어연구회 회원들은 "조선말 사전이 있는 한 조선말과 조선 겨레는 없어지지 않는다"는 신념을 가지고 조선총독부가 간행한 사전을 능가하는 민족어대사전을 편찬하고자 준비했다. 조선어사전편찬회가 조직되자 언론사와 사회의 관심이 고조되었다. 사회적 관심이 집중되자, 사전 편찬에 드는 비용을 기부하는 일이 많아졌고, 회원인 이상춘이 10년 동안 수집한 9만여 개의 우리말 어휘를 사전편찬회에 제공하자 사업은 더욱 활기를 띠었다. 1931년 1월, 조선어연구회는 '조선어학회'로 명칭을 변경했다. 그러나 순조롭게 진행되던 사전 편찬 작업은 난항에 부딪쳤다. 사전 편찬의 기초가 되는 맞춤법 통일과 표준어의 제정이 이루어지지 못했기 때문이다. 이에 조선어학회는 2년 동안 총 69회 211시간에 걸쳐 심의를 거듭하여 1933년 10월 29일, 한글 반포 487돌 기념일에 「한글 맞춤법 통일안」을 발표했고, 1936년 한글날 기념일에는 「사정한 조선어 표준말 모음」을 발표했다.

조선어학회는 1937년부터 본격적으로 어휘 수집을 시작하여 1939년 초까지 16만 마디의 어휘를 모아서 정리했다. 50명의 전문위원이 11년 동안 고심한 결과였다. 사투리 수집을 위하여 5천여 명의 중등학생과 소학교원이 동원되었으며, 옛말 참고를 위해 1500권의 참고서가 동원되었다.

수많은 사람들의 노력의 결과 16만 어휘, 삽화 3천여 매의 『조선어대사전』의 원고가 마침내 완성되었다. 조선어학회는 1940년 3월에 조선총독부에 『조선어대사전』 출판허가원을 제출했고, 많은 부분의 삭제와 정정을 조건으로 출판 허가를 받았다. 조선총독부가 간행한 사전보다 약 3배가 많은 한국어 어휘를 담은 사전이었다.

일본은 한국을 지배하면서 민족정신 말살 차원에서 한국어를 말살하는 정책을 폈다. 조선어학회는 이에 맞서 한글운동을 전개하여 우리 민족의 말과 문자를 연구·정리·보존하여 민족과 민족성을 영구적으로 유지하려고 했다. 사전 편찬은 민족어를 영구히 유지하는 효과를 가져오고, 더 나아가 민족정신을 높이는 항일 투쟁의 성격도 지니고 있었다. 조선어학회의 대표로 활동하던 이극로는 태평양전쟁이 진행되던 무렵 회원들에게 다음과 같은 말을 남겼다.

"어떻게 해서든지 조선어 사전을 완성하여 내놓아 이것이 어느 구석에 박혔다가 후일 때가 돌아오는 날 민족의 말을 되살리는 계기가 되게 해야지, 그렇지 않으면 우리말과 조선의 혼은 영원히 말살되고 마는 운명에 이를지도 모를 일이니 끝까지 고생을 참고 일할 수밖에 없다."

조선어학회 사건과 빼앗긴 원고

일제는 1936년 12월, 조선 사상범 보호 관찰령을 만들어 민족주의자들을 요시찰인으로 간주하고 감시하기 시작했다. 1937년 6월에 흥사단 계열의 민족운동단체인 수양동우회 회원들이 검거되고 이듬해에는 독립운동단체 흥업구락부 검거 선풍이 일어났으며 3월부터는 일선 학교의 한국어 과목이 폐지되었다. 1940년 2월부터는 창씨제도를 시행하여 일본식 성명으로 바꿀 것을 강요했고, 사상범 예비구금령을 내려 독립운동 혐의자를 미리 구금할 수 있게 했다.

사건의 시작은 1942년 7월, 일본 경찰의 불심검문에서 비롯되었다. 일본 유학생 박병엽은 함경남도 홍원읍 전진역에 친구를 만나러 나갔다 검문을 받게 되었다. 반일감정이 컸던 박병엽은 일본어를 알면서도 한국어로 퉁명스레 대답했고, 경찰은 꼬투리를 잡으려 청년의 집을 수색했다. 이때 문제의 일기장 두 권이 발견되었다. 그 일기장은 박병엽의 조카 박영희가 영생여학교 2학년 때 쓴 것으로 일기장에는 몇 마디 감상적인 글이 적혀 있었다. 일본 경찰은 그것을 트집잡아 과거 박영희의 교사였던 정태진을 소환하기에 이른다. 그리하여 조선어학회 사전 편찬위원 정태진은 경찰서에서 갖은 고문을 당하고 조선어학회가 민족주의자의 단체로서 독립운동을 비밀리에 한다는 허위 자백서를 작성할 것을 강요당했다. 정태진의 허위 자백을 빌미로 조선어학회의 거의 모든 회원이 검거되었다. 일제는 수십만 장의 자료 카드를 압수하여 조선어사전 편찬 사업을 중단시키고 조선어학회를 강제 해산시켰다. 조선어학회 회원과 관련 학자들은 검거과정과 취조과정에서 모진 고문을 받았다. 16명이 기소처분되었고, 12명은 기소유예되었으며, 재판이 진행되는 와중에 이윤재와 한징이 옥중에서 사망했다.

"조선어학회에서 조선어사전 편찬을 계속하여 조선 독립 및 민족정신의 고취를 일관시킬 목적으로 활동했으며 조선 독립의 실력을 양성하기 위하여 조선 민족의 고유문화 향상과 민족의식의 앙양을 실행시키기 위한 노력을 계속했으며, 조선어학회를 조직하여 조선 독립의 목적 아래에 실력 양성운동으로 문화운동의 기초인 어문운동을 전개했다."

– 함흥지방법원 판결문 요지

1945년 광복과 함께 감옥에서 풀려난 조선어학회 회원들은 다시 모여 사전 편찬 업무를 맡게 되었다. 그러나 사전 원고가 어디로 갔는지 알 수 없었다. 그러던 중 이때까지 찾던 우리말 큰사전 원고가 예상치도 못했던 경성역(서울역) 운송부 창고에서 발견되었다. 함흥지방법원에서 증빙 자료로서 경성고등법원으로 이송했던 것이 전쟁 말기의 경황없는 통에 그대로 운송부 창고에 방치되어 있었던 것이다. 원고를 손에 든 학회 인사들은 감격에 찬 눈물을 쏟았다. 사전 편찬위원들은 다시금 감정을 가다듬고 원고의 정리에 들어갔다. 일본의 억압과 감시를 피해 부득이 노골적인 표현을 피한 경우도 있어 수정하고 보완할 부분이 많이 있었다. 이에 새로이 원고 정리에 착수하여 원고 전체에 걸쳐 말수와 풀이를 일일이 재검토했다.

조선총독부 관하에 있는 한국인 관리들의 월급 중에는 국방헌금

이란 명목으로 징수된 돈이 있었다. 그런데 광복이 되자 학무국 도서과 직원이었던 김영세가 이 자금을 민족사업에 써달라고 조선어학회에 희사했다. 조선어학회는 이 돈으로 사전 편찬 경비를 충당했고, 총 원고 분량의 6분의 1가량이 탈고되어 1947년 10월 9일, 『우리말 큰사전』 제1권을 간행했다.

28년이 걸린 『우리말 큰사전』

조선어학회와 출판사인 을유문화사는 사전의 첫째 권을 출판할 때부터 고민이 많았다. 사전을 제작할 종이를 구하기도 힘들었고, 책을 낸다 해도 출판자금을 회수하기도 쉽지 않았기 때문이다. 이때 미군정 편수국 고문관인 앤더슨이 도움을 주었다. 그는 하버드대 언어학과 출신으로 『우리말 큰사전』 제1권을 보고는 한글의 우수성에 감명을 받았던 것이다. 앤더슨의 주선으로 조선어학회는 미국 록펠러 재단의 지원을 받는 데 성공했다. 록펠러 재단은 약 45,000달러에 해당하는 원조 물자를 배편으로 보내왔다. 이 물자에는 제2권부터 제6권까지 매권 약 2만 부를 인쇄할 수 있는 10만 부의 용지와 잉크, 제본 재료 등 일체가 포함되어 있었다. 마침내 1949년 5월에 제2권이 발행되었고 1950년 6월에는 제3권을 제본할 수 있었다. 그리고 제4권의 조판이 끝날 무렵 뜻하지 않은 6·25전쟁이 일어났다. 학회 회원들은 사전 원고를 땅속에 묻어두고 피난을 떠나야 했다. 그 와중에 록펠러 재단이 원조한 사전 편찬 용지는 창고에 보관돼 있다가 인민군에게 넘어가 공산당 선전물을 제작하는 데 모두 사용되고 말았다. 하지만 이 소식을 접한 록펠러 재단은 용지를 추가로 지원해주기로 약속했다.

전쟁이 진행되는 동안에도 제5권과 제6권의 원고를 수정하는 동시에 전쟁으로 파손 또는 분실된 원고를 보완하는 일은 계속되었다. 하지만 뜻하지 않은 풍파를 겪게 된다. 이른바 '한글 간소화 파동'이었다. 1953년 4월, 이승만 대통령은 한글 간소화를 강요하는 국무총리 훈령을 공포했다. 한글 간소화의 골자는 발음기호 표기 즉, 소리 나는 대로 표기하자는 것이었다. 1933년 조선어학회가 만든 「한글 맞춤법 통일안」이 너무 어렵다는 이유에서였다.

이를 강행하기 위해 정부는 현행 맞춤법으로 편찬한 한글학회 사전 제작을 도와주던 록펠러 재단의 물자를 들어오지 못하게 막았을 뿐만 아니라 유네스코와 합동으로 한글학회 사업을 원조하여 주기로 했던 것을 백지화해버렸다. 그러나 각계의 반대 여론이 날로 거세어질 뿐 가라앉을 기미를 보이지 않자 결국 1955년 9월 '민중들이 원하는 대로 하도록 자유에 부치고자 한다'는 대통령 담화를 발표함으로써 2년여를 끌어오던 한글 파동은 종지부를 찍었다.

1957년 10월 9일, 28년이란 세월 속에 갖은 시련과 역경을 딛고 우리 언어문화의 숙원이던 큰사전이 완간되었다. 첫째 권과 둘째 권은 『우리말 큰사전』, 셋째 권에서 여섯째 권까지는 『큰사전』이라는 이름으로 발간되었다. 순우리말이 74612개, 한자어가 85527개, 외래어가 3986개로 총 164125 말수를 수록한 사전이었다. 『큰사전』은 우리의 지식을 담은 전문 용어 사전이나 백과사전이 하나도 없던 상황에서 일반지식 사전을 겸할 수 있도록 다양한 어휘를 망라했다. 『큰사전』의 발행 이후 사전 편찬의 전성기라 할 정도로 많은 사전이 출판되었다. 그러나 『큰사전』을 기반으로 출판된 여러 다른 사전들은 새로운 발전을 하지 못하고, 규모를 달리하거나 약간의 수정만을 한 채 반복되어 출간되었을 뿐이었다.

『우리말 큰사전』이 편찬되는 사이 국토는 분단되어 둘로 갈라졌고 우리말을 사용하는 사람들도 둘로 갈라졌다. 분단된 지 60년이 지난 2005년, 남북한은 통일을 대비하여 우리말을 통일해야 한다는 데 의견을 모아 『겨레말 큰사전』 남북공동편찬사업회를 결성했다. 분단에서 비롯된 언어의 이질화를 극복한 통일 사전을 만들고, 남북한과 해외동포의 삶 속에서 만들어진 말을 모두 모은 '민족어사전' 편찬 사업을 시작한 것이다.

사전의 편찬을 위해 남한의 『표준국어대사전』(1999년)과 북한의 『조선말대사전』(1992년), 중국 연변의 『조선말사전』(1992년) 등을 기초 자료로 삼고, 남북 및 중국, 일본, 중앙아시아, 사할린 등의 해외 각지에서 실제 조사와 채록 작업이 이루어졌다. 그 결과 총 30만여 개의 어휘가 선별되어 2009년부터 본격적으로 집필 작업이 시작되었으며 현재까지 7만 4천여 개의 원고가 완성되었다. 2019년 사전 발간을 목표로 현재 70퍼센트 정도 작업이 진척된 상태다.

그러나 다른 한편으로 국립국어원이 발간한 『표준국어대사전』의 올바른 개정과 보완을 촉구하는 목소리도 높다. 2015년 『미친 국어사전』을 쓴 국어교사 박일환은 한자어와 외래어 선호 문제, 이상한 뜻풀이, 사전에 없는 말이나 신어新語 문제, 차별과 편견을 부추기는 문제, 백과사전으로 착각하게 할 만큼 전문어를 등재하고 있는 문제 등을 이야기하며 국립국어원의 『표준국어대사전』을 비판했다. 한글의 우수성을 이야기하면서 다른 한편으로 정확하고 더 나은 사전 편찬을 미루는 것은 맞지 않는 일이다. 한 민족의 모국어를 담은 사전을 지속적으로 개정하고 보완하는 것은 모국어를 사용하는 이들의 의무일 것이다.

冊

한글학자들의 겨레사랑: 조선어학회 사건 그리고 조선말 큰사전 국립중앙박물관, 2008.

우리말의 탄생 최경봉, 책과함께, 2005.

조선말 큰사전 편찬의 역사적 의미 박용규, 『기록인』, 국가기록원, 2016.

CULTURA 06

그 많은 술들은 어디로 사라졌을까

삼해주
잎새곡주
이화주
감홍로
법주
홍주
안동소주

조상들이 예부터 즐겨 마신 술들은
크게 세 가지로 구분

누룩과 지에밥(시루에 찐 밥)을 버무려 독에 넣고
물을 부어 발효시킨 밑술을 체로 걸러내는
탁주

밑술의 발효가 끝난 뒤
술 거르는 기구 용수를 술독에 넣어
용수 속에 고인 맑은 술을 떠내는
청주

용수

소줏고리라는 증류기를
술이 든 독에 얹고 밀봉한 뒤
밑술을 끓여 생기는 이슬을
차가운 물에 식혀서 내린 증류주
소주

소줏고리

이러한 전통주들은 가정에서 직접 담근
가양주家釀酒였다

정월 첫 해일亥日(돼지날)에 빚어
백일 후
가족의 화목과 행복을 기원하며 마시는
'삼해주'

머리를 맑게 하는 효능이 있어
과거시험 전날 마셨다는
'잎새곡주'

영양가가 높고 단맛이 나
아기들에게 젖 대신 먹였다는
'이화주'

재료와 빚는 방법에 따라
지역과 가문에 따라
다양한 맛과 효능을 가졌던
우리의 전통주

조선시대 문헌에 등장하는 전통주는
약 400여 종

그외 기록되지 않은 것까지 더하면
전통주는 약 1천여 가지에 달했을 것으로 전해진다

그러나
1905년 을사늑약 강제 체결

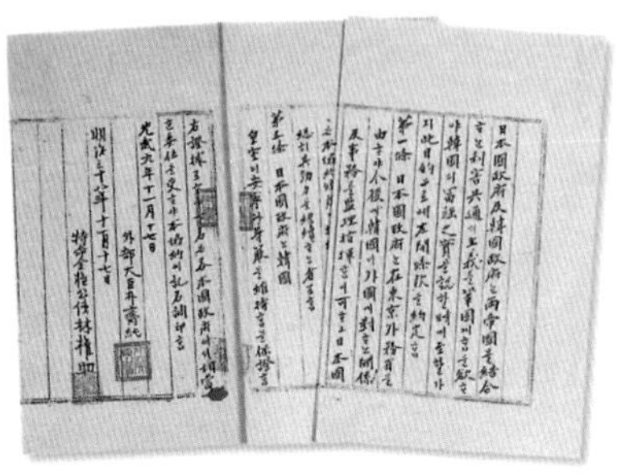

「을사늑약 문서」

일제는 한국의 민족문화를 말살하고
막대한 이익을 남기고자
우리의 전통주 제조에 손을 대고

모든 술에 대해
세금을 매기기 시작했다

1909년

최초의 '주세법' 제정

이후 밀주가 성행하자

1916년

더욱 강화된 '주세령' 반포

이때부터 가양주 제조는

제한면허제로 변경된다

1. 자가용 술은 타인에게 양도하거나 판매할 수 없다

1. 자가용 술의 제조자가 사망했을 경우
그 상속인은 절대로 주류를 제조할 수 없다

"전항에 위반했을 때에는
이천만 원 이하 벌금에 처한다."

(당시 쌀 한 가마니 가격 = 약 10원)

– 1916년 '주세령' 중

또한 일제는 각 고을마다
주류 공장을 지정해 술을 생산하고

일본에서 들여온 '주정'이라 불린
에탄올을 술에 섞어
우리의 전통주를
일본식 청주로 변질시킨다

"조선에서 생산된 일본 청주는
5만 7천 6백 석에 달한다."
(당시의 1석 = 약 180리터)

– 1912년 발표된 〈주류 통계치〉

값싼 주정의 공급으로
일본식 청주는 대량 생산됨과 동시에

총독부의 수입이 크게 증가
그에 따른 주세 수입도 증가

1918년 총독부의 주세 징수액은
1909년에 비해 12배 상승

1933년에는 한국 전체 세액의
33퍼센트가 주세로 채워진다

일제강점기
전통 가양주 제조장 수의 변화

1916년 30만 개소
1929년 264개소
1932년 1개소

1934년에 이르러
가양주 제조 면허는 아예 폐지되고
전통주는 완전히 자취를 감춘다

광복이 된 이후에도
전통주에 대한 관심은 생겨나지 않다가

1980년대
양곡 사정의 호전과
86아시안게임, 88서울올림픽을 계기로
우리의 문화를 부활시키자는 명목 아래

전통주 제조 면허 허가
전통주 발굴 및 무형문화재 지정

일제에 의해 끊어진
전통주의 맥을 복원하는 작업이 시작됐고
잃어버린 전통주를 되살리려는 노력은
지금도 계속되고 있다

06 그 많은 술들은 어디로 사라졌을까

전통주의 역사와 유래

"신은 단지 물을 만들었을 뿐인데 인간은 술을 만들었다"라는 프랑스의 대문호 빅토르 위고의 말처럼 술은 인류가 만들어낸 기호품 가운데 가장 오래되고 가장 많은 사람들이 즐겨왔다. 과일이나 곡류와 같은 당질 원료가 야생의 미생물과 만나 천연 발효물이 생성되었고, 우연한 기회에 이를 마셔본 사람들이 발효의 원리를 터득하면서 술의 역사는 시작되었다. 동서양의 전설이나 신화에 술이 어김없이 등장하는 것을 보면 그만큼 인류와 술은 오래된 관계임을 알 수 있다.

술 이야기가 최초로 등장하는 우리나라 문헌은 고려시대의 『제왕운기』로 천제의 아들 해모수가 하백의 세 딸에게 술을 대접했다는 기록이 남아 있다. 고구려를 세운 동명성왕의 건국신화 속에 등장하는 이야기이지만 고대인들이 술을 즐겨 마셨다는 사실은 중국 진나라 학자 진수가 편찬한 『삼국지』에서도 찾아볼 수 있다. 부여, 삼한, 고구려에서 추수를 마치고 하늘에 제사를 지내는 제천행사를 치르면서 며칠 동안 밤낮으로 술을 마셨다는 것이다.

고구려와 백제, 신라 삼국의 술은 당대 중국과 일본에 이미 명성을 떨치고 있었다. 중국인들 사이에서 고구려는 맛 좋은 술을 잘 빚는 나라로 알려져 있었고, 백제의 수수보리는 일본에 누룩을 써서 술을 빚는 법을 전해주고는 술의 신으로 추앙받기까지 한다. 신라의 술은 당나라 시인 이상은이 "한 잔 신라주의 기운이 새벽바람에 쉽게 사라질 것이 두렵구나"라고 경탄할 정도였다.

고려시대에는 송나라와 원나라로부터 새로운 양조법이 도입되어 탁주와 청주, 증류주로 구별되는 우리나라 전통주의 기본 틀이 완성된다. 고려 문종 때 국가의 의식용 술과 감주를 빚는 양온서를 두었고, 민간에서는 사찰을 중심으로 다양한 술을 빚어 절에 머무는 객들에게 이를 판매했다. 백성들은 궁중의 양온서에서 빚은 청주를 시중에서 쉽게 구할 수 없어 주로 허연 탁주를 마셨는데 송나라 사신 서긍의 『고려도경』에서 "일반적으로 고려 사람들은 술을 즐긴다. 그러나 서민들은 양온서에서 빚는 좋은 술을 얻기 어려워서 맛이 박하고 빛깔이 짙은 것을 마신다"고 전하고 있다. 고려 후기 몽골의 침입은 증류주 기법의 소주가 전래되는 계기가 되었다. 40년에 걸친 기나긴 전쟁 끝에 고려를 제압한 몽골은 고려를 발판으로 삼아 일본까지 정벌하기 위해 안동과 개성, 제주도에 군사 주둔지를 세웠는데 당시 몽골군이 마시던 소주가 군사 주둔지를 중심으로 고려에 전파되었다. 오늘날 안동과 개성, 제주도 등이 소주의 명산지로 유명하게 된 유래이기도 하다.

조선시대에 접어들면서 양조 기술은 이전 시기보다 고급화되기 시작했다. 제조 원료가 멥쌀에서 산출량이 많지 않았던 찹쌀로 바뀌고, 발효 기술도 단사입에서 중양법으로 바뀌었다. 단사입은 고두밥을 쪄서 누룩과 섞어 버무린 뒤 독에 넣어서 물과 함께 발효시키는 방법이고, 중양법은 술이 다 되어 술지게미가 차분히 가라앉았을 때 새로이 술밥과 누룩을 넣어 술을 진하게 빚는 방법이다. 발효 기술이 발달하면서 조선시대에는 훨씬 질 좋은 술들이 제조되었다.

조선 후기에는 더욱 다채로운 술들이 빚어졌다. 지방과 집안마다 비밀리에 전해 내려오는 술들은 유명세를 타기 시작한다. 서울의 약산춘, 전라도 여산의 호산춘, 충청도의 노산춘, 평안도의 벽향주, 금천의 청명주가 명주로 손꼽혔다. 한편 전라도·황해도의 이강주, 전라도의 죽력고와 같은, 소주에 각종 약재를 곁들인 술들도 개발되었고, 기온과 습도가 높은 여름에도 술을 마실 수 있게끔 양조주와 증류주를 혼합한 혼성주인 과하주가 새롭게 등장하기도 했다.

이름 있는 집안에 맛있는 술이 있다

우리나라는 예로부터 술을 '빚는다'는 말로 표현해왔다. 술을 만드는 데 있어서 정성을 다하고 천지신명께 빌었다는 의미로, 술을 단순한 음식 이상의 의미를 지닌 것으로 보았다. 때문에 술을 잘 빚는 기술은 눈에 보이지 않는 미생물인 효모균을 잘 다루는 능력과 원하는 향기와 맛의 술을 얻어내려는 노력이 좌우한다고 생각했다. 신께 바치는 제주이자 인간이 나눠 마시면서 상호간의 소통을 기원했다는 의미도 더해졌다. 술은 사람이 아니라 신을 위한 신성한 음식이었다. 그해 수확한 최고의 식재료를 사용하고, 온갖 정성을 다해 술이 익기까지 한시도 마음을 놓지 못했던 이유였다. 술을 빚는 데는 반드시 목적과 대상이 있었다. 술 마실 대상과 용도, 목적에 따라 술 빚는 재료나 방법을 달리했다. 사람들은 집을 지키는 가신家神과 자연신을 위해 술을 빚었고, 술은 항상 집안에 두었지만 함부로 마시지도 않았으며 마시는 데에는 반드시 예와 풍류가 따랐다. 이처럼 술은 귀한 음식이었다.

민족과 나라마다 술은 그 종류가 헤아릴 수 없을 정도로 많은데 우리나라도 예외는 아니었다. 특히 우리에게는 집에서 빚은 술인 가양주家釀酒 문화가 있어 지방과 가문, 술을 빚는 사람의 솜씨에 따라 갖가지 방법과 기술을 발휘한 가양주가 등장했다. 가양주는 순수한 곡물에 누룩과 물을 섞어 고유의 술 빚기 방법으로 이루어진 모든 술을 지칭하는데 현대적 의미의 전통주는 이 가양주에 뿌리를 두고 발전해온 것이라고 할 수 있다. '이름 있는 집안에 맛있는 술이 있다'는 명가명주名家名酒라는 말처럼 집에 찾아온 손님을 접대하는 데 술이 빠지면 예와 도리에서 어긋나는 것으로 생각했다. 게다가 제사와 차례 등 의식에서도 술이 사용되었기 때문에 집에서 술을 빚는 일은 당연한 일이었다. 조선 후기 서유구를 비롯한 여러 실학자의 저작과 오래된 가문의 규방에서 전해지는 조리서에 수많은 종류의 술이 등장한다. 1670년경에 저술된 안동 장씨의 『음식디미방』은 51종의 양조법을 소개하고 있고, 실학자인 홍만선의 『산림경제』(1715년)와 유중림이 증보 편찬한 『증보산림경제』(1766년)에는 60여 종의 술이 등장한다. 그리고 1827년경에 편찬된 것으로 알려진 서유구의 백과사전 『임원경제지』에는 무려 200여 종의 양조법이 소개되고 있다. 그 밖에 『주방문』(1600년대 말엽), 『음식보』(1700년대), 『역주방문』(1700년대), 『규합총서』(1815년경), 『농정회요』(1830년경), 『양주방』(1837년) 등에도 수십 가지의 술들이 등장하는데, 그중 중복되는 것을 정리해 살펴보아도 조선 후기 우리 민족이 즐겨 마신 술은 250종이 넘었을 것으로 여겨진다. 조선에 관한 상식을 널리 알리기 위해 문답 형식으로 쓴 책인 최남선의 『조선상식문답』에서는 조선의 3대 명주로 평양의 감홍로, 전주의 이강고, 정읍의 죽력고를 꼽았다.

문 : 우리나라 술 가운데 유명한 것은 무엇이 있습니까?

답 : 가장 널리 퍼진 것은 평양의 감홍로니 소주에 단맛 나는 재료를 넣고 홍곡으로 밝으레한 빛을 낸 것입니다. 그다음은 전주의 이강고니 뱃물과 생강즙과 꿀을 섞어 빚은 소주입니다. 그다음은 정읍의 죽력고니 푸른 대를 숯불 위에 얹어 뽑아낸 즙을 섞어서 고은 소주입니다. 이 세 가지가 전날에 전국적으로 유명하던 것입니다. 이밖에 금천의 두견주, 경성의 과하주처럼 부분적으로 또 시기적으로 좋게 치는 종류도 여기저기 꽤 많으며 뉘 집 무슨 술이라고 비전秘傳하는 법도 서울, 시골 퍽 많았습니다마는 근래 시세에 밀려 대개 없어지는 것이 매우 아깝습니다.

전통주는 계절성이 강한 술이다. 1년 열두 달 계절 변화에 따라 명절과 세시풍속이 형성되었던 만큼, 제철 재료를 이용하거나 자연의 변화를 반영한 다양한 종류의 술이 발달했다. 매 절기마다 술을 빚어 별식과 함께 즐기는 것이 사람들의 일상이었다.

한 해가 시작되는 설날에 사람들이 즐겨 마셨던 계절주를 세주歲酒라고 부른다. 차례를 모시기 위한 술인 만큼 보다 정성을 다해 술을 빚었다. 정월의 또 다른 절기주인 귀밝이술(이명주)은 대보름날 만들어 먹던 오곡밥, 부럼과 함께 대표적인 절식이다. 보름날 찬술을 마시면 1년 내내 귓병이 없고 귀가 밝아진다고 하여 귀밝이술을 마셨다. 삼짇날이 되면 집집마다 새봄의 절기주인 두견주를 빚어 마셨다. 찹쌀로 고두밥을 짓고 갓 따온 진달래꽃잎을 버무려 빚는 진달래술은 봄 향기를 그대로 전해주었다. 또한 청명, 한식이 돌아오면 찹쌀로 빚은 청명주를 성묘 때의 제주로 사용했다. 봄의 기운이 가장 왕성한 날인 단오에는 잘 익은 부의주에 창포 뿌리를 넣어 숙성시킨 창포주로 악귀를 쫓았다. 더워지기 시작하는 유두날의 절기주로는 지금도 많이 마시는 동동주와 막걸리가 있었다. 무더위가 한풀 꺾여 서늘해질 무렵이면 연중 가장 풍성한 명절인 한가위가 돌아온다. 한가위에는 맨 먼저 수확한 햅쌀로 차례상에 올릴 술이며 떡을 빚는데 햅쌀로 빚은 술을 신도주 또는 햅쌀술이라고 한다. 그리고 한 해의 수확을 마무리하는 중양절의 절기주로는 야생 감국을 이용한 국화주가 있었다.

전통주의 몰락

집집마다 고을마다 그해 농사지은 곡식과 자연에서 얻은 과실이나 식물을 이용해 다양한 술을 빚어 즐겼지만 지금까지 전해 내려오는 전통주는 많지 않다. 일본이 조선을 강점하면서 가장 먼저 행한 것이 술에 대한 통제 정책이었기 때문이다.

전통주는 좋은 쌀과 깨끗한 물이 필수적인 조건이었다. 때문에 각 가정에서 절기마다 술을 만드는 것은 조선에서 생산되는 양질의 미곡을 일본으로 반출하는 데 방해가 되는 일이었다. 이에 일제는 쌀을 이용한 조선의 전통주 제조를 금지하고, 그 대신에 값싼 희석식 소주를 대량으로 공급했다. 다른 한편으로 총독부 통치의 물적 기반을 구축하기 위해 혈안이 된 일제는 제조업이 발달되지 못한 상태에서 주요 세원으로 주세에 주목하게 된다. 1909년 주세법이 제정되면서 전통주는 서서히 모습을 감추기 시작한다. 그래도 밀주가 성행하자 일제는 1916년 7월에 새로운 주세령을 공포했다. 이로 인해 집에서 사적으로 술을 빚는 것이 금지되었고, 양조 면허를 부여받은 친일 지주층의 양조장만이 상업적으로 술을 주조할 수 있었다.

1945년 광복으로 이 땅에서 일제는 물러갔지만 조선총독부 아래에서 시행됐던 주세 제도와 정책은 거의 그대로 이어졌다. 해방 직후에는 만성적인 식량 부족 상태에 있었기 때문에 쌀로 술을 만들어 마신다는 것은 꿈도 꿀 수 없었다. 그 때문에 주정의 발효 원료로 1952년부터 곡류가 아닌 당밀이 사용되기 시작했고, 1962년부터는 고구마를 이용했다. 1965년 1월 발효된 '양곡관리법' 이후 증류식 소주마저 금지되고 희석식 소주로 전환되었다. 일제강점기 때와 마찬가지로 술에 대한 세금이 정부 재정에서 큰 비중을 차지했기 때문에 허가받지 않은 전통주의 제조는 혹독한 처벌을 받았다. 표면화된 밀주 단속은 전통주의 단절과 멸실을 더욱 가속화시켰다.

전통주를 복원하는 것의 의미

전통주라는 용어의 정의에 대해 아직까지 법적 또는 문화적으로 명확하게 규정되어 있거나 대중적으로 합의된 바는 없다. 「전통주 등의 산업진흥에 관한 법률」에 따르면 전통주란 중요무형문화재나 식품명인이 빚은 술이나 농업인이나 농업인 단체가 우리 농산물을 주원료로 하여 제조한 술을 말한다. 따라서 전통누룩을 사용하여 술을 빚든 입국방식으로 술을 빚든 우리 농산물을 주원료로 하여 빚은 술은 모두 현행법령상 전통주에 해당한다. 또한 세시풍속과 식문화적인 관점에서 볼 때도 전통주는 우리 땅에서 생산되고 한국인이 주식으로 삼는 쌀을 주재료로 하고, 전통누룩을 발효제로 하되, 오랜 세월 동안 갈고 닦아온 고유한 양조 방법을 바탕으로 자연물 이외의 인위적인 가공품이나 식품첨가물을 사용하지 않은 자연발효에 의한 술로 정의할 수 있겠다.

전통주 및 밀주 금지정책은 1982년에 이르러 전통주 발굴 및 무형문화재 지정 등으로 급진전을 보이다가 1995년 12월에 이르러서야 가양주 금지 정책이 풀리면서 우리의 전통주는 밀주의 멍에를 벗게 되었다. 하지만 지난 80여 년의 시간은 단절되었던 가전비법의 전통주를 되살리기엔 너무나 긴 세월이었다.

정부는 1994년과 2000년 각각 약주와 탁주 공급구역을 제한하던 제도를 폐지했다. 과당 경쟁을 방지하기 위해 만든 제도였지만 오히려 전통주 시장이 줄어들면서 실효성이 없어졌기 때문이었다. 2016년 정부는 다시 전통주 문화 활성화를 위해 관련 법령을 완화했다. 맥주로 한정한 소규모 주류제조 면허 대상에 탁주, 약주, 청주를 추가했다. 소규모 주류제조 면허를 얻으면 누구나 술을 빚어 음식점에서 팔거나 병에 담아 외부에 판매할 수 있게 만든 것이다. 한국 전통주 연구소 박록담 소장은 "소규모 전통방식을 따르는 전통양조장들도 얼마든지 대중에게 매력적일 수 있다. 실제 지금까지 복원한 술 중에는 전통성을 유지하면서 대중들로부터 사랑받을 수 있는 제품들이 상당히 많다"라고 말한다.

전통주는 그 나라의 역사와 문화를 보여주는 지표 중 하나다. 술은 알코올이기 앞서 하나의 문화다. 그와 연관된 역사가 있고, 시, 그림, 노래, 놀이 등 우리 전통이 고스란히 담겨 있다. 전통주를 잃는 것은 그와 관련된 문화 전반을 잃는다는 것과 같은 말이다. 반대로 전통주를 복원한다는 것은 우리 술 문화 전반을 복원한다는 의미이다. 프랑스가 와인의 나라로, 러시아가 보드카의 나라로, 독일이 맥주의 본고장으로 기억되듯 우리의 전통주를 보존하는 것 역시 민족정신과 문화를 지키고 이어가는 길 중 하나인 것이다.

冊

다시 쓰는 주방문 박록담, 코리아쇼케이스, 2005.
한국 전통 민속주 이효지, 한양대학교출판부, 2009.

CULTURA

07 거리를 재는 인형

저것은 어떤 물건이기에
사람도 아닌 나무인형이 소리를 내지?

– 1441년(세종 23년) 3월 17일

왕과 왕비의 행차 중
사람들의 시선을 사로잡은 '이것'

수레가 이동함에 따라
때로는 종소리가 나고
때로는 북소리가 울리는 '이것'

記里鼓車

거리 측정장치가 부착되어
일정 거리를 갈 때마다
스스로 소리를 내고

수레에 탄 사람이
소리의 횟수를 기록해
총 거리를 계산

사람과 자동기계가 합쳐진
우리나라 최초의 반자동 거리 측정기

기리고차記里鼓車
: 거리를 기록하는 북이 달린 마차

"왕과 왕비가 온양으로 향하고
이 행차에 처음 기리고(차)를 사용하니
수레가 일정한 거리를 가면
목인이 스스로 종과 북을 쳤다."

– 『조선왕조실록』, 1441년(세종 23년) 3월 17일

기리고차 이전에 거리를 재던 방법들

자 또는 막대기로 재는 척측법尺測法
발자국으로 재는 보측법步測法
새끼줄, 먹물 등으로 재는 승량지법繩量之法

정확함이 떨어지고
오차가 많았던 방법들

조선 세종대 왕명에 따라
중국으로 유학간 장영실은
중국식 기리고차를 개량하여 거리를 측정한다

이후 조선에서도
가능해진 정확한 거리 측정

〈장영실 표준 영정〉
© 지산 박영길

기리고차의 정확한 거리 측정에
숨겨진 비밀
바퀴

수레바퀴와 맞물린
세 개의 크기가 다른 톱니바퀴

둘레 10자(약 30센티미터)의 수레바퀴가 12번 돌면
아래 톱니바퀴는 1번 회전
총 120자 이동

아래 톱니바퀴가 15번 돌면
중간 톱니바퀴는 1번 회전
총 1800자 이동

중간 톱니바퀴가 10번 돌면
윗 톱니바퀴는 1번 회전
총 18000자 이동

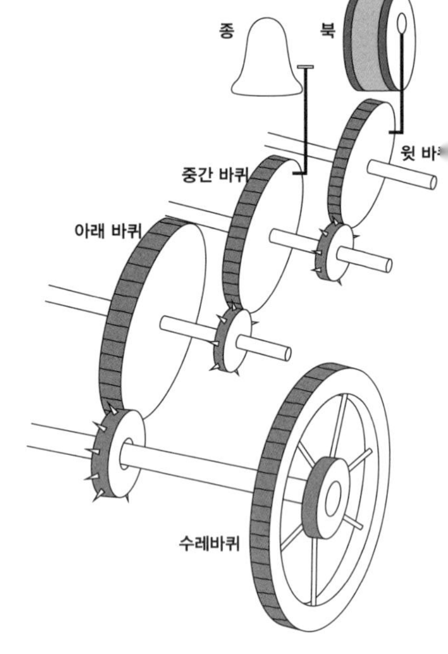

세종대의 표준척에 따라
1800자는 1리(약 400미터)로 계산

0.5리 이동할 때마다 1번
1리 이동할 때마다 여러 번
종을 치고

5리 이동할 때마다 1번
10리 이동할 때마다 여러 번
북을 치니

종소리와 북소리를 헤아려
총 이동거리를 측량할 수 있었다

기리고차가 불러온 변화들

거리 측정의 정확도가 높아져

지도 제작 활성화

1463년 최초의 실측 전국지도 〈동국지도〉(정척, 양성지)

1557년(또는 1558년) 〈조선방역지도〉

1861년 〈대동여지도〉 등 제작

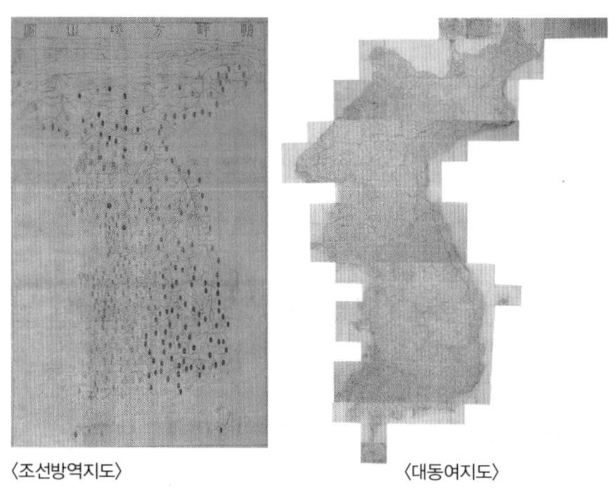

〈조선방역지도〉 〈대동여지도〉

정확한 토지 측량이 가능해져

합법적인 세금 부과 가능

나루, 제방공사 등

각종 토목공사에도 널리 이용

“경기 관찰사가 연파곤(지금의 서울 송파)을 나루로 삼을 것을 청하니… 기리고차로써 도로의 멀고 가까움을 재게 했다.”

–『조선왕조실록』, 1450년(문종 즉위년) 10월 23일

더불어 천문관측기구인
간의와 함께 사용해
지구 위도 1도의 거리를 실측

1728년
수레를 이용한 거리 측정에 성공

현재의 마라톤 거리를 재는 ‘존스 카운터’
택시 이동거리를 재는 ‘태코미터’와 같은 원리로
영국보다 287년이 앞선 기술

조선시대의 거리 측량술에
획기적인 변화를 가져온 기리고차는
약 600여 년 동안 그 우수함을 이어온
위대한 우리의 발명품이다

07 거리를 재는 인형

땅을 재고 헤아리다

측량은 중국 전한의 회남왕 유안이 편찬한 백과사전인 『회남자』에 나오는 '측천양지測天量地'에서 유래한 말이다. 중국 고대 신화 속에 등장하는 창조의 신 복희와 여와가 규規(컴퍼스)와 구矩(곱자)를 가지고 하늘을 재고 땅을 헤아려서 세상을 만들었다는 고사이다. 옛사람들이 측량을 통해 천지가 만들어졌다고 생각했듯이 땅의 길이를 재어 기록하는 측량은 인류 문명의 출현과 함께 시작되었다. 문명의 발상지인 티그리스 강과 유프라테스 강, 나일 강, 황허 강, 인더스 강 유역의 비옥한 토지에서 농사를 짓기 시작하면서 개간, 관개, 경계 확정 등을 위해 측량이 이루어진 것이다. 나일 강 하류 유역에서는 매년 홍수로 인해 강물이 범람하면서 사라진 경계를 복원하기 위해 측량 기구로 노끈과 막대기를 사용했는데 이러한 기구는 로마시대까지도 그대로 사용되었다. 또한 노끈으로는 측정이 불가능한 먼 거리는 걸음으로 거리를 재는 보측으로 측정했다. 또한 메소포타미아에서 기원전 3800년경, 바빌로니아에서는 기원전 500년경에 점토판 지도가 제작되었는데 지도는 측량 기구의 발전을 보여주는 지표 중 하나다.

우리나라의 경우에는 측량 기구에 대해 남아 있는 기록이 거의 없다. 고구려와 백제, 신라는 길이를 재는 도구로 자를 사용했다. 중국의 자를 그대로 들여와 사용했던 백제와 신라와는 다르게 고구려는 고구려척이라는 자가 있었다. 기록으로만 전해오던 고구려척은 2000년 경기도 하남시 이성산성에서 발굴되면서 그 실물을 볼 수 있게 되었다.

628년(영류왕 11년)에 고구려 사신이 당나라에 〈봉역도封域圖〉를 바쳤다는 기록이 있는 것으로 보아 삼국시대에도 지도 제작이 이루어진 것으로 보이지만 이는 실측지도가 아니라 회화지도로 추정된다. 또한 신라 문무왕 때 당나라에서 나침반을 만드는 재료인 자석을 요청해와 두 상자를 보냈다는 기록이 있는데, 당시 나침반을 측량과 항해에 이용한 것으로 추측된다. 『고려사』에 따르면 개경의 나성을 축조할 때 사람들에게 우산을 들고 둥글게 서서 상하좌우로 오고가게 하며 성터를 정했다는 기록도 있다.

조선시대에 들어와 측량 기구가 새롭게 개발되고 개량되면서 측량 및 지도 제작에 큰 변화가 생겨났다. 지리적 위도와 경도를 조사하기 위해 1422년(세종 4년)에는 목간의木簡儀(청동으로 된 간의를 만들기 전에 미리 나무로 만든 것)를 만들어 백두산, 삼각산, 지리산, 마니산, 한라산 등에 관측대를 설치하고 위도와 경도를 측정했다. 이때 측정된 한양의 위도는 오늘날의 위도와 10도 정도밖에 차이가 없다. 한양의 북극고도 확정으로 한양과 백두산, 한양과 제주도를 잇는 직선거리가 결정됨으로써 과학적 지도 작성의 기초가 만들어졌다. 1500년대에는 건령구(나침반)가 관측 작업에 이용되었고, 삼국시대부터 사용해오던 12지 24방위를 확정했다.

고대부터 측량 및 지도 작성에 있어 가장 기본이 되는 것은 거리 측량이었다. 조선시대 초기 평지 측량은 새끼줄로 거리를 측량하는 원시적 방법인 승량지법에 의존했다. 당시 자 또는 막대기를 가지고 재는 척측법, 발자국으로 재는 보측법도 널리 이용되었다. 1393년(태조 2년)에 새로운 도읍의 종묘, 사직, 궁궐의 형세도를 왕에게 바쳤는데 모두 새끼줄로 측량한 승량지법에 의한 것이었다. 승량지법은 토지의 측량뿐만 아니라 산성과 읍성을 쌓을 때에도 사용되는 일반적인 방법이었다. 이러한 승량지법에서 한 단계 도약하는 새로운 계기가 된 측량 기구가 바로 기리고차이다.

기리고차의 탄생

1441년(세종 23년)에 병조는 각 도의 역참으로 통하는 길과 거리가 정확하지 않아서 군무의 중대사가 있을 때 그 일을 제대로 이행하기 곤란하니 조정 사신이 내왕하는 평안도부터 시작하여 측량을 고쳐갈 것을 요청했다. 이때 정확한 거리 측량을 위해서 고안된 측량기구가 기리고차와 보수척(노끈에 구간마다 표시를 하여 만든 일종의 줄자)이다.

기리고차는 1리를 갈 때마다 종을 울리게 하고 10리를 가면 북이 여러 번 울리도록 고안된 거리 측정용 마차인데 평지에서는 사용하기에 유리하나 산지와 같은 험지에서는 자유롭게 측량할 수 없어 노끈으로 만든 보수척을 대신 사용했다. 기리고차는 3세기 중국 진나라 때에 처음 제작된 것인데 일종의 거리 측정용 장치가 붙어 있는 수레로 중국의 『송사』에도 기록되어 있다. 세종대에 장영실은 왕명을 받아 중국에 유학하며 기술을 배워서 기리고차를 더욱 발전된 모습으로 개량했다. 기리고차는 세종과 왕비가 온양의 온천으로 행행을 가던 날 처음 사용되었다.

"왕과 왕비가 온수현으로 행행하니, 왕세자가 호종하고, 종친과 문무 군신 50여 인이 호가했다. (…) 이 행차에 처음 초여軺輿를 쓰고 기리고記里鼓를 사용하니, 거가車駕가 1리를 가게 되면 목인木人이 스스로 북을 쳤다."

– 『세종실록』, 1441년(세종 23년) 3월 17일

세종은 1441년(세종 23년) 8월에 새로 만든 보수척을 사용하여 각 도의 역참으로 통하는 길과 거리를 측정하여 30리마다 1표목을 세우거나 흙이나 돌로 무더기를 쌓아 표식을 남기도록 했다. 1450년(세종 32년) 12월에는 각 도와 각 읍 간의 거리를 조사하여 지도를 작성케 했다. 이때 기리고차를 사용했는지는 정확히 알 수 없지만 『동국여지승람』의 각 주현 사이의 거리가 김정호의 『대동여지도』와 거의 일치한다는 것으로 보아 기리고차의 실측 결과를 사용하여 정확성을 높인 것으로 추측된다. 1450년(문종 즉위년) 현재 서울시 강남구 송파와 삼전도 사이의 제방공사 착수에 앞서 기리고차로 그 거리를 재었다는 기록이 있는 것으로 보아 기리고차는 당시 지도 제작뿐만 아니라 토목공사에도 널리 이용되었던 것 같다. 이러한 세종 때의 측량에 대한 연구 성과는 1466년(세조 12년)에 각도와 축척의 원리를 이용하여 토지의 원근과 높낮이를 측량하는 삼각측량기인 인지의의 발명으로 이어져 더 큰 발전을 가져오게 된다.

기리고차의 원리

먼 거리를 측정하는 반자동화된 최초의 거리 측량기구인 기리고차에 대한 제작 당시의 기록은 현재 전해지는 것이 없다. 다만 실학자 홍대용의 저서 『주해수용』에 그 구조가 기록되어 있다. 기록에 의하

면 바퀴의 회전수에 따라 울리게 되어 있는 종과 북의 소리를 헤아려 거리를 측정한다고 적혀 있다.

기리고차의 구성을 살펴보면 먼저 수레바퀴의 중간에 철로 만든 톱니바퀴가 있는데 여기에는 톱니가 10개 있다. 수레바퀴와 가장 가까이 연결되어 있고 크기가 가장 큰 아래 바퀴에는 120개의 톱니가 있는데 이는 수레바퀴의 축에 있는 톱니바퀴와 서로 연결되어 있다. 그래서 수레바퀴가 한 바퀴를 돌면 같은 축에 있는 톱니바퀴도 한 바퀴 돌고, 10개의 톱니가 맞물려서 아래 바퀴의 톱니가 10개 돌아가 아래바퀴는 12분의 1바퀴를 돌게 된다. 이에 따라 수레바퀴가 12바퀴를 돌면 아래 바퀴는 1바퀴를 돌게 된다.

기리고차의 수레바퀴의 둘레길이는 10자인데 수레바퀴가 12번 회전하면 아래 바퀴가 한 번 회전하며, 이때 120자를 측정하게 된다. 아래 바퀴가 15번 회전하면 중간 바퀴가 한 번 회전하여 1800자를, 중간 바퀴가 10번 회전하면 윗 바퀴가 한 번 회전하여 1만 8000자를 측정하게 된다. 수레가 0.5리를 가면 종을 한 번 치게 하고, 수레가 1리를 갔을 때에는 종이 여러 번 울리게 했으며, 수레가 5리 가면 북을 울리게 하고 10리 갔을 때는 북이 여러 번 울리게 했다. 사람은 수레 위에 앉아서 종소리와 북소리를 듣고 이 숫자를 기록했다. 기리고차는 거리를 측정하는 데 광범위하게 이용되었다. 한양으로부터 각기 다른 지점까지의 거리나 각 지점 상호간의 거리, 그전까지 알고 있었던 거리를 다시 확정하는 데도 기리고차를 이용했다. 또한 기리고차와 간의를 사용해 위도 1도를 측량하기도 했다. 위도 1도의 길이를 알기 위해서는 지표상에서 위도 1도만큼 벌어진 두 지점을 찾아내야 하는데 두 지점을 찾는 데는 간의를 이용했다. 기리고차를 이용해 매 5리마다 이정표를 세워 수백 리를 측정한 다음 간의를 가지고 천체를 측정하여 위도 1도의 수치를 얻었다.

홍대용은 "새끼줄을 가지고 곧은길을 측정하면 20~30리 정도에서 남북 도수의 차가 생긴다. 새끼줄로 땅을 측량할 때는 신축이 있어서 분초의 차는 늘 생기므로 세밀히 측정하기는 더욱 곤란하다. 그러므로 승량지법은 수레측량의 정확도보다도 못하다"라고 말하여 기리고차의 정확도에 대하여 극찬했다.

15~16세기 지리지와 지도 편찬의 확대

이기봉 국립중앙도서관 고서전문원에 따르면, 지도 제작에 있어서 중요한 점은 '얼마나 정확한 지도가 제작되느냐와 얼마나 자세한 지도가 제작되느냐'라고 이야기한다. 우선 얼마나 정확한 지도가 제작되느냐를 결정하는 것은 거리와 방향의 위치 정보가 얼마나 정확한지의 문제와 연결되며, 얼마나 자세한 지도가 제작되느냐를 결정하는 것은 거리와 방향의 정보가 어느 수준의 단위까지 갖추어져 있느냐의 문제다. 결국 거리와 방향의 위치 정보가 정확하지 못하면 정확한 지도를 그리기 어렵고, 거리와 방향의 정보가 풍부하지 않으면 자세한 지도를 그리기 어렵다. 따라서 지도의 수준을 결정하는 것은 지도 제작 기술의 문제라기보다는 위치 정보의 정확성과 양이다. 15~16세기에는 혼천의, 간의를 비롯한 10여 종의 천문 기구들과 기리고차, 규형·인지의 등의 새로운 측량 기구들이 제작되면서 측량의 정확성이 훨씬 높아져 보다 세밀한 지도 제작이 가능해졌다. 『신찬팔도지리지』(1432년), 『고려사』「지리지」(1451년), 『세종실록』「지리지」(1454년), 『동국여지승람』(1481년)과 그것을 보충 완성한 『신증동국여지승람』(1530년) 등 지리책들의 편찬이 이를 보여준다. 그 중에서 『신찬팔도지리지』는 맹사성을 중심으로 여러 학자들이 편찬한 것으로 제작 기간만 7년에 이른다. 이는 각 도와 군에서 현지 조사를 진행한 후 그 자료에 기초하여 도별로 지도를 완성한 것으로 우리나라의 영토에 대한 비교적 체계적이며 상세한 내용이 담겨 있다.

『동국지도』는 15세기 중엽에 양성지와 정척 등이 편찬한 전국 8도의 도별지도로 『신찬팔도지리지』의 편찬 과정에서 얻은 노하우를 기반으로 전국의 길의 정비와 거리 측정, 규형과 인지의에 의한 지형 측량 등에 기초하여 1463년(세종 9년)에 완성되었다.

『동국여지승람』은 1478년(성종 9년)에 편찬하기 시작하여 1481년(성종 12년)에 완성했는데 여기에는 『팔도지리지』, 『고려사』「지리지」, 『세종실록』「지리지」 등의 모든 성과들을 토대로 하여 전국적 범위에서 구체적으로 조사한 자료들이 도별, 고을별로 매우 자세하게 정리되어 있다. 『동국여지승람』에는 각 도와 고을별로 고장의 이름이 역사적으로 달라진 정황부터 시작하여 그 지방의 지리적 특성과 토산물, 성들의 크기와 군사시설, 온천, 목장, 기상기후 조건, 풍속, 교통, 토양의 비옥도, 주민 구성, 심지어 그 지방에서 태어난 이름 있는 인물 등에 이르기까지 풍부한 자료들을 담고 있어서 오늘날 역사 연구의 귀중한 자료로 활용되고 있다.

통치의 기초, 측량

조선시대 측량은 지역의 지리와 지형 등의 다양한 정보를 담고 있는 지도를 제작하는 데 이용되었을 뿐만 아니라, 세금을 부과할 수 있는 토지를 조사하는 데에도 사용되었다. 토지 측량 사업인 양전이 20년마다 실시되어 양안이라는 토지대장이 작성되었고, 이를 기초로 농토에 부과되는 세금인 전세를 거두었다. 신흥대학교 지적부동산과 김추윤 교수는 농업 사회인 조선에서 정확한 토지 측량은 합리적인 세금 징수로 이어졌을 것이며 세종의 기리고차 제작이 국가 통치를 체계화하는 데 밑거름이 됐다고 평가했다.

측량의 중요성을 잘 알고 있었던 일본은 조선을 식민지화하는 발판으로 측량을 이용했다. 일본은 측량을 구실로 1875년(고종 12년) 운요호 사건을 일으켜 불평등조약인 강화도조약을 체결했다. 이때 체결한 조약의 제7조는 "일본은 조선의 연해·도서·암초 등을 자유로이 측량하고 해도를 작성한다"고 되어 있어서 조선의 해안을 측량한다는 이유로 일본의 선박이 조선 조정의 허락 없이도 조선의 바다를 자유롭게 드나들 수 있었다. 일본은 비밀리에 첩보측량반을 침투시켜 지도를 제작해서 청일전쟁과 러일전쟁 때 활용하기도 했다.

일제강점기에는 토지조사사업과 임야조사사업을 진행하여 지적도를 작성했다. 토지 수탈과 세금 징수 목적으로 만들어진 지적도는 광복 후에도 계속 사용되었다. 1차적으로는 이 지적도가 일본 도쿄를 원점으로 제작된 식민 잔재라는 문제가 있지만, 더 큰 문제는 작성된 지적도가 좌표에 의한 정밀측량이 아닌 지상 경계라고 판단되는 담장 등 구조물을 기준으로 한 도해측량 방식이라는 점이었다. 실제로 전 국토의 15퍼센트에 해당하는 필지가 지적도상 경계와 실제 경계가 불일치하는 오류가 발견되었다. 국토교통부는 2012년부터 국토를 새롭게 측량하여 잘못된 지적도를 수정하고 토지 주권을 회복하는 지적재조사 사업을 시작해 2030년까지 진행할 예정이다.

고측량의기고–기리고차와 인지의를 중심으로 김추윤, 『한국지적정보학회지』, 제1집, 1999.

조선시대 반자동 거리 측정기구, 기리고차 손성근, 『월간 문화재 사람』, 2012.

Communica

세상과 소통하다

01 보부상

"살아서 이익이 없고
죽어도 손해 없는 자."

-『혜상공국서』

1800년대 말
어느 시골 주막

패랭이 양쪽에 목화송이를 달고
지팡이를 짚은 두 사내

한눈에 서로를 알아본 그들이
첩지(신분증)를 보이며 건네는 인사

"어느 임방 소속 동무십니까?"

비단 명주 모시 면화 가죽 등

부피가 작고 값나가는 것을 파는 상인

보상褓商, 봇짐장수

생선 소금 나무그릇 질그릇 무쇠 등

부피가 크고 값싼 것을 파는 상인

부상負商, 등짐장수

이 둘이 합쳐진 보부상

이들은 대개 파산한 농민, 몰락한 양반

또는 노비 출신

"보부상을 강도로 몰아 재물을 빼앗고

고을에 호소하여도 매를 맞거나 죽기도 한다."

–『한성부완문』

그들이 서로를 지키기 위해 만든
조선 최초의 상인조합
보부상단

보부상단은 한양에는 중앙본부
주요 고을에는 지역단위 본부인 임방任房
5일장이 열리는 읍에는 작은 사무실 임소任所를 두었다

"급히 전할 소식이 있으면
밥 먹던 자는 수저를 놓고
잠자던 자는 이불을 걷어차고 뛰어나가
번개처럼 순식간에 팔방으로 통달한다."

– 조선총독부, 『조선의 시장』(1924년)

각 본부를 이어 달리며 소식을 전하는
보부상단의 체계적인 연락망

힘없는 보부상단을 한 형제로 묶어준

엄격한 윤리강령

위상애당爲上愛黨

윗사람을 섬기고 무리를 사랑한다

병구사장病求死葬

병들면 구해주고 죽으면 장사를 치러준다

그리고

진충보국盡忠報國

충성을 하여 나라에 보답한다

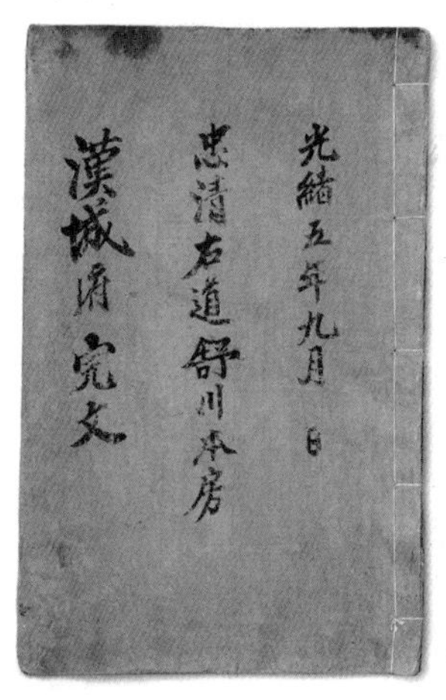

光緖五年九月 日
忠淸右道舒川本房
漢城府完文

『한성부완문』

임진왜란과 병인양요 당시
어명에 의해 혹은 자발적으로 참전하여

물자수송과 응급구조, 첩보전까지
다양한 활약을 펼친 보부상단

그들이 나라를 위해 싸운 대가로 얻은 것은
생선 소금 토기 목기 무쇠의
독점권

이후 독점권을 얻은 보부상단은
시장을 장악하는 대형조직으로 성장한다

그리고
대한제국 시기부터는
상무사商務社라는 명칭으로 재편

황실의 요구에 따라 움직이는
정치단체로 자리잡는다

보부상단은
동학농민운동 탄압
독립협회 해산 등에 동원되어

백성들의 원성을 사며
어용단체라는 비난을 받기도 한다

보부상단은 일제의 경제수탈에
조직적으로 저항하며 적극적으로 맞섰으나

1905년 일제 통감부에 의해
상무사 강제 해산

일본 상권에 주권을 빼앗긴 채
역사 속으로 사라져갔다

01 보부상

보부상의 시조, 백달원

보부상은 각지를 돌아다니며 행상하는 봇짐장수인 보상과 등짐장수인 부상을 통칭하여 이르는 말로 부보상이라고도 한다. 보부상의 유래에 대해서는 몇 가지 설이 있다. 첫째는 조선이 건국되기 직전인 고려 말 이성계가 함경도 안변에 석왕사를 건립하기로 했는데 그 규모를 웅대하게 하려고 삼척에서부터 오백나한의 불상을 옮기기로 했다. 그때 젊은 장정 80여 명을 거느리고 토공을 도와 운반을 담당한 사람들이 있었는데, 그들의 두목은 황해도 토산 출신 백달원이었다. 그의 눈부신 활약을 본 이성계가 그 공로를 치하하여 개성 발계산에 임방任房(보부상 집회소)을 두어 백달원과 그 동료들에게 건어·소금·목기·토기·수철 등의 전매권을 준 것이 보부상의 시초라는 설이다.

또 다른 설로는 이성계가 함경도 만호로서 여진족과 싸우다 머리에 화살을 맞고 적에게 쫓겼을 때, 백달원이 어려움에 처한 이성계를 보고 그를 지게에 싣고 산을 넘어 위기를 면하게 해주었다고 한다. 이후 조선을 건국하고 왕위에 오른 이성계가 은혜를 갚기 위하여 팔도의 여러 고을에 임방을 만들어 행상인들의 침식과 질병의 치료, 장의 등을 자유롭게 하도록 했다는 것을 보부상의 기원으로 삼기도 한다.

이 두 가지 설에 따르면 보부상이 조선 초기 이성계에 의해 조직된 것처럼 생각되나 이성계나 백달원 개인이 처음으로 단체를 조직하고 임방을 창안했다고 볼 수는 없다. 보부상 조직은 사회적, 지리적 여건에 따라 자연스럽게 형성된 것이다. 다만 이전부터 내려오는 조직이나 임방제도가 있었는데, 이성계가 공을 세운 행상에게 특권을 줘서 그들을 보호하고 이용했을 것으로 보는 것이 더욱 적절하다. 보부상 조직은 조선시대 이전에도 존재했으나 조선시대에 와서 왕의 보호 아래 크게 발전했다.

보부상은 교환경제가 활성화되고 시장이 성립되던 초기부터 존재했다. 『삼국사기』에 따르면 490년에 신라 소지왕이 경주에 처음으로 시장을 열어 상품을 유통하게 했고, 509년에 지증왕은 동시東市를 두어 관리를 파견하여 감독하게 했으며, 695년에 효소왕은 서시西市와 남시南市를 추가로 설치했다. 이러한 시장의 활성화는 상인들의 활발한 활동을 가져왔다. 조선 후기 기록인 『증보문헌비고』에도 “신라의 장시에는 대개 부녀들이 교역하고 장사했다”고 쓰여 있다. 통일신라시대 지방에도 행상이 존재했고 이들이 활발한 활동을 했다는 것은 고려시대까지 전해지는 가요 〈정읍사〉를 통해서도 충분히 짐작해볼 수 있다.

조선왕조는 기본적으로 유교를 통치이념으로 하는 농업 중심의 국가였다. 상업은 정부에 필요한 물품을 공급하고 백성들의 수요를 충족시킬 수 있을 정도면 충분하다고 보았다. 그러나 이와 같은 인식은 조선 후기에 상품화폐경제가 발달하면서 크게 변모하게 된다.

지방 장시場市는 18세기 말부터 전국적으로 1천여 기 이상의 장시로 확대되어 5일장 구조의 유통망을 확대해나갔다. 뱃길을 이용한 유통이 발전하면서 큰 규모의 포구는 상품유통의 중심지로, 작은 포구들은 유통의 거점으로 바뀌었다. 이 같은 장시와 포구의 발전은 생산자에 머물렀던 농민들을 판매자로 전환시키는 커다란 요인이 되었다. 이들은 영세 소상인이 되어 바구니나 지게에 물건을 담아 가지고 돌아다니거나, 한두 필의 소와 말에 물건을 싣고 장사하거나, 길목에 가게나 주막을 짓고 상행위를 하는 소규모의 좌상 등 여러 형태로 분화된다. 토지에서 이탈한 농민들이 새롭게 형성되기 시작한 상품유통 과정에 적극적으로 참여하면서 자연히 상업 종사자가 증가했고, 각 지방의 장시에는 장날을 순차로 돌면서 물건을 판매하는 소상인들이 폭주했다.

보부상은 각 장시와 포구를 활동 무대로 삼아 생산자와 소비자의 교환을 매개하는 전문 순회소상인으로 판매방식과 취급물종 등의 차이에 따라 보상과 부상으로 구분된다. 일명 봇짐장사 또는 항어장사라 불리는 보상은 상품을 보자기나 질빵에 싸들고 다녔다. 보상이 취급하는 물품은 부피가 작고 가벼우며 특정지역 산물 내지는 비교적 값진 물건으로 직물과 귀금속류, 잡화류 등이 주종을 이루었다. 부상은 상품을 지게에 얹어 등에 지고 다니면서 판매했으므로 등짐장사라고도 했는데 가격이 비교적 싼 물건을 판매했다. 보상과 달리 부상은 주로 생필품, 어물, 소금, 콩, 무쇠, 토기와 질그릇, 과일 등을 팔았다. 당시 사회에서 이들은 장돌뱅이, 장돌림, 선질꾼, 도부꾼 등으로 불리며 천대받았다.

보부상이 된 계층은 주로 토지에서 이탈된 농민들이었지만 몰락한 양반들도 포함되어 있었다. 동학의 창시자이자 1대 교주인 최제우도 본디 양반이었으나 벼슬길이 막히게 되자 생계를 잇기 위해 10여 년 이상 각 지역을 떠도는 무명 행상을 했다. 수공업 종사자들도 보부상이 되었는데, 일제강점기 민족자본가로 성장한 이승훈이 그에 해당한다. 이승훈은 유기 제조공장의 점원으로 일하다가 보부상이 되어 10여 년간 놋그릇 행상을 하여 자본을 축적했고, 훗날 유기와 도자기 제조공장을 설립하여 산업자본가와 민족교육자로 성장하는 발판으로 삼았다.

보부상단의 형성

조선 후기에도 조정은 특권상인을 중심으로 국가 재정을 충원하는 정책을 취하고 있었다. 그 결과 소상인들은 성장을 기대하기는커녕 생업을 연명하기도 어려운 형편이었다. 조정의 보호를 받을 수 없었던 소규모 행상들은 상호 연대하여 자신들을 보호해줄 수 있는 조직체를 규합했고, 계契의 형태로 강력한 자율적 조직체계를 만들었다. 자신들만의 독특한 복장과 은어, 집단계율 등을 공유하면서 이 시기에 부상과 보상이라는 용어도 생성된 것으로 추정된다.

1832년(순조 32년), 김감지라는 부상이 무고하게 살해되자 그의 형이 부상 1백여 명을 이끌고 나타나 옥문을 부수고 가해자를 때려죽이는 사건이 발생했다. 1845년(헌종 11년)에는 모시로 유명한 충청도 저산팔구苧産八區 지역의 보상들이 지방관에 의해 조직을 공인받았으며, 충청도 연해안 지역의 보상들도 1851년(철종 2년) 한성부로부터 공인을 받음으로써 공고한 담합 조직을 형성하게 되었다.

보부상들 대다수는 "항산恒産이 없고 부모를 잃고 처자도 없이 입을 것도 먹을 것도 없다"고 자조하며 하늘과 땅을 집으로 삼아 생활할 정도로 열악한 형편이었기에 스스로를 보호할 방책으로 상인계를 조직하고 절목을 만들어 규약으로 정했다. 규약의 내용은 병자는 구하고 죽은 자는 장사 지낸다, 악한 자는 징계하고, 패악한 자는 벌을 주되, 먼저 동료들이 그 죄를 다스리고 후에 관에 고하여 징계하고 다스린다는 것이었다. 이들은 환난을 구하며 위계질서를 세우고, 상도의 확립 등을 목적으로 계안을 마련한 뒤, 임원과 규칙도 정했다. 일부 지역에서는 규칙을 어긴 자를 태형과 벌금으로 처리하기도 했다. 행상들은 이전까지 개별적이고 분산적인 성격에서 서서히 벗어나 조직화된 행상인 보부상단으로서 새로운 면모를 갖추게 되었다. 보부상들은 먼저 지방차원에서 조직을 구성하고 이후 공권력과 자신들을 결합하려 했다. 그 같은 노력을 통해 중앙 정부와 지방관은 자치기구인 임방의 공인을 명문화하기에 이른다.

보부상 개개인은 대다수가 경제적으로 열악한 형편이었지만, 집단으로서의 보부상이 강력한 힘을 행사할 수 있었던 이유는 '상단'이라는 조직의 힘을 기반으로 했기 때문이었다. 보부상들은 자신들의 이해를 집단적으로 관철시키는 방식으로 '사발통문'을 발행했다. 이들이 사발통문을 돌린 경우는 국역이나 전쟁과 같은 국가에 큰일이 있을 때, 산송(묘지를 쓰는 일로 생긴 송사)이 일어나 시비가 된 때, 보부상이 아내를 잃어버렸거나 상처했을 때, 시장에서 보상과 부상 간에 시비가 일어났을 때, 보부상과 관청 또는 일반 대중과 시비가 있을 때 등이었다.

당시 조정에서는 보부상 임방에 영업허가증인 '체장'을 발급했고, 보부상들은 정해진 액수만큼의 비용을 지불해야 했다. 보부상들은 이로써 자신의 신분과 소속처, 거주지, 행선지 등을 증명할 수 있었다. 체장 뒷면에는 '망언하지 말고, 패악한 행위를 하지 말고, 음란한 행동을 하지 말고, 도적질하지 말라'는 네 가지의 계명이 적혀 있었다. 조정은 보부상단에 반대급부로 소상인과 장시에 대한 통제권한을 부여했으며, 특히 시장에서 생선, 소금, 토기, 목기, 무쇠 등 5종의 품목은 이들의 전매를 통하지 않고서는 팔 수 없도록 특권을 주었다.

권력의 하수인으로 몰락한 보부상

조정으로부터 특권을 부여받은 보부상은 때로는 정부와 지방관의 말단 심부름꾼 내지 지역 사정의 염탐자, 나아가 민중운동 탄압을 위한 정부 측 대리인으로 앞장서곤 했다. 조정과 집권층은 나라의 일을 담당한다는 명분으로 당시 서민인 농민보다 못한 사회경제적 지위에 있던 보부상을 경찰력과 준 군사력으로 동원했다. 소상인이면서도 정치적 상인으로의 양면적 성격을 갖게 된 보부상 집단은 조선 후기 혼란스러운 정치 현장에서 어김없이 볼 수 있었다. 1866년(고종 3년) 프랑스군이 강화도를 침입하는 병인양요가 일어났을 때 흥선대원군은 의병을 모집하면서 체계적인 조직을 갖춘 보부상단에 주목했다. 보부상은 임진왜란 때는 행주산성 전투에 참여했고, 병자호란 때에도 남한산성에 식량을 운반하면서 성을 방어했다. 정조가 화성을 건설할 때에는 석재와 목재를 운반하고 다듬어 장안문을 만들었으며, 1811년(순조 11년) 홍경래의 난 때에도 동원되어 반란군 진압에 참여했다. 흥선대원군은 보부상의 자치조직을 공식적으로 인정해주는 대신 이들을 전투에 참여시켰다. 이때부터 조정과 보부상은 밀접한 관계에 놓이게 되었다.

고종의 친정으로 흥선대원군이 정치 일선에서 물러나자 보부상들은 중전 민씨 가문과 친밀한 관계를 유지하게 되었다. 1882년(고종 19년) 임오군란이 일어나 왕후가 궁에서 피신하고 민씨 일족이 공격을 받게 되자 도성 안에는 민영익이 보부상을 이끌고 들어와 군란을 진압한다는 소문이 파다하게 퍼졌다. 불과 10여 년 전만 하더라도 흥선대원군과 깊은 유대 관계를 맺었던 보부상들은 이때 민씨 일족의 하수인으로 치부되며 흥선대원군에 의해 탄압을 받았다. 군란에서 보부상의 힘을 확인한 조정은 보부상을 군대로 편입시키려 했지만 보부상들은 군사적 임무를 담당하기보다는 상업 활동이 보장되는 조직에 소속되기를 원했다. 그래서 군무를 통할하는 삼군부에 통합되었다가 관제가 개편됨에 따라 외교통상을 관장하는 통리아문에 소속되었다.

임오군란을 계기로 외국상인들의 활동범위가 내륙까지 확대되면서 보부상들의 활동은 자연스럽게 제약을 받을 수밖에 없었다. 이에 조정은 외국상인들과의 경쟁에서 보부상의 이익을 보호해주기 위해 정부 관할 아래 혜상공국이라는 기구를 설치했다. 이는 일종의 보부상들의 이익집단이었다. 혜상공국의 책임자인 당상은 조정에서도 힘 있는 실력자들이 맡았으며, 혜상공국이 전국의 상인을 대상으로 영업허가증인 상표를 발급하고 상업세를 징수하면서 도적과 상인을 사칭하는 자를 단속할 수 있는 권한도 갖게 되었다. 보부상들이 막강한 권한을 갖게 되면서 여러 가지 폐해가 나타났다.

"지금 보부상들의 작폐는 못할 짓이 없는 지경에까지 이르렀습니다. (…) 이들 중에 제 발로 보부상의 계에 들어간 자가 지금 거의 수만 명에 가까운데, 무리를 믿고 행패를 부리는 못된 짓을 서슴없이 자행하고 있습니다. 흘겨보았다는 이유로 남의 집을 헐거나 남의 무덤을 파헤치기도 하고 심지어 인명을 해치는 일까지 곳곳에서 벌어지는데도 주군州郡에서는 이들을 제지하지 못하고 있습니다."

– 『고종실록』 1885년(고종 22년) 5월 6일

그 결과 1884년(고종 21년) 갑신정변 당시 14개조 개혁 정령의 하나로 보부상 집단인 혜상공국의 해체가 포함되었고, 1894년(고종 31년) 동학농민운동이 일어났을 때 농민군은 보부상과 임방을 혁파할 것을 조정에 요구하기도 했다. 백성들의 따가운 시선에도 보부상들은 농민전쟁이 발발하자 "상업의 길을 편하게 하고 나라를 위해 해를 제거한다"는 명분으로 관군과 함께 농민군 토벌에 참여했다. 보부상들은 각지를 돌아다니며 동학도를 체포한다는 이유로 무고한 이들을 잡아들여 원성을 샀다.

동학농민운동의 종결 이후 다시 개화파 세력이 집권하게 되면서 보부상은 개혁의 대상이 되었다. 혜상공국의 후신인 상리국과 지방의 임방은 해체되었고, 보부상들이 세금을 걷는 일체의 행위가 금지되었다. 그에 따라 보부상의 활동도 일시적으로 위축이 되었으나 아관파천으로 고종이 다시 권력을 되찾으면서 보부상들도 황제가 된 고종의 지원을 받아 활동을 재개할 수 있었다. 보부상들은 독립협회를 견제하기 위해 조직된 어용단체인 황국협회에 가입하여 고종의 권력을 강화하는 일에 앞장섰으며 독립협회 테러에도 동원되었다. 대한제국 정부는 독립협회의 회원과 황국협회 보부상들 사이의 혈투를 문제로 삼아 두 단체를 모두 해산시켰다.

러일전쟁 이후 일본이 대한제국을 강점할 무렵 자신들을 비호해주는 권력이 취약해지자 보부상 조직은 점차 해체되고 일본의 경제침탈이 심화되면서 개별 상인으로서 보부상도 소멸되는 운명에 처해지게 되었다. 상업자본이 발달하지 못했던 조선에서 가장 영세한 보부상이 자발적으로 강력한 내부 규율을 가진 단체를 결성한 것은 주목할 만한 일이다. 그러나 상단 조직을 넘어서는 규율을 갖추었음에도 불구하고 보부상은 권력과 긴밀한 관계를 유지하면서 정경유착의 폐단에서 자유로울 수 없었다.

경제학대사전 박진근, 누리미디어, 2002.

보부상, 그들은 누구인가 조재곤, 『내일을 여는 역사』 제62호, 2016.

불변의 악기

그것을 우물 속에 숨겨라!

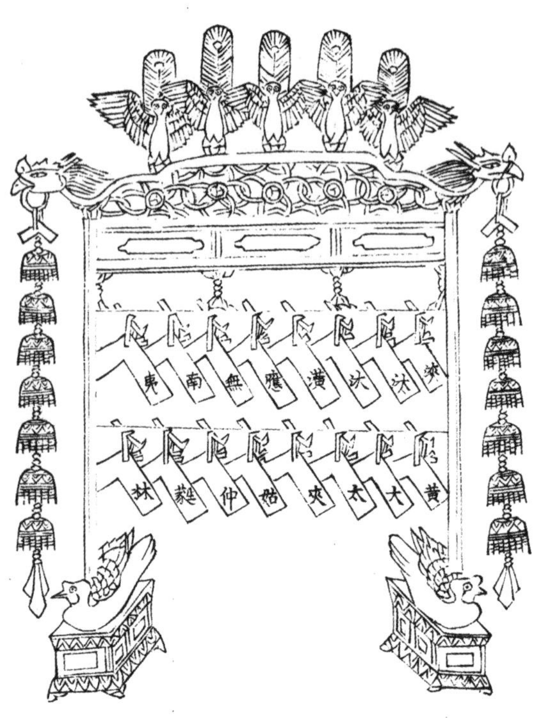

1636년(인조 14년)
병자호란

임금과 모든 신하, 백성이
피난길에 오르지만

궁에서 벗어나지 못하는 한 사람
장악원의 전악(음악감독)

"저 많은 악기를 어떻게 한단 말인가,
그 중 하나만 지켜내면 될 것이다!"

1116년(예종 11년) 송나라에서 들여와
고려, 조선 전 시대를 걸쳐 종묘제례악, 연향 등
궁중음악에 사용된 대표적인 악기
편경

"전쟁이 나면 편경을 가장 먼저 숨겨라."

–『대전통편』

"편경을 망가뜨리는 자는
곤장 100대와 유배 3년에 처한다."

–『경국대전』

편경은 어떤 악기보다
귀하게 여겨진 국보급 악기였다

대표적 예악기禮樂器라는 상징 외에
편경을 중요하게 만든 비밀 세 가지

1. 조선의 돌로 만든 조선의 소리

중국식 편경은 옥돌(경석)을 사용했지만
옥돌은 당시 조선에서 희귀한 재료

때문에 흙을 구워 만든 와경을 대신 사용하니
음색은 물론 음정도 제대로 맞지 않기 일쑤였다

1425년(세종 7년) 8월

"경기 남양에서 나는 돌이 소리가 좋습니다.
옥 다듬는 사람을 보내어
만들어 시험하기를 청합니다."

–『조선왕조실록』, 1425년(세종 7년) 8월 26일

세종은 음률가 박연 등에게
조선의 옥돌을 사용한 편경 제작을 명하고
1427년 조선만의 첫 편경이 탄생한다

"(여러 시대의 경이 합쳐진) 중국의 것은
과연 성음이 맞지 않았던 것이다.
지금 새로 만든 편경은 바른 소리를 얻었구나."

–『조선왕조실록』, 1433년(세종 15년) 1월 1일

2. 단순한 구조에 담긴 소리의 과학

'ㄱ'자 형태의 위아래 총 16개의 경
동일한 크기에 오직 두께만 달리하여 제작

최저음 황종의 경 두께 약 2.5센티미터
최고음 청협종의 경 두께 약 6센티미터
두꺼워질수록 높아지는 음

서양 음계의 기본음 '도(C)'에 해당하는 황종부터
한 옥타브 위의 '레샵'(D#)에 해당하는 청협종까지
총 16개의 음계를 가진 편경

또한 현존하는 'ㄱ'자 기울기에서
가장 맑은 소리를 내는 115도를 사용

편경은 가장 단순한 구조에
소리의 과학을 입혀 만든 뛰어난 악기였다

돌로 만든 편경은 온도와 습도의 영향을 받지 않아
음정, 음색이 변함이 없는 음정 불변의 악기로
모든 국악기를 조율하는 기준이 된다

이런 까닭에 전란으로 모든 악기가 파괴돼도
편경만 있으면 악기의 음 복원이 가능했다

가장 간단한 재료로 만든
가장 정확한 음색의 악기

편경은 600여 년이 지난 지금까지도
모든 아악의 표준음이 되고 있다

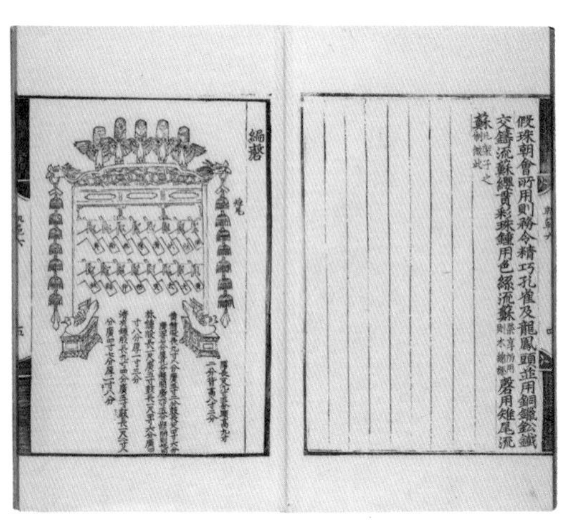
編磬

假珠朝會所用則務令精巧孔雀及龍鳳頭並用銅鍍金鐵
交鑄流蘇纓貫彩珠鍾用色絲流蘇 磬用雉尾流
蘇

「악학궤범」

02 불변의 악기

나라를 다스리는 근본, 예악

공자가 조국인 노나라에서 벌어진 내란을 피해 천하를 방랑하던 때의 일이다. 당시 공자의 처지는 춘추시대 각지의 제후를 찾아다니며 자신의 학식과 포부를 설파해 관직을 얻기 바랐던 여느 유세객遊說客과 별반 다르지 않았다. 노나라와 이웃한 제나라의 군주 경공을 찾아갔지만 신하들의 반대로 공자의 등용은 성사되지 못했다. 제나라에서 덧없이 세월을 보내던 시절, 공자의 마음을 사로잡은 한 자락의 선율이 있었다. 태평성대를 이끈 전설상의 성군 순임금이 만들었다는 악곡 '소韶'였다. 공자는 평소 그렇게 좋아하는 고기의 맛도 석 달이나 잊어버린 채 한동안 음악이 주는 감동에서 빠져나오지 못했다.

공자가 감동해 마지않았던 '악樂'이란 '예禮'와는 결코 떼어놓고 생각할 수 없는 것이었다. 고대 주나라의 통치자들이 왕조를 굳건히 하고 사회질서를 유지하는 치국의 수단으로 선택한 것이 바로 '예'와 '악'이었다. 예로써 봉건질서를 유지했고, 악으로써 민심을 다독였다. 민심이 안정되면 질서가 유지되고, 질서가 유지되면 사회가 안정되며 나라가 공고해진다. 예와 악이 톱니바퀴와 같이 맞물려 돌아가며 조화로운 사회를 이루는 것이다. 그러나 공자가 살아가던 춘추시대 말기는 주나라 왕실을 정점으로 한 봉건제가 무너져내리고 신하가 임금을 죽이는 하극상이 만연했던 시기였다. 공자는 시대의 혼란을 극복할 수 있는 유일한 길은 훼손된 주나라의 예악을 복원하는 데 있다고 생각하여 예악의 정비에 혼신의 노력을 기울였다. 예악을 중시한 공자의 사상은 유가의 중요한 이념으로 발전하여 개인의 수양과 치국의 원리로까지 자리잡게 된다. 예악을 통한 유교적 경세론은 유교 경전 중 하나인 『예기』의 「악기」에 잘 나와 있다.

"예로써 백성의 마음을 절제하고 악으로써 백성의 마음을 누그러뜨리고 정치로써 이것을 따르도록 하고 형벌로써 방지한다. 예악형정, 네 가지가 천하에 널리 미치어 행해지고 백성이 도리에 어긋나지 않았을 때 곧 왕도王道가 갖추어지는 것이다."

예악이 조화를 이루는 이상적인 유교 국가를 표방한 조선은 건국 초기부터 국가 의례에 사용될 예악 제도의 정비에 많은 관심을 기울였다. 각종 의례는 예악이 하나로 어우러진 모습을 가장 극적으로 체험할 수 있는 장이었다. 엄격한 예법에 따라 의례가 거행되고, 그에 맞는 적절한 음악이 연주되는 순간, 의례에 참여한 모든 사람들이 장엄한 의식과 절묘한 음악의 조화 속에서 일체감을 느낄 수 있었다. 조선의 설계자 정도전이 편찬한 법전 『조선경국전』에도 그와 같은 모습이 잘 묘사되어 있다.

"종묘에서 조상의 거룩한 덕을 찬미하기 위한 제례악을 연주하면

조상이 감격하고, 조정에서 임금과 신하 사이의 엄숙함과 존경을 지극하게 하기 위한 연향악을 연주하면 군신이 화합하며, 또 이를 방방곡곡에 널리 퍼뜨리면 교화가 실현되고 풍속이 아름답게 된다."

그러나 예악을 조화롭게 갖추어 덕으로써 천하를 다스리는 왕도에 이르는 길은 쉽지 않았다. 조선은 일련의 예악 제도의 정비를 통해 중국과 어깨를 나란히 할 수 있게 되었다는 자부심은 가지고 있었으나, 의례에서 음악을 연주하는 데 필요한 각종 아악기를 자체적으로 제작하지 못하여 전적으로 중국에서 보내주는 하사품에 의존했다. 1405년(태종 5년), 조선은 악기가 오래되어 파손되고 부족하니 명나라 수도에 직접 가서 구입할 수 있도록 해달라고 명나라에 호소해보지만 명나라는 제례에 쓰는 악기는 오직 황제만이 다룰 수 있는 것으로 사사로이 매매할 수 없다며 조선의 요청을 단칼에 거절하고 선심 쓰듯 소량의 악기만을 하사했다. 예악을 정치의 근본으로 생각하던 조선에서 악기의 부족에서 오는 예악의 불균형은 무엇보다도 시급히 해결해야 하는 과제였다.

중국의 음이 아닌 조선의 음을 담아낸 악기

옛사람들은 악기란 우주의 소리를 담아야 한다고 믿었다. 그에 따라 쇠金·돌石·실絲·대나무竹·바가지匏·흙土·가죽革·나무木의 여덟 가지 자연에서 나오는 재료로 악기를 만들었다. 이렇게 제작된 악기들이 완벽하게 조화로운 소리를 내기 위해서는 악기의 음을 하나의 표준음에 맞추는 작업이 필요했다. 대나무로 만든 대금은 입김을 불어넣는 취구나 입술의 위치에 따라 음높이가 달라져 조율의 기준이 되기에 적합하지 못했고, 거문고나 가야금과 같은 현악기는 온도나 습도에 따라서 명주실이 줄어들거나 늘어날 뿐 아니라 줄을 지탱하는 안족의 위치에 따라 음높이가 바뀌어 다른 악기를 조율하는 데 사용할 수 없었다. 그 결과 온도와 습도에 영향을 받지 않는 재료인 돌로 만든 악기인 편경이 모든 악기를 조율하는 기준이 되었다.

편경은 송나라 궁중에서 연주된 제례음악인 대성아악과 함께 고려 예종 때 처음 전래된 악기로 선대 임금과 왕비의 위패를 모신 종묘에 지내는 제사와 토지의 신과 곡식의 신에게 풍년을 기원하는 사직, 타국에서 온 사신이나 국빈을 대접하는 잔치인 연향 등에서 의식을 행할 때 빠지지 않고 등장했다. 조선시대에 들어 편경의 중요성은 더 커졌다. 조선이 유교를 기본 통치이념으로 삼으면서 공자의 예악사상을 반영한 종묘제례악과 같은 아악이 더욱 중요해졌기 때문이다. 편경의 중요성이 커질수록 중국에 의존하지 않고 자체적으로 편경을 제작하고자 하는 욕구도 커져만 갔다. 하지만 편경의 재료인 옥돌을 구하는 것은 쉽지 않았고, 궁여지책으로 흙으로 구워 만든 와경瓦磬을 만들어보았으나 편경만의 오묘한 소리를 따라가기에는 역부족이었다. 더구나 편경의 제작방법이 세밀하고 과학적이었기 때문에 성숙된 기술력이 뒷받침되지 않는다면 제작 자체가 불가능했다. 이러한 상황에서 편경을 자체 제작하고자 적극적으로 나선 이가 세종이었다. 1425년(세종 7년) 8월, 경기도 남양 지역에서 표면의 무늬가 아름답고 소리가 맑은 경석을 발견했다는 소식을 전해들은 세종은 박연에게 편경을 만들도록 지시했다.

고구려의 왕산악, 신라의 우륵과 함께 우리나라의 3대 악성으로 추앙받는 박연은 세종을 도와 조선 초기 음악을 정비하는 데 기여한 인물이다. 일찍이 박연의 음악적 재능을 알아본 세종은 그를 음악에 관한 사무를 맡아보던 관습도감의 제조로 임명하여 음악에 전념할 수 있도록 배려해주었다. 세종으로부터 편경을 제작하라는 명을 받기 이전부터 박연은 세종에게 조선의 음악을 정비해야 한다는 상소를 서른아홉 차례나 올릴 정도로 열의를 보였다. 박연은 상소에서 아악 12율의 기준이 되는 황종음을 내는 황종율관을 자체적으로 제작할 것을 건의한다. 황종음은 기장알 90개를 늘어놓은 길이의 대나무로 만든 관인 황종율관에서 나오는 소리이다. 아악 12율을 완성하는 방법은 이 황종율관의 길이를 3등분하고 그중의 3분의 1에 해당하는 길이를 빼거나 더하여 다른 11개 율관을 만들어내는 것이다. 즉 예에 따른 악을 갖추기 위한 노력의 시작점은 황종율관을 제작하고 이를 바탕으로 12개의 율관을 만들어 법도에 맞는 음악을 행하는 것이었다. 세종은 박연의 건의를 받아들여 황종율관을 제작하게 했다.

첫번째 황종율관의 제작은 실패였다. 중국의 방식 그대로 황종율관의 제작에 나섰으나 만들고 보니 중국에서 보내온 편경의 황종음보다 약간 높았다. 세종은 박연의 실패 원인을 간파해냈다.

"우리나라가 동쪽 일각에 위치하고 있어 춥고 더운 기후 풍토가 중국과 현격하게 다른데, 어찌 우리나라의 대나무로 황종의 관을 만들어서야 되겠는가."

당시 박연은 중국 기록을 그대로 따라 황종율관을 제작했는데 중국과 우리나라 대나무의 크기 차이를 간과했던 것이다. 박연은 이후 몇 차례의 시도 끝에 황종율관을 완성한다. 황종율관이 제대로 만들어지자 나머지 음들도 만들 수 있었다. 1433년(세종 15년) 1월 1일, 이렇게 제작된 두번째의 황종율관을 근거로 박연은 12매의 편경 한 틀을 만들어 세종에게 헌상한다. 아악에 쓰이는 조선만의 독자적인 12율 음정체계를 갖춘 편경이 탄생하는 순간이었다.

정흠지 : 모양의 제도와 성음의 법을 어디에서 취했는가.

박 연 : 모양의 제도는 한결같이 중국에서 내려준 편경에 의했고, 성음은 신이 스스로 12율관을 만들매 합하여 이루었습니다.

대신들 : 중국의 음을 버리고 스스로 율관을 만드는 것이 옳겠는가.

박 연 : 지금 만든 편경은 모양의 제도는 한결같이 중국 것에 의했으나 (…) 마땅히 높을 것이 도리어 낮고, 마땅히 낮을 것이 도리어 높으니, 한 시대에 제작한 악기가 아니라 생각됩니다. 만약 이것에 의하여 제작하면 결코 화하여 합할 이치가 없기 때문에, 삼가 중국 황종의 소리에 의하여 황종의 관을 만들고, 인하여 손익하여 12율관을 이룩하여 불어서 음률에 맞추어, 이에 근거하여 만들었습니다.

세 종 : 중국의 경은 과연 화하고 합하지 아니하며, 지금 만든 경이 옳게 된 것 같다. 경석을 얻은 것이 이미 하나의 다행인데, 지금 소리를 들으니 또한 매우 맑고 아름다우며, 율을 만들어 음을 비교한 것은 뜻하지 아니한 데서 나왔으니, 내가 매우 기뻐하노라.

음악의 정비로 예악시대를 꿈꾼 세종

공자가 주나라의 예악을 되살려 혼란한 시대를 극복하고자 했던 것처럼 세종도 예악의 조화로운 전승을 통해 이상적인 왕도 국가를 건설하려 했다. 중국 고대 아악 문화의 결정체라고 할 수 있는 편경을 스스로 제작하고자 한 것은 조선 초기 아악 정비에 있어서 그 시발점이 된 중요한 사건이었다.

성공적으로 아악기의 국산화에 성공한 세종은 제례 및 조회 등 국가의례에 사용할 아악곡을 선정하는 데 힘을 기울였고, 뒤이어 선왕들의 업적을 기리기 위한 새로운 음악인 신악新樂을 완성하려 했다. 그러나 세종은 신악이 미처 완성되기도 전에 세상을 떠났다. 세종의 죽음으로 음악 전승의 위기를 맞게 되지만 세종의 음악 사업에 주도적으로 참여했던 정인지 등에 의해 세종의 뜻은 계승될 수 있었다.

세종의 예악 정비에서 주목할 점은 세종이 우리나라 음악은 중국의 것과 다르다는 인식을 분명히 하고 있었다는 것이다. 황종율관 제작 과정에서 중국을 표본으로 삼으려는 대신들에 대해 세종은 우리나라의 음악이 중국과 같지 않다는 의견을 명확히 밝혔고, 중국과 다른 조선의 국가의례 음악을 완성한 뒤 세종은 "우리나라 음악이 비록 다 잘되었다고 할 수는 없으나 반드시 중국에 부끄러워할 것은 없다. 중국의 음악인들 어찌 바르게 되었다고 할 수 있겠는가"라는 자신감도 표현했다.

박연과 같은 악기 제작에 필요한 전문 인력을 적절하게 등용하고, 재정적 지원을 아끼지 않음으로써 세종대에는 악기 제작과 율관 제작, 악보 편찬, 악무를 위한 의복제도 등 조선왕조 사상 가장 성대한 음악 문물을 갖출 수 있었다. 뿐만 아니라 세종은 그동안 발행된 예악 관련 고전의 내용에 대한 통달과 음악 현실에 대한 통찰을 바탕으로 고전에서 강조하는 명분과 예악 전승의 현실 사이의 균형을 맞추는 데 많은 관심을 기울였다. 이는 중국과 견주어도 부끄러울 것 없는 조선의 독창적인 예악 전통을 완성하게 되는 저력으로 작용했다.

세종과 박연에 의해 국산화에 성공했던 편경의 제작법은 일제강점기를 거치면서 맥이 끊기고 만다. 일제가 조선시대 음악을 담당하던 기관인 장악원의 뒤를 이은 이왕직 아악부에 만주국의 기념식에 사용하려고 편경 제작을 맡긴 것이 마지막이었다. 사라진 편경 제작의 전통을 복원하려는 사업은 1983년에 시작되었다. 국립국악원은 각계 전문가들을 모아 『세종실록』과 『악학궤범』을 바탕으로 세종대의 편경을 복원하고자 했다. 의욕적으로 시작된 편경의 복원 작업은 곧 난관에 부딪혔다. 편경 제작에 있어 가장 중요한 옥돌을 찾지 못한 것이다. 복원 프로젝트에 참여하고 있던 악기장 김현곤(중요무형문화재 제42호)은 전국의 산을 돌아다녀도 좋은 옥돌을 구하지 못하자 중국에까지 건너가서 각지를 헤맨 끝에 옥돌을 찾아 편경 복원에 사용했다. 그리고 2009년, 세종 때 경석이 발견되었던 옛 남양 땅인 경기도 화성시 건달산에서 옥돌을 채취하게 되면서 모양뿐만 아니라 재료까지 세종 때와 동일한 편경을 복원하는 데 성공했다.

아악을 연주했던 유교 전통을 가진 동아시아 국가 중에서 편경을 복원하는 기술을 가지고 있는 나라는 한국이 유일하다. 세종시대 음악을 상징하는 편경은 오늘날에도 문묘제례악과 유네스코 인류무형문화유산이자 중요무형문화제 1호인 종묘제례악 등에서 연주되면서 그 맑고 청아한 소리를 이어가고 있다.

공자와 천하를 논하다 신동준, 한길사, 2007.

세종시대 음악정책 문화콘텐츠닷컴.

COMMUNICATIO

03 조선, 전화를 만나다

"벗어놓았던 관복, 관모, 관대로 정장을 하고
'이것'을 향해 큰절을 네 번 하고 무릎을 꿇는다.
그리고 엎드려서 '이것'에 대고 말을 했다."

1882년 3월
전기기술 습득을 위해
청나라를 다녀온 유학생 '상운'

그가 청으로부터 가져온 물품
전화기

조선은 당시 덕률풍德律風, 전어기傳語機
다리풍, 어화통 등으로 불리던
전화기의 실물과 최초로 조우했다

그러나
임오군란, 갑오개혁, 을미사변 등
불안정한 시국으로 진행되기 어려웠던 전화 사업

14년이 지난 1896년 드디어
경운궁(덕수궁) 내부에 자석식 전화기가 설치된다

그리고 그해 10월 2일
궁궐과 인천 간에 이어진
우리나라 최초의 통화

"당장 조선 청년의 사형을 멈추어라."

고종이 직접 시행한 이 통화로
인천 감옥에 수감중이던 김구는
사형을 면한다

『백범일지』 중 사형 중지 내용이 담긴 부분

1년 뒤 1897년

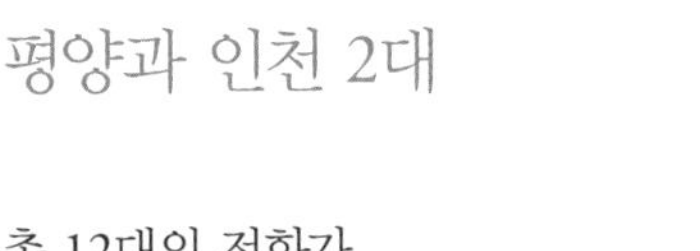

궁궐 내부 3대
정부의 각 부처 7대
평양과 인천 2대

총 12대의 전화가
임금의 침소 및 정부 각 부처에 설치되었다

1898년 '만민공동회'
수만 명의 시위대가 몰려들자
관료들은 시국의 위급함을 임금에게 알리고
회담 결과를 통보하기 위해
전화를 이용했다

그리고
1902년 3월

일반인들도 사용 가능한
공중용 전화가 한성–인천 사이에 개설되고
이후 통화권은 점차 확대되어
1905년 전화 가입자 수는
80명에 달한다

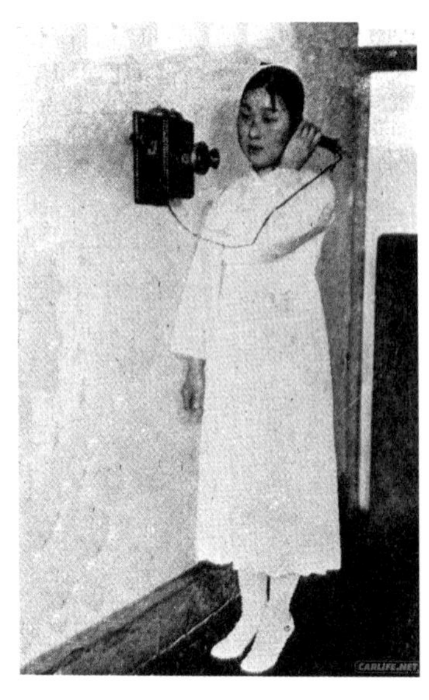

하지만 같은 해 4월
일제는 '한일통신협정'으로
한국의 통신 사업권을 빼앗고

전화를 대륙 침략과
식민지 경영을 위한 도구로 이용

1924년 서울 전화 가입자 5969명 중
일본인 4875명
한국인 951명
외국인 143명

민간용 전화 80퍼센트 이상
일본인이 점유

그외 나머지 전화는
관청, 신문사, 극장 등 관용으로 사용되며
갖가지 일화가 연출되었다

"극장으로 손님을 찾는 전화가 오면
안내원이 상영 도중 손님의 이름을 크게 불러
소동이 벌어졌다 (…) 극장은 사고 방지를 위해
스크린 옆쪽에 구멍을 뚫어 유리로 막은 뒤,
유리 뒤에서 전화 온 사람의 이름을 써놓고
전등으로 신호를 보냈다."

– 잡지 『별건곤』(1927년)

광복 이후
통신권을 회복한 정부는
전화 산업 육성에 힘썼으나
6·25전쟁으로 전화 시설은 심각한 피해를 입는다

교환원을 거치는 수동식 전화 흑통(흑색 전화)
교환원이 없는 자동식으로 부유층이 사용한 백통(백색 전화)

1970년대 부의 상징이었던 백통은
서민들의 집 한 채 값과 맞먹을 정도

1987년 전화 대수 천만 대 돌파
본격적인 1가구 1전화 시대로 돌입

88서울올림픽 직전 휴대전화 서비스 개시,
휴대용 무선전화기 450대가 팔리며
바야흐로 휴대전화의 시대가 열렸다

2015년 3월 기준
대한민국 스마트폰 보급률
83퍼센트(세계 4위)

현재 한국은 성인 10명 중 8명 이상이
스마트폰을 사용하고 있다

© 시사IN

03 조선, 전화를 만나다

고종, 전화로 문상을 하다

조선에 전화가 가설된 것은 1890년대 후반이었다. 1882년(고종 19년) 3월, 청나라 톈진 기기국에서 전기 원리를 학습한 유학생 상운이 귀국할 때 갖고 온 전기기기 중에 전화기가 있었다. 당시 청나라에서는 서양의 문물과 기술을 받아들여 부국강병을 이룩하려는 양무운동이 전개되고 있었다. 뒤늦게 나라의 문호를 열게 된 조선은 서양의 과학기술을 배워야겠다는 필요성을 절실히 느껴 일본에 대규모의 시찰단을 파견하는 한편, 중국에는 젊은 유학생을 보내 선진 문물을 학습하도록 했다. 중국에 파견된 유학생 중 한 명이었던 상운은 파견된 지 불과 4개월도 되지 않아 전기기술을 모두 익히고 조선으로 돌아왔다. 그는 귀국길에 축전지와 코일을 비롯하여 21가지의 전기기기들과 관련 서적 등을 가지고 돌아왔는데 그 중에 전화기가 포함되어 있었던 것이다. 이때 상운이 가져온 전화기로 시험 통화를 했다고 전해지나 조선에 정식으로 전화가 가설되기까지는 시간이 조금 더 필요했다.

1890년(고종 27년), 조선을 방문한 영국의 화가 아놀드 새비지 랜도어는 조선에 전화가 가설된 까닭과 관련된 이상한 소문을 전해 듣고는 그의 저서 『고요한 아침의 나라 조선』에 기록해두었다.

"내가 서울을 방문하기 몇 달 전에 한 외국인이 전화 가설에 대한 주문을 간청하기 위해 왕을 방문했다. 이 신기한 발명품에 대한 이야기를 듣고 매우 놀라면서도 한편으로 흡족해진 왕은 거대한 비용을 들여 왕궁에서 몇 마일 떨어진 왕후의 무덤과 왕궁 간에 전화를 가설하기 시작했다! 임금과 그의 신하들은 전화 끝에서 나는 소리를 듣기 위해 하루에 몇 시간씩 소비했고 혹시나 왕후가 영원한 잠에서 깨어날 경우를 대비해 야경꾼으로 하여금 무덤을 밤새 지키게 했지만, 말할 필요도 없이 어떠한 기별이나 음성은 물론 심지어 속삭임조차 들리지 않았다. 결과적으로 조선의 임금은 전화를 사기꾼이라고 저주하게 되었다."

과장이 섞인 소문이지만 1890년에 대왕대비 조씨가 승하하자 고종은 아침과 저녁으로 대왕대비가 묻힌 산릉에 문후를 하기 위해 이듬해 전화선을 가설했다. 고종이 시작한 이른바 '전화 문상'은 고종이 승하하자 순종도 역시 똑같이 행했다. 순종은 고종의 신위를 모신 덕수궁의 혼전魂殿과 고종의 시신이 묻힌 금곡의 홍릉 사이에 직통 전화를 설치했다. 전화 문상을 드릴 때마다 순종은 상복으로 갈아입고 내시가 전화를 걸어 능참봉에게 전화기를 혼백에 대라고 했다. 능참봉이 전화기를 봉분 앞에 갖다 대면 내시는 전화기 앞에 엎드려 절을 한 순종의 입 가까이에 전화기를 가져갔고, 순종은 전화기에 대고 곡을 했다.

김구의 자서전 『백범일지』에도 전화 개통과 관련된 일화가 적혀 있다. 김구는 명성황후 살해에 대한 보복으로 일본인을 살해하여 인천 감리서의 감옥에 수감되어 교수대로 끌려갈 시간만 기다리고 있었다. 그런데 바로 그 순간 고종의 사형집행 정지명령이 떨어진 것이다. 사형은 형식적으로라도 왕의 재가를 받아 집행하는 것이 당시 법이었다. 승지 중의 한 사람이 '국모보수國母報讐' 넉 자가 적힌 심문서를 이미 결재가 끝난 안건들 사이에서 발견하여 고종에게 다시 내밀었고, 심문서의 내용을 재확인한 고종은 전화를 걸어 김구의 사형집행을 정지시켰다는 이야기이다. 하지만 이 일화에는 약간의 착오가 있다. 김구가 수감된 인천 감리서로 전달된 결정은 전화가 아니라 전보로 통보된 것이며, 고종이 직접 연락한 것이 아니라 법부에서 고종의 재가를 명분으로 사형의 중지가 아닌 판결을 지연시킨 것이다.

1897년에는 고종의 침소와 정부 각 부처를 연결하는 전화가 설치되었다. 궁내부에 교환대가 설치된 가운데 궁중에 3대, 각 부에 7대, 평양과 인천에 2대, 도합 12대가 설치됐다. 전화는 처음에는 '텔레폰'이라는 영단어를 음역해서 덕률풍이라고도 했고, 의역해서 전어기라고도 했으며, 다리풍, 어화통, 전어풍 등으로도 불렸다.

당시 전화를 거는 예절은 대단히 까다로웠다. 상투를 단정히 고쳐 세우고 전화기 앞에서 두 손을 맞잡아 머리 위에 쳐드는 읍揖을 하고서는 전화를 돌렸다. 이윽고 수화기 너머로 상대방이 나오면 자신의 직함, 품계, 본관, 성명을 다 말하고 상대부서의 판서, 참판, 참의의 안부를 물은 다음, 전화를 받는 당사자의 부모들 안부까지 묻고 나서야 비로소 안건을 말했다. 만약 궁내부에서 전화할 일이 있으면 절차는 더 복잡해졌다. 벗어놓았던 관복, 관모, 관대로 정장을 하고 전화를 향해 큰절을 네 번 하고 무릎을 꿇었다. 그러고는 엎드려서 수화기에 대고 대화를 했다.

신하들이 본격적으로 고종에게 전화를 걸기 시작한 것은 1898년 만민공동회가 열리던 기간이었다. 이때 시국의 위급함을 알리고 만민공동회의 내용을 보고하는 동시에 고종의 신속한 허락을 얻기 위해 전화를 이용했다. 당시 고종이 머물던 경운궁 함녕전 대청마루에 전화기가 놓여 있었는데, 황제는 언제든지 필요할 때 이 대청마루 전화를 들어 정부 각 부처에 지시를 했다. 이 대청마루 전화가 한 번 울리면 국가대사가 결정되었고, 사람들은 이 요술단지 같은 전화를 가리켜 '대청전화'라 불렀다.

고종은 갑신정변이 일어난 1884년(고종 21년)부터 밤에 잠을 이루지 못하는 심한 불면증을 앓았다. 밤 11시까지 눈을 뜨고 있다가 한 시간쯤 겨우 눈을 붙이고 다시 일어나 새벽까지 정사를 보았다. 이윽고 날이 새면 그제야 비로소 침소로 들었으며 대낮인 12시에 기침했다. 그러니 모든 정부 관리들은 낮에는 자고 저녁에는 등청하여 업무를 보게 되었다. 마치 밤일하는 사람들처럼 남들은 다 잠든 시간에 벼슬아치들은 경운궁에서 걸려오는 전화 소리만 기다렸다. 고종의 대청전화는 평리원 판사들에게도 난데없이 걸려왔다. 내일 판결하기로 되어 있는 사형수를 풀어주라는 전화인 경우도 있었다. 이는 분명 위법이었으나 황제의 명을 거역할 수 없으니 순순히 따르는 것이 도리였다. 그러나 판사 주정기는 가위를 들어 전화선을 끊고는 황제에게 사직서를 냈다. 그는 그 뒤 변호사로 개업했는데 세상 사람들이 그를 가장 깨끗한 법조인으로 칭송했다고 한다.

전화의 대중화

1902년 3월 20일, 한성과 인천 간 최초의 공중통신용 전화 업무가 개시되었다. 궁내부 전화가 개통된 지 6년 만에 일반인도 사용할 수 있는 전화가 개통된 것이다. 당시 시외전화가 시내전화에 앞서 개통된 것은 도시지역이 그리 넓지 않았기 때문이었다. 전화는 지방과의 통신에 유용하게 사용될 수 있었다. 하지만 당시 관청고용원의 일당이 80전이었던 것을 감안했을 때, 5분간 50전의 통화요금은 너무 비싸서 일반인들은 사용할 엄두도 낼 수 없었을 뿐만 아니라 전화기가 놓인 곳도 얼마 없었기에 전화를 걸 데가 있을 리도 만무했다.

1902년 6월 6일, 한성전화소는 한성과 인천 간 전화 개설 이후 사업 범위가 확대됨에 따라 자석식 교환대 100회선을 설치해 시내전화 교환 업무를 개시했다. 이를 통해 최초의 민간인 가입전화가 탄생했고, 첫해에는 가입자 수가 2명이던 것이 다음해에는 23명으로 증가했다. 당시 전국의 총 전화 가입자는 310명이었다. 전화는 점점 그 영역을 넓혀 1903년 2월 17일 한성과 인천 사이에 일반 시외전화가 개통되었다. 대한천일은행 서울본점과 인천지점 사이의 통화가 최초의 일반 시외통화였다. 초기 가입자는 다섯 명이었으며 시외전화 통화료는 분당 50전이었다. 전화가 걸려오면 당사자를 불러야 했는데 호출 대상자의 집을 거리로 계산해서 1리에 2전씩을 추가로 받았다.

1903년 서울의 마포–도동(남대문)–시흥(영등포)–경교(서대문) 등에 전화소라는 공중전화가 개설되었다. 이 전화소의 규칙도 엄격하기 그지없었다. 전화소 옆에 통화 소리가 들릴락 말락 한 거리에 전화소 장리를 앉혀두었다. 전화소 장리는 당시 31조로 된 전화규칙 가운데 '통화중 불온·저속한 언사를 농하거나 서로 언쟁할 때는 전화소에서 통화를 금지시킬 수 있다'는 항목을 집행하기 위한 관리였다. 이를 두고 사생활 침해라 하여 외국인 사용자들의 항의가 잦았다. 실제로 공중전화 사용자가 통화를 하면서 싸우거나 도가 지나친 농담을 할 때는 장리가 통화를 중단시켜 외국인 사용자들이 집단항의를 하기도 했다.

이즈음 한반도는 식민지를 건설하려는 외국 열강들의 치열한 각축장이 되어가고 있었다. 그리고 그 주도권은 일본이 쥐고 있었다.

1904년 러일전쟁이 시작되고 2주 후, 일본은 대한제국 정부와 전쟁 수행에 필요한 지역을 마음대로 얻어 쓸 수 있도록 하는 한일의정서를 체결하여 한반도 내의 군사적 요지를 임의로 사용하는 권리를 확보했다.

또한 전황이 일본에게 유리하게 전개되자 그해 8월, 대한제국 정부의 외교 문제는 미리 일본 정부와 협의를 거친다는 내용의 제1차 한일협약을 강제로 체결하게 했다. 1905년 4월, 일본은 대한제국 정부와 한국 통신기관 위탁에 관한 협약을 맺고 궁내부 전화를 제외한 모든 통신사업권과 통신관련 설비를 박탈하고 독자적으로 통신기관을 관리, 운영했다. 이에 통신원 직원 1500여 명은 전원 사표를 내고 격렬한 반대운동을 전개했지만 역부족이었다. 전화와 전신은 제국주의 열강들에게는 전술적으로 매우 중요한 수단이었다. 통신을 장악하는 자가 곧 전쟁에서 승리하기 때문이었다.

통신시설은 의병투쟁의 주요 파괴 목표였다. 당시 통신시설은 국권을 위협하는 외세침탈의 상징이자 실질적인 도구로 간주되었다. 통신매체가 침략세력과 밀접한 연관을 맺고 도입된 이유도 있지만, 을사늑약과 함께 일제가 통신권을 강제로 침탈하여 의병운동 등의 항일운동을 억압하고 와해시키는 수단으로 이용했기 때문이다. 의병들의 통신망 교란·파괴는 1907년에 정점에 이르러 청사가 불탄 곳이 8개소, 파손된 곳은 25개소였으며, 전신주 파괴도 1296개소에 이르렀다.

"경성은 바야흐로 전화광 시대"

1910년 일제가 대한제국을 강점한 이후 전화는 주로 일본의 식민지 경영을 위한 도구로 활용되었다. 전국의 전화기 수는 1910년 6774대에서 1920년에는 1만 5641대로 늘어났다. 무인부스에 동전을 넣어 사용하는 공중전화가 등장하기 시작한 것도 1910년대 초였다.

1925년 무렵, 한국 최초의 '폰팅'이 일어났다. 서로 얼굴을 보지 않은 채 3년간 전화로 사랑을 나누던 남녀가 우연히 만나게 되지만 집안의 반대로 헤어졌다는 실화이다. 잡지 『별건곤』은 이 이야기를 소개하면서 두 사람의 이별에도 불구하고 "이 세상에 전화가 없어질 때까지 그들의 사랑의 실마리는 전파와 같이 통할" 것이라고 적고 있다.

일제강점기 시절에 전화는 주로 일본인을 위한 것이었다. 1924년 서울의 전화 가입자 수 총 5969명 가운데 일본인이 4875명, 한국인이 951명, 외국인이 143명으로 일본인이 전체의 82퍼센트를 차지했다. 『동아일보』 1924년 4월 21일자 기사는 "조선인의 서울인가 일본인의 서울인가. 문명의 이기인 전화로 보아도 통곡하지 않을 수 없다"며 다음과 같이 절규했다.

"어찌 전화뿐이랴. 조선 내에 있는 철도, 윤선, 탄탄한 대로, 우편, 전신 이러한 모든 문명의 이기는 그것을 설비하는 비용과 노력은 조선인이 하고 그것을 이용하기는 일본인이 한다. (…) 우리는 조선의 오늘날 문명의 주인이 아니라 종이다. 조선 사람아, 우리는 이 문명의 주인이 되도록 전력을 다하자. 만일 그렇지 못하거든 차라리 이것을 깨뜨려버리자."

하지만 이후에도 상황은 달라지지 않았다. 1928년 당시 한국의 인구에 비례한 전화보급률은 1천 명당 1.5개에 그쳤으나, 일본인은 1천 명당 56개로 일본 본토보다도 가입률이 7배 이상 높았다. 1930년 전국의 전화기 대수는 4만 531대로, 처음으로 4만 대를 넘어섰다. 1930년대 경성지역의 전화시세는 1400~1500원을 호가했다. 당시 1가구당 노동자 월평균 수입이 40원이었으니 실로 엄청난 가격이었다.

그럼에도 불구하고 전화의 인기는 나날이 치솟아 1939년 4월에 경성에서 실시된 전화지급 개통신청 접수 나흘 만에 4548명의 신청자가 몰렸으며, 이를 『조선일보』는 "경성은 바야흐로 전화광電話狂 시대를 연출하고 있다"고 보도했다.

한국이 일제로부터 해방된 1945년 전국의 전화 총 대수는 6만 9158대였지만 기기 고장과 선로의 정비 부족 때문에 사용하지 못하는 시내전화가 절반에 가까웠다. 1970년대까지 전화 한 대의 값이 집 한 채 값은 될 정도로 전화는 고가의 물건이었으나, 전화를 원하는데도 구하지 못하는 '전화 기근'은 계속되었다.

1987년 전국 전화시설이 1천만 회선을 돌파함으로써 본격적인 1가구 1전화 시대에 접어들었다. 당시 한국통신은 "창사 이후 연간 1조 원 이상의 막대한 재원을 투입, 매년 100만 회선 이상씩의 전자교환시설을 공급함으로써 우리나라를 전 세계 10위권 내의 본격적인 통신선진국 대열로 이끌었다"고 자평했다.

88서울올림픽이 개막되기 직전인 1988년 7월, 한국이동통신(SK텔레콤의 전신)이 휴대전화 서비스를 시작했다. 이때 휴대전화 개통을 위해서는 500만 원 가까운 비용이 들었고, 그 결과 첫해 가입자 수는 748명에 그쳤다. 그러나 휴대전화 보급대수가 전체 인구를 훨씬 뛰어넘는 데에는 그리 오랜 시간이 걸리지 않았다. 2015년 3월 기준 대한민국은 전 세계에서 네 번째로 가장 높은 스마트폰 보급율(83퍼센트)을 자랑할 정도로 한국 성인 10명 중 8명 이상이 스마트폰을 사용하고 있다.

전화의 역사 강준만, 인물과 사상사, 2009.

COMMUNICATIO

04 한성을 달리다

"이것이 오가는데 구경들 하려고
남녀노소 상하 없이 다투어 타기도 하고…"

–『독립신문』, 1899년 5월 27일

'이것' 구경을 위해 며칠씩 걸려
시골에서 올라온 사람

'이것' 구경에 돈을 쏟아붓다
재산을 탕진한 사람

심지어
'이것' 때문에 죽은 사람까지!

대한제국 사람들을 울리고 웃긴
'애증의 쇠당나귀'

1899년 5월 4일 오후 3시
동대문에 구름처럼 모여든 인파

선로를 따라 천천히 움직이기 시작한
'쇠당나귀'를 보고
호기심과 두려움에 사로잡힌 사람들

그것은 일본 교토에 이어
아시아에서 두번째로 도입된
전차

전차가 도입되기 전
매번 막대한 비용을 들여
명성황후의 묘 홍릉으로 행차했던 고종

당시 한성전기회사를 위탁 운영하던
미국인 콜브란이 이를 보고
전차를 도입하면 행차비용을 줄일 뿐만 아니라
장기적인 수익도 올릴 수 있다고 건의

서대문에서 종로, 동대문을 거쳐
청량리에 이르는 8킬로미터 구간에
전차가 도입되었다

1년여 간의 공사 끝에
미국에서 들여온 40인승 전차 8량
황실 전용 귀빈차 1량이 설치

전차를 처음 본 사람들은
생업을 잊은 채 종일 전차를 타다가
가산을 탕진하기도 했고

지방에서는 전차를 타기 위해 상경하는
계모임이 생겨날 정도로 큰 인기를 끌었다

그러나
전차의 전선이 땅을 마르게 해
가뭄이 든다는 흉흉한 소문

쌀 1킬로그램과 맞먹는
비싼 차표 값에 대한 상대적 박탈감

일본인 운전사에 대한 반감

신문물에 대한 두려움과 거부감은
전차가 정식 개통된 지 열흘 만에
다섯 살 아이가 전차에 치여 즉사하면서
걷잡을 수 없는 소요 사태를 일으키게 된다

성난 군중은 전차를 불태우고
한성전기회사와 발전소에 몰려가
무장한 직원들과 대치하기도 했는데

결국 고종이 조령詔令,
황제의 특별명령을 반포하며
가까스로 상황이 진정되었고
전차는 약 5개월간 운행을 중단하게 된다

1899년 9월 말부터
다시 운행을 재개한 전차

그사이 빠르게 밀려들어온
근대화의 물결

이와 더불어 시작된
일상의 작은 변화들

남녀가 구분없이 한 객차에 머물면서
내외하던 남녀 사이의 벽이 조금씩 무너지기 시작했고

사람들의 시선이 머무는 전차 내부 벽에는
각종 광고판이 붙었다

전차 선로를 따라 들어선 길가의 상점들은
간판을 만들어 달기 시작했으며

'걸음 수'로 거리를 가늠하던 사람들은
'시간'을 기준으로 거리를 표현하기 시작했다

또한 전차 정류장에 전등이 설치되어
밤에도 거리를 활보하는 이들이 많아지면서
사람들의 일과시간도 큰 변화를 맞게 된다

근대화의 첫번째 기수 역할을 한 전차는
이후 70여 년 동안 서울 시민의 발이 되었다가
버스가 도입되고 도로의 차량 통행이 늘면서
1968년 11월 30일 자정을 마지막으로 역사 속으로 사라진다

04 한성을 달리다

돈의문발 홍릉행 첫 전차

"황제는 서울에 전차궤도 설비가 공급된 모습을 볼 수 있기를 오랫동안 고대해왔다. 특히 황제는 홍릉에 행차할 때 편리한 교통수단을 갖기를 간절히 소원해왔다."

– 주한 미국공사 호러스 알렌

전기의 힘으로 궤도 위를 달리는 노면전차가 우리나라에 도입된 계기는 명성황후가 잠들어 있는 홍릉을 자주 찾던 고종의 편의를 위해서였다. 1897년 10월, 국호를 대한제국으로 고치고 조선이 황제국이 되었음을 선포한 고종은 그동안 미루어왔던 황후의 장례를 성대히 치르고 능을 새롭게 단장했다. 비명에 떠나보낸 부인을 애통해했던 고종은 홍릉을 자주 찾았다. 한 번 능행길에 나설 때마다 많은 수행원이 동원되고 경비도 많이 들었다.

당시 경인철도 부설 문제로 한성에 머물고 있던 미국인 콜브란과 보스트위크가 왕의 행차를 지켜보고는 대한제국 정부에 전차 설치를 건의했다. 정부는 예산상의 문제로 이를 거절했지만 능행에 소요되는 경비를 절약하고, 근대문명의 이기를 하루빨리 받아들여야 한다는 두 사람의 주장을 고종이 전폭적으로 지지하면서 전차 가설이 허가된다. 전차의 설치와 운영은 대한제국 황실과 미국이 절반씩 출자하여 설립한 한성전기회사에서 맡게 되었다.

처음 전차의 노선은 숭례문에서 시작하여 종로와 흥인지문을 거쳐 청량리의 홍릉에 이르는 것으로 계획되었다가, 경인철도의 서대문 정거장과 연계를 위하여 전차의 출발 지점이 숭례문에서 돈의문으로 변경되었다. 그 과정에서 서대문 정거장 근처의 민가 100여 채가 철거되어 백성들의 원성을 샀고, 생계에 위협을 느낀 인력거꾼의 강한 반발에 부딪치기도 했다.

1898년 9월, 경희궁의 흥화문에서 공사의 시작을 알리는 기공식이 거행되었고, 선로 공사는 순조롭게 이어져 같은 해 12월에 완공했다. 전차에 동력을 공급하기 위해서 돈의문 근처에 발전소가 세워졌으며, 선로 위를 달리게 될 40인승의 차량 8량과 황실 전용 차량 1량이 미국에서 수입되어 조립을 끝마쳤다. 전차의 운행을 책임질 운전사들은 한국보다 먼저 전차를 도입하여 운행한 경험이 있는 일본 교토전차회사에서 초빙해왔다. 이후 발전설비의 장애로 개통이 두 차례나 연기되다가 1899년 5월 4일, 마침내 전차의 개통식이 거행되었다.

"전기철도 놓기를 마친 지 여러 날이라. 일전부터 동대문 전기철도 정거장에서 첫 번으로 철도를 시험하다가 기계가 병이 나서 수일을 고생하다가 어제야 운동이 되어 새문안까지 내왕했는데 철도 감독이며 다른 대관들 외 여러 사람이 많이 수레(전차)를 타고 순검과 병정들이 철도 놓은 길 연로에 늘어서서 그 수레가 지나는데 함부로

범하지 못하게 금지했는데 그 전거(전차)의 모양인즉 위에 방 두 칸은 되게 좌우에 유리창 집을 지었으되 반은 방이요 반은 마루인데 그 집 위로 작대기 같은 쇠 한 개를 전기선 줄에 닿게 세웠는데 동대문 안에서 기계로 전기를 부린즉 전기 기운이 그 작대기를 미는 힘으로 수레가 절로 운동하기를 살 같듯 하는 것이더라."

－『제국신문』, 1899년 5월 5일

흥화문에서 흥인지문까지의 노선을 성공적으로 시험 운행한 전차는 약 2주간의 점검을 마친 후, 같은 달 20일에 오전 8시부터 오후 6시까지 정상 운행하기 시작했으며, 그해 8월에 청량리까지 전 구간이 개통되었다.

일제강점기 경성부에서 발간한 『경성부사』에는 "홍릉 참배를 도모하기 위해 이 지역까지 조선 최초의 전차"를 운행했다고 전차 개통의 이유를 설명하고 있다. 전차의 설치가 고종의 능행길을 위해서였다는 의미이지만 홍릉 참배에 나선 것은 고종만이 아니었다.

1935년 1월 25일자 『매일신보』는 "명성황후의 능이 청량리에 생기자 참배자가 답지하는 까닭에 미국인 콜브란이 발안하여 이 선로를 가설했다"라고 보도하여 전차의 설치 계기가 백성들의 참배 행렬에 있었다고 밝히고 있다. 전차가 운행되기 이전부터 많은 백성들이 일본인에 의해 무참히 살해된 황후를 추모하고자 홍릉을 찾고 있었던 것이다. 한양대학교 동아시아문화연구소의 전우용 교수는 하루에도 몇 차례씩 전차가 도성의 한복판인 종로를 지나 홍릉까지 운행한다는 사실만으로도 반일의식을 형성시키는 하나의 기제로 작용했을 것이라고 지적하기도 했다.

선망과 애증의 전차

"전거를 타고자 하는 사람은 선로 각 병문에 서서 기다리다가 수레 오는 것을 보고 운거수나 혹 장거수에게 손을 들어서 수레 탈 뜻을 보여 수레 멈춘 후에 탈 일이며, 남녀노소 귀천이 다 전거를 타되, 다만 5세 이하 아이는 어른을 따라 함께 타거드면 전거표를 의논치 말 일이며, 수레표를 본회 사무소와 선로 각처에서 팔 터이니 수레 타기 전에 수레표를 살 일이며, 전거를 탄 후에는 전거표를 장거수에게 내어주되 그 장거수가 그 표에 구멍 뚫음을 반드시 볼 일이며, 전거표를 사지 않고 가만히 타는 사람은 장거수가 잡아 경찰 순검에게 보내어 벌금을 물려받을 일이며, 전거에서 내릴 곳을 장거수에게 미리 분명히 말할 일이며, 전거 탄 사람이 운거수에게 일절 말을 통하지 말아 운거하는 역사에 거리낌을 면케 할 일이다."

—『독립신문』, 1899년 5월 2일

개통 당시 전차는 상등칸과 하등칸으로 구별하고 요금은 구간제로 받았다. 상등칸은 전차 중간에 6명만 탈 수 있는 칸으로 창문과 문을 달아 비바람을 피할 수 있었지만, 하등칸은 창문 없이 지붕만 덮여 있는 개방형으로 비가 오면 우산을 써야 했고 차가운 바람도 그대로 맞아야 했다. 가장 긴 구간인 돈의문 부근 경교에서 청량리까지 상등칸은 엽전 7돈 5푼, 하등칸은 5돈의 요금을 받았는데 하등칸의 요금이 당시 쌀 1되 가격에 달할 만큼 전차 이용로는 비쌌다. 비싼 요금에도 불구하고 전차의 인기는 폭발적이어서 연일 만원이었다. 사람들은 생업도 마다한 채 전차를 타려 했고, 한 번 타면 내리지 않고 기점과 종점 사이를 몇 번이나 오가는 이들도 있었다. 또한 전차를 타러 지방에서 서울로 사람들이 몰려들면서 북새통을 이루었고, 심지어 전차를 타느라 가산을 탕진한 사람도 있다는 소문까지 나돌았다.

하지만 모든 사람이 이처럼 전차에 호의적이었던 것은 아니었다. 땅에 박힌 선로와 공중에 매달린 전깃줄이 하늘과 땅의 기운을 빨아들여 가뭄을 들게 한다는 근거 없는 소문이 거침없이 퍼져나갔다. 게다가 당시 증오의 대상이었던 일본인을 전차 운전수로 고용한 것도 전차를 곱지 않은 시선으로 보는 데 일조했다. 전차가 정식 개통되고 얼마 지나지 않은 5월 26일, 파고다공원(지금의 탑골공원) 앞을 지나던 전차가 다섯 살 어린아이를 치어 죽이는 사고가 발생했다. 아이의 아버지가 도끼를 들고 전차에 달려들었고, 이를 지켜보던 군중들도 차장과 운전수를 공격했다. 성난 군중은 전차에 불을 질렀고, 그래도 흥분을 가라앉히지 못하자 뒤따라오던 전차까지도 전복시켜 불을 질렀다.

"방금 들으니, 전차를 운행할 때 백성들 중 사상자가 많다고 하니, 매우 놀랍고 참혹하다. 내부內部에서 낱낱이 찾아내어 구휼금을 넉넉히 지급함으로써 조정에서 근심하고 측은하게 여기는 뜻을 보여주도록 하라. 의정부에서는 농상공부, 경무청, 한성부에 특별히 신칙하여, 법을 만들어 보호하고 거듭 효유하여 전차를 운전할 때는 반드시 사람들이 철길에 들어오지 않았는가 살펴서, 다시는 차에 치어 다치는 폐단이 없도록 하라."

사건의 파장은 고종 황제가 특별히 조령을 내릴 만큼 매우 컸다. 신변의 위협을 느낀 일본인 전차 운전수들은 호신용 권총의 휴대와 전차에 순검이 승차할 것을 요구했고, 한성전기회사가 이를 거절하자 모두 귀국하여 전차의 운행이 정지되었다. 같은 해 9월, 미국인 운전수를 급히 모집해와서 전차의 운전을 맡긴 뒤에야 운행이 재개될 수 있었다.

근대문명의 전파자이자 전통문화의 파괴자

전차의 등장으로 일상의 풍경은 획기적으로 변화하기 시작했다. 전차를 운행하기 위해 이루어진 전기의 대량생산과 대중화는 종로를 비롯한 대로변에 전기 가로등이 설치되는 계기가 되었다. 더불어 전차가 지나다니는 선로를 따라 서양 음식점들이 하나둘씩 생겨나기 시작했다. 전차 개통 직후인 1899년 8월, 서양 요리와 함께 커피와 코코아를 제공하는 음식점이 홍릉 앞에 세워져 『독립신문』에다 광고를 하기도 했다. 또한 한성전기회사는 1903년부터 전차 수입의 증대를 위해서 돈의문 기계창에 영화상영관을 설치하고, 회전목마와 같은 시설을 갖추어 많은 구경꾼을 모았다.

하지만 전차는 때로 전통의 파괴자 역할을 맡기도 했다. 숭례문, 흥인지문, 돈의문의 좁은 홍예문을 지나다녀야 했던 전차는 통행에 불편하다는 이유를 들어 그 주변의 성벽을 헐어내거나 아예 성문 자체를 철거하게 만들었다. 한일병합 이후 1923년, 경복궁에서 개최된 조선부업품공진회 당시에는 관람객의 수송을 위해 영추문 앞까지 전차 선로가 개통되었고, 그 바람에 곡선구간에 포함된 서십자각이 철거되는 한편, 육조거리의 해태상도 제자리를 벗어나 경복궁 안쪽으로 옮겨져야 했다. 이에 앞서 조선총독부 청사 신축공사 때는 광화문의 월대를 거쳐 서쪽 홍예를 통해 공사자재를 운반하기 위한 화물용 전차 선로가 부설된 적이 있었고, 1926년에는 궁성을 따라 나란히 놓인 선로 위로 전차가 무수히 지나다닌 탓에 느닷없이 영추문이 붕괴되는 일이 벌어지기도 했다. 1929년 조선박람회가 경복궁에서 개최되면서 수십만 명의 관람객을 실어나르기 위해 동십자각 앞쪽으로 전차길이 났는데, 이렇게 본다면 경복궁을 파괴하는 데 전차가 남다른 역할을 했다는 사실은 명백해진다.

일제강점기 서울의 성장과 함께 전차 노선도 도시 구석구석으로

전차 381호의 모습

연결되었고, 주요 노선에는 대부분 복선철로가 놓여졌다. 일상의 통학길과 통근길, 교외로 나가는 나들이길에 전차가 이용되었다. 그러나 늘어나는 수요에 비해 전차 노선의 확장이 더디어 오늘날과 같이 출퇴근 러시아워가 나타날 만큼 교통 혼잡이 가중되었고, 승객들이 '만원전차'에 시달리는 모습도 일상이었다. 또한 1928년 4월, 새로운 교통수단으로 등장한 버스도 전차와 승객 수송을 놓고 경쟁하기 시작했다.

70여 년간 시민들의 발이 되어주었던 전차는 자가용 자동차가 보급되고, 다양한 노선의 버스가 생겨나면서 1968년 11월 30일 자정을 기해서 운행을 종료했다. 한때는 근대문명의 상징과도 같았던 최첨단 교통수단으로 사람들의 눈길을 사로잡은 적도 있었으나, 최대 시속 30킬로미터를 넘지 못하던 전차는 자동차 통행을 방해하는 애물단지로 전락하고 말았다. 이제는 전차 363호(등록문화재 제426호,

국립서울과학관 소재)와 전차 381호(등록문화재 제467호, 서울역사박물관 소재) 단 두 대만이 남겨져 전차 운행의 흔적을 보여주고 있다.

冊

근대의 거리를 달리는 새로운 교통수단, 전차 이순우, 『월간 문화재 사랑』, 문화재청, 2011.
동대문 밖 전차의 도입과 역할 최인영, 『서울학연구』 제37호, 2009.
사물로 본 조선 규장각한국학연구원, 글항아리, 2015.
한국 근대사 산책 3 강준만, 인물과사상사, 2007.

조선, 에디슨과 만나다

서양인의 손으로 기계가 움직였는데
연못의 물을 빨아올려 물이 끓는 소리와
우레와 같은 소리가 시끄럽게 났다

영훈당 북쪽 전기등소 전경

왕의 편전으로 사용되던
경복궁 영훈당 터 발굴조사에서 나온
아크등에 사용된 탄소봉, 유리 절연체 등 유물

경복궁 북쪽 후원에 있는 연못 향원지와
영훈당 사이는

129년 전 경복궁을 밝힌
우리나라 최초의 전기 발전소,
'전기등소'의 터였다

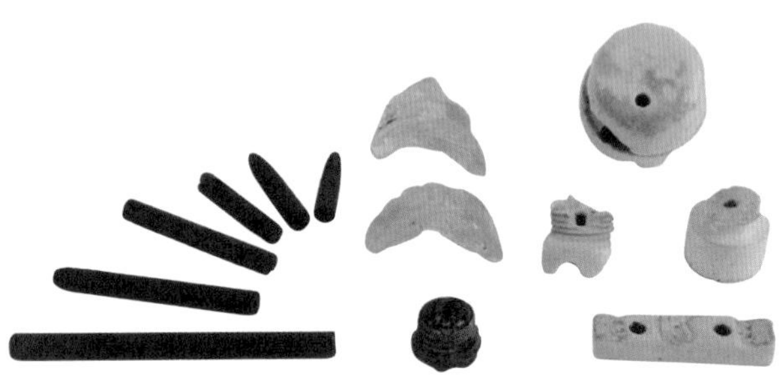

1887년(고종 24년)
1~3월 사이의 어느 날

밀랍이나 쇠기름으로 만든 초나
기름등잔만을 사용하던 경복궁에
점화된 조선 최초의 전등

"서양인의 손으로 기계가 움직였는데
연못의 물을 빨아올려 물이 끓는 소리와
우레와 같은 소리가 시끄럽게 났다."

"얼마 뒤 궁전 내 가지 모양의 유리에
휘황찬란한 불빛이 대낮같이 점화되었고
모두 놀라움을 금치 못했다."

– 안 상궁의 회고담 중

1887년 이날의 점등은
중국 자금성, 일본 궁성보다 약 2년을 앞선 것이며
에디슨이 전구를 발명한 지 불과 8년 만의 일이었다

1883년
조미수호통상조약(1882년) 체결 후
미국에 파견된 보빙사 일행

그들의 눈앞에 펼쳐진 놀라운 광경

"조선에도 전등을 설치하고 싶소.
전등이 석유등보다 값싸고 좋다는 걸
당신들이 입증했으니 우리는 실험할 필요도 없소."

– 당시 보빙사 일원, 유길준의 말

또한
고종은 임오군란 및 갑신정변 이래
밤에 병란이 일어나는 것을 두려워했다

"궁궐 내에 전등을 많이 켜서
새벽까지 훤하게 밝히도록 명했다."

– 황현, 『매천야록』

경복궁 전등 설치는 미국을 다녀온 보빙사 일행과
병란에 불안을 가지고 있던 고종,
두 의견이 만들어낸 결과였다

옥호루 뜰에 설치된 아크등

이후 뉴욕주재 조선 명예총영사
프레이저의 도움으로
조선과 미국의 전등 설치 사업 시작

1884년 9월 4일
경복궁에 세워질 전등 설비가
에디슨 전등회사에 발주되고
에디슨 전등회사 소속의 전기 기사
윌리엄 맥케이가 조선에 파견된다

1887년 1월
조선 최초의 경복궁 전등 설치

엔진, 보일러, 발전기 등으로 구성된
당시 전등 설비는
16촉광 백열등 750개를 점등할 수 있는 규모
(1촉광 = 양초 1개 밝기)

"그때는 듣도 보도 못한 것이어서
불가사의한 것이라 여기고 공포감마저 들었다 (…)
이 신기한 장면을 보러 (많은 이들이) 몰려들었다."
– 안 상궁의 회고담 중

그러나
조선 최초의 전등을 둘러싼
갖가지 소문

경복궁 내 연못 향원지 물을 끓여
증기 동력으로 이용한 당시의 전등 시설

뜨거워진 발전기를 식힌 냉각수가
연못으로 역류되며 물고기가 떼죽음을 당했고
당시 과학적 지식이 부족했던 사람들은
이를 증어망국烝魚亡國이라 수군대었다

물을 이용해서 불을 켜서 '물불'
전깃불이 괴상하다고 해 '괴화'
켜졌다 꺼졌다를 반복해 '건달불'

게다가
1887년 3월
미국에서 온 전등 기사 윌리엄 맥케이가
총기 오발사고로 사망

"(맥케이는) 항상 권총을 휴대하고 있었는데
보조기사이자 호위를 맡던 조선인 기수가
총을 잘못 만지다 오발되어서 서양인이 사망했고…"
– 안 상궁의 회고담 중

이러한 불미스러운 일들로
잠시 운영이 중단된 경복궁 전기등소

맥케이가 사망한 지 6개월 뒤
영국인 전기 기사를 초청하고서야
다시 불빛을 밝히게 된다

그리고
1900년 4월 10일

종로 전차 정류장과 매표소 조명을 포함한
가로등 3개의 점등으로
민간 거리에도 불빛이 들어오기 시작

1901년에는 진고개(충무로)에
민간 조명용 전등 600개가 보급되며
전등은 점차 조선의 밤을 밝히게 된다

05 조선, 에디슨과 만나다

건청궁을 밝힌 '덜덜불'

1887년(고종 24년) 어둠이 짙게 깔린 어느 봄날 저녁, 경복궁 내 건청궁은 사람들로 북적였다. 평소 같으면 경복궁에서 가장 내밀한 공간이었던 건청궁에는 볼일도 없던 상궁과 내관들마저 갖은 핑계를 둘러대며 몰려들었다. 모든 사람들이 어둠 속에서 숨죽여 있던 순간, 향원지 연못 한가운데에서 물 끓는 소리가 들리기 시작하더니 천지를 진동하는 천둥소리가 울리고는 갑자기 주위가 대낮같이 밝아졌다. 작은 유리 안에서 뻗어나온 빛이 어둠을 밀어내는 광경을 본 이들은 모두 탄성을 터트렸다. 우리나라 최초로 전등이 점화되던 날의 풍경이다. 당시 경복궁에서 근무했던 안 상궁은 그날의 모습을 다음과 같이 회고했다.

"향원정의 취향교와 우물 사이의 중간 연못에 양식 건물이 세워지고 건물 안에는 여러 가지 기계가 설치되었다. 그 공사는 서양인이 감독했다. 궁내의 큰 마루와 뜰에 등롱 같은 것이 설치되어 서양인이 기계를 움직이자 연못의 물을 빨아올려 물이 끓는 소리와 우렛소리와 같은 시끄러운 소리가 났다. 그리고 얼마 있지 않아 궁전 내의 가지 모양의 유리는 휘황한 불빛을 내며 대낮같이 점화되어 모두가 놀라움을 금치 못했다. 밖의 궁궐에 있는 궁인들이 이 전등을 구경하기 위해 어떤 핑계를 만들어서든 내전 안으로 몰려들었다."

당시 전등을 켜기 위해 설치된 건청궁의 발전 설비는 증기엔진을 활용해 터빈을 돌려 에너지를 만들고, 뜨거워진 터빈을 물로 식히는 화력발전 방식이었다. 건청궁 앞 향원지의 연못물을 끌어다가 냉각수로 사용했기 때문에 사람들은 물을 먹고 켜진 불이라 하여 '물불'이라고도 하고, '묘화'라고도 불렀다. 발전기 소리가 어찌나 시끄러웠던지 '덜덜불'이라고도 했다. 제멋대로 켜졌다 꺼졌다 한 탓으로 '건달불'이라는 별명도 얻었다. 발전 설비를 가동하면서 연못의 물이 뜨거워진 탓에 수온이 올라가면서 그곳에 살던 물고기들이 떼죽음을 당하자 '증어망국'이라는 비난이 일기도 했다. 발전 원리를 알지 못한 다수의 백성들에게는 이해할 수 없는 불안한 사건으로 받아들여진 것이다.

건청궁을 밝힌 전등은 에디슨이 탄소 필라멘트를 사용하여 백열등을 발명한 지 불과 8년 만의 일이었다. 또한 에디슨이 1882년 9월 4일 뉴욕 시의 펄가에 최초의 상업용 발전소를 개소하여 사무실과 일반 가정에 전기를 공급함으로써 중앙공급식 발전소의 효시를 이룩한 지 4년 반 만의 일이었다. 이날의 궁궐 내 점등은 베이징의 자금성은 물론 일본의 궁성보다 약 2년 앞선 선구적인 사업이었다. 에디슨 전등회사의 총지배인이었던 프란시스 업튼은 1887년 4월 18일, 사장인 에디슨에게 보낸 업무보고서에서 "경복궁의 전등 시설은 동양에서 에디슨 제품의 판촉을 위해 모델 플랜트로 시공됐으며, 앞으로 일본 궁성에 설비될 시설과 함께 동양에서는 유일한 일류 시설"이라고 밝혔다.

그러나 조선에 동양 최초로 전등을 들여온 것에 대해 모든 이들이 환영을 한 것은 아니었다. 황현은 "전등 한 개를 하룻밤 밝히는 데 천민千緡의 비용이 든다"고 꼬집었다. '민'은 돈꿰미를 뜻하므로 천민은 곧 엽전 천 꿰미를 가리킨다. 조선 정부가 전등을 들여오기 위해 지불한 총 투자액은 2만 4500달러였다. 이 비용은 사실 조정에 엄청난 부담이 되었다. 전 교리 임원상이 왕실의 낭비를 질타하며 상소문을 올리기도 했다.

"무엇을 가지고 이렇게 말하는 것이겠습니까? 사치스런 기풍이 일단 제거되면, 경비를 애써 절약하지 않아도 자연히 절약될 것이니 토목공사, 전등 설치비용, 기도에 드는 비용이 자연히 깨끗하게 없어질 것입니다. 그리고 외국에서 사온 물건을 보배롭게 여기지 말고 오직 어진 사람을 귀중하게 여긴다면, 다른 나라에서 우리나라가 그런 물건을 썩은 흙처럼 여긴다는 것을 알고는 응당 스스로 물러가서 우리를 본받기에 겨를이 없을 것입니다."

– 『고종실록』, 1889년(고종 26년) 10월 7일

고종의 개화 노력과 전기 도입

"임금은 임오군란 및 갑신정변 이래 가까이서 몰래 병란이 일어나는 것을 두려워하여 미리 피란할 계책을 세우고 있었다. 가마꾼 20명을 배불리 먹여 궁성 북문에 대기시켜 한 발자국도 떠나지 못하게 했다. 또 밤을 이용해 소요가 많이 발생하므로 궁궐 내에 전등을 많이 켜서 새벽까지 환하게 밝히도록 명했다."

– 황현, 『매천야록』

황현은 고종이 야밤에 일어나는 변란을 두려워했기 때문에 전등을 밝힌 것으로 이야기하고 있으나, 전기 도입은 고종의 개화정책의 일환으로 이루어졌다. 열두 살에 왕이 된 후 10년 만에 아버지 흥선대원군의 섭정에서 벗어나 친정을 하게 된 고종은 새로운 세계와 문명에 대해 관심이 많았다. 개항을 통해 외국의 근대문물을 받아들인 후 여러 나라와 차례로 통상조약을 체결하고 그들의 앞선 문물을 배워오도록 사절단을 파견했다.

1876년(고종 13년) 강화도조약이 체결되면서 당시 메이지유신을 통해 서양문물을 받아들이고 한창 부국강병에 힘쓰고 있던 일본과 국교를 정상화했다. 이후 조선 조정은 일본에 여러 차례 수신사를 파견하여 일본의 신문물을 시찰하도록 했다. 1881년(고종 18년)에는 영선사를 청나라에 파견하여 처음으로 전기창을 견학하고 전기학을 공부하게 했다. 일본에 파견한 조사시찰단을 통해 전기 등 점등 시험을 견습했고, 청나라에 파견한 영선사를 통해 전기학을 공부하여 점차 과학기술에 대한 이해의 폭을 넓히는 기회를 갖게 된 것이다.

그러던 중 1882년(고종 19년) 조미수호통상조약이 체결되고, 다음해 보빙사를 미국에 파견하게 된다. 당시 미국에서는 전등을 발명한 에디슨이 뉴욕의 펄가에 에디슨 전등회사를 설립한 상태였다. 에디슨은 펄가에 8만 피트의 지중 배전선(땅속에 설치된 전기선로)을 설치하고 인근 주택에 역사상 처음으로 전등을 점화했다. 이는 보빙사가 미국에 도착하기 불과 1년 전의 일인데 뉴욕을 방문한 보빙사 일행은 바로 이 전등 설비를 보게 된 것이다. 이외에도 보빙사 일행은 발전 시설을 견학하고 발전기로부터 전기가 생산되어 전등이 켜지는 전 과정을 지켜보았다.

당시 보빙사 수행원 중에 한 사람이었던 유길준은 이러한 전깃불을 '마귀불'이라며 감탄했다. 유길준은 일본에서도 전기 점등을 견학했는데 미국에 와서 발전 시설을 직접 목격하고는 비로소 그 원리를 정확히 이해하게 되었다고 하면서 조선에 전기 도입을 주장했다. 보빙사 일행은 뉴욕에 머무는 동안 에디슨 전등회사와 전등 설비 도입을 상담했으며, 에디슨 전등회사에서 아시아 무역에 종사하고 있던 프레이저를 뉴욕주재 조선 명예총영사로 내정했다. 이에 에디슨은 프레이저를 조선에서 전기와 전화 사업을 추진할 대리인으로 지명했다.

보빙사가 뉴욕에 머무는 동안 에디슨 전등회사에 전등 설비를 주문한 것을 보고받은 미국 공사 푸트는 조선 조정의 허락을 얻어 1884년 9월 4일 에디슨 전등회사에 전등 플랜트를 발주했다. 전기등소 설립에 따르는 모든 사항은 조선과 미국 정부 차원에서 추진되었다. 같은 해 10월에는 1만 5500달러에 전등 플랜트를 구매하기로 합의하고 조선 조정을 대리한 프레이저와 에디슨 간에 계약이 체결되었으나, 이 사업은 그해 10월에 발생한 갑신정변으로 인해 일시중지되었다가 1885년 6월에야 다시 추진되었다. 이후 에디슨은 1886년 9월에 전기 기사 맥케이와 보조 기사 등 2명을 선발하여 조선에 파견했다. 이들은 그해 11월 초순에 조선에 도착하여 경복궁 안에 전기등소를 설치했다.

전등 설비의 확대와 대중화

경복궁 내 전기등소 시설은 맥케이에 의해서 건실하게 운영되었다. 하지만 1887년 3월, 맥케이는 조선인 기수의 권총 오발사고로 불행하게도 사망하고 말았다. 맥케이는 죽기 전에 사고는 고의가 아니므로 기수는 죄가 없다고 증언했고, 동료들도 같은 증언을 하여 기수는 석방되었다. 이 사건으로 전기등소는 운전이 중단되었다가 영국인 피아와 포사이스를 초빙하여 9월부터 재운전에 들어갔다. 조정에서는 이들에게는 조선인 전등학도를 양성할 의무를 부과하여 기술 이전을 하도록 했다. 1892년에 조선 조정은 전기등소의 설비 증강과 창덕궁 전기등 설치계획을 추진하고, 1894년 경복궁 북동쪽에 비어 있던 병기창 건물에 전기등소를 이전했다. 새로운 전기등소가 가동됨에 따라 창덕궁의 인정전, 선정전, 왕과 왕비의 처소인 희정당과 대조전에도 전등이 설치되었다. 이에 따라 처음 건립된 경복궁 전기등소는 설립된 지 7년여 만에 새로 건립된 전기등소에 임무를 넘기고 폐쇄되었다.

재정 부담 증가와 국권의 약화와는 상관없이 전기를 필요로 하는 분야와 전기에 대한 수요는 이후 꾸준히 확대되었다. 그리고 1898년 1월 18일 이근배, 김두승 두 사람의 이름으로 전차, 전등, 전화 설비 시설 및 운영권이 농상공부에 신청되었고, 1월 26일자로 허가를 받아 한성전기회사가 설립되었다. 경복궁에 우리나라 최초로 전깃불이 켜진 지 11년이 지난 후의 일이다. 경복궁의 전등이 경복궁 전기등소의 발전기와 직결된 개별적인 자가 전등 설비였다면, 한성전기회사는 중앙의 발전소에 배전 설비를 사용하여 일반 가정과 사무실 등에 전기를 공급하는, 이 땅에 처음으로 설립된 근대적 의미의 전기사업 기업이었다.

1900년 4월 10일에는 단군 이래 처음으로 길거리에 조명용 전등이 등장한다. 전차를 야간에 운행시키기 위해 민간 조명용 전등을 설치한 것이다. 비록 현대적 의미의 가로등과는 조금 차이가 있었다 하더라도 수천 년 동안 해가 지면 길거리가 캄캄해지는 게 상식이던 이 땅에서 야간 점등은 역사적 사건이었다. 1901년에는 전등 보급이 더욱 확대되었다. 당시 진고개(지금의 충무로)에는 일본인 상가가 밀집해서 장사를 하고 있었는데 이곳에 민간 조명용 전등 600개가 보급된 것이다. 정부의 고관대작, 외국인 사절, 상인을 비롯한 수많은 구경꾼들이 거리를 가득 메운 가운데 치러진 진고개의 점등식은 서울을 떠들썩하게 만든 성대한 이벤트였다.

한미전기회사, 경성전기주식회사를 거쳐 한국전력주식회사로

1904년 러일전쟁이 발발하자 고종은 한성전기회사를 미국법에 의해 보호를 받을 수 있게 하기 위해 한미전기회사로 전환하는데 동의했다. 회사 지분의 50퍼센트를 고종이 보유하고 나머지는 콜브란과 보스트위크의 소유로 했으며 회사의 사장으로 콜브란이 취임했다.

한 푼도 투자하지 않은 채 회사를 차지한 콜브란은 1909년 일본국책회사 일한와사회사日韓瓦斯會社에 한미전기회사를 헐값에 매각하고 영국으로 돌아갔다. 고종과 한마디 상의 없이 내린 결정이었다. 고종이 보유했던 주식은 일본의 개입으로 유야무야 사라졌고, 1915년 회사의 이름은 경성전기주식회사로 바뀌었다. 전기사업을 독점하게 된 일본은 우리나라를 대륙 침략의 병참기지로 이용하기 위해 수력 및 지하자원이 풍부한 북부 지역에 대규모의 수력발전소를 건설했다.

광복과 함께 분단을 맞으면서 전력 공급에 큰 차질이 발생했다. 일제강점기 건설된 수풍댐, 청천강댐, 부전강댐 등 80퍼센트에 이르는 전력생산 시설이 북쪽에 있었기 때문이었다. 설상가상으로 1948년 북한 측의 갑작스러운 단전으로 전력난은 더욱 악화되었다. 정부가 수립된 이후 발전소를 건설하여 전력난 해소에 다소 기여했으나 6·25전쟁으로 다시 발전 시설의 20퍼센트가 파괴되면서 최악의 전력난이 발생했다. 전후 복구사업으로 수력과 화력발전소가 차례로 준공되면서 전력난이 점차 해소되었고, 1961년에는 기존의 전기사업체들은 한국전력주식회사로 통합되었다. 경제개발 5개년계획으로 발전소가 전국에 건설되어 1966년 말에는 설비 용량이 2배가량 증가했고, 고도성장에 발맞춰서 전력수요는 매년 30퍼센트씩 증가했다.

1970년대에 들어서면서 늘어난 전력시설로 인해 공급과잉이 생기기도 했지만 국내 수출업체의 급격한 성장으로 일부 제한송전이 실시되기도 했다. 정부의 정책은 발전연료의 다양화와 발전시설의 대용량화로 전환되었다. 한국전력주식회사는 경영여건의 악화로 민간주를 매입하여 1982년 한국전력공사로 재발족했고, 같은 해 천연우라늄을 연료로 하는 중수로형 원자력발전소인 월성1호기가 준공되었다. 이를 시작으로 원자력발전소가 잇따라 준공되면서 대한민국은 2015년 현재 원자력발전량이 전체 발전량의 31퍼센트를 차지하고 있다.

전등소는 우리 전기공학의 뿌리 남문현, 『전기의 세계』 제56권, 2007.

조선에 전깃불이 켜진 날 이기환, 〈경향신문〉, 2015년 6월 2일자 기사.

한국 근대사 산책 3 강준만, 인물과사상사, 2007.

COMMUNICATIO

06 조선판 주민등록증

"이보시오!
민원이 있어 청구하러 왔소이다."

"본인 확인을 위해
먼저 '그것'을 보여주시오."

"깜박하고 놓고 왔는데
그냥 접수해주면 안 되겠소?"

"안 가져왔다고?
여봐라, 이 자에게 곤장 50대를 쳐라!"

민원청구 소송제기 때는 물론이고
항상 휴대해야 했던 '이것'

가로 약 4.2센티미터
세로 약 11.9센티미터
두께 약 0.6센티미터

위는 둥글고 아래는 각진
규격화된 형태

앞면에는 이름 나이 직책 등 신분을
뒷면에는 발행연도와 관청의 낙인을 새김

양반부터 노비에 이르기까지
16세 이상의 모든 남자에게만 주어진
일종의 신분증

조선판 주민등록증
호패

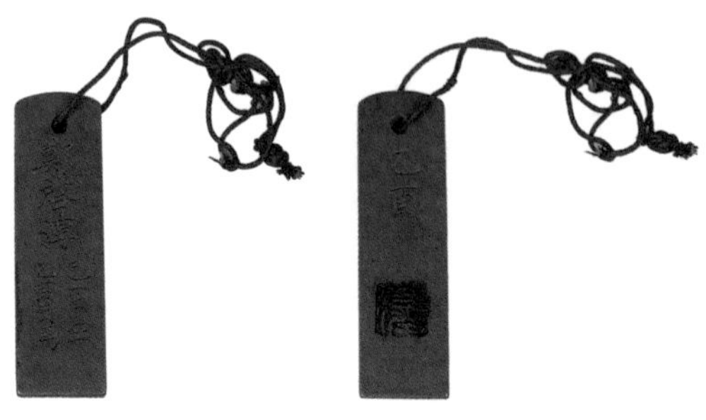

그러나

2품 이상 상아(아패)

3품 이하 잡과 합격자 뿔(각패)

생원 진사 회양목(목패)

일반 백성 잡목(목패)

신분과 계급, 직업에 따라

호패의 재료를 구분

상아로 만든 호패

"본인이 호패를 만들어 바치도록 하며…

자기가 만들 수 없는 자는 나무를 바치게 하여

공장이 만들어주도록 한다."

– 『조선왕조실록』, 1413년(태종 13년) 9월 1일

2품 이상은 관청에서 제작, 지급하고

그 외에는 각자 만들어야 했다

특히 글자를 모르는 양인들은

전문 호패 집에서 자비로 제작

호구단자(신분증명서)와 함께

한성부 및 각 지방 관청에 제출 후

낙인을 받아 사용했다

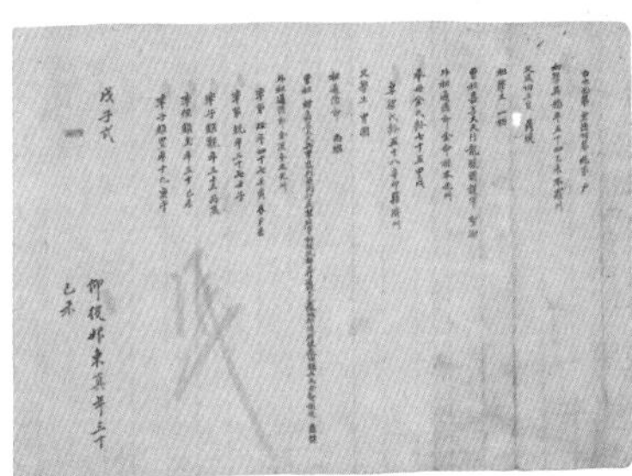

호구단자

간단한 개인 정보 및 주소를 기재한
양반과 달리, 낮은 신분일수록
자세한 인적사항 기입을 요구

"종들은 소속된 집, 나이,
리 단위의 거주지 주소, 얼굴색,
수염 유무, 키를 써서 낙인을 찍는다."

–『조선왕조실록』, 1413년(태종 13년) 9월 1일

"양인 이하는 얼굴 생김새로 쓰되
얼굴 흉터, 애꾸눈, 귀의 쪼개짐,
언청이, 절름발이 같이
외모에 표가 나는 것은 모두 기재한다."

–『조선왕조실록』, 1463년(세조 9년) 1월 12일

뿔로 만든 호패

이는 정확한 호구와 신분을 파악해
사회질서를 유지한다는 명목하에

나라에 필요한 각종 국역과 세금을
안정적으로 확보하기 위한 대상인

양인들의 거주지 이탈을 막는
하나의 통제 조치였다

"호패를 안 차고 다니는 경우 곤장 50대,
남에게 함부로 빌려주면 곤장 100대에 3년 도형(중노동),
죄지은 자가 거짓으로 만들어 지닐 경우 사형에 처한다."

–『속대전』

나무로 만든 호패

그러나
원활한 호패법 시행을 위해
엄격한 규율을 마련했음에도 불구하고

과중한 국역을 피하기 위해
양인 스스로 양반의 노비가 되거나

관청의 낙인을 받은 후 호패 일부를 깎아
다시 글을 쓰는 호패 위조 등
불법 현상이 증가한다

결국 조선시대의 호패법은
국가적 혼란을 야기한
백성들에게 환영받지 못한 제도였다

"호구에 관한 법령이 있기는 하나
누락된 호구와 숨은 인부가
열에 여덟, 아홉은 된다."

- 『조선왕조실록』, 1435년(세종 17년) 4월 17일

1413년(태종 13년)
전국적으로 처음 실시한 이래
중단과 재시행을 반복하던 호패법은
1895년(고종 32년)
전격 폐지

이후
일제시대에 황국신민증(국민증)으로 부활

6·25전쟁 당시
간첩 식별을 위한 시 도민증을 거쳐

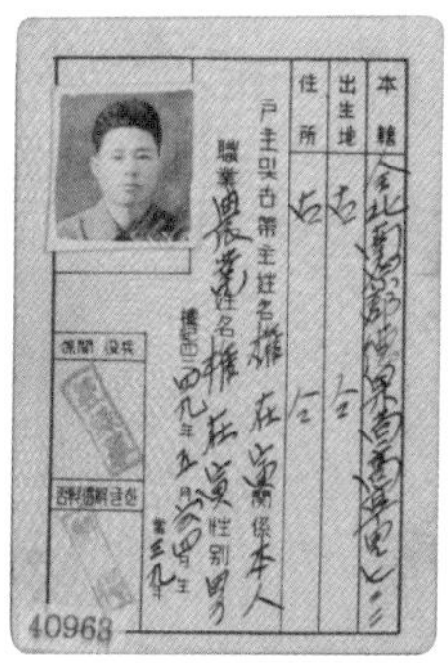

1968년 11월
대한민국 최초의 주민등록증 발급

1975년
13자리의 개인정보를 포함한
지금의 주민등록증이 사용되기 시작한다

06 조선판 주민등록증

대소 신민 모두 다 호패를 차게 하라

사진보다도 더 사실적인 초상화를 그려내어 이름을 떨친 조선 후기 화가 채용신의 작품 〈고종황제어진〉을 살펴보면 이전 시기에 그려졌던 어진 속의 임금들과는 다르게 허리춤에 호패를 차고 있는 고종의 모습을 볼 수 있다. 익선관과 황금빛 곤룡포를 입고 있는 모습만으로도 한눈에 임금이라는 것을 알 수 있으나 호패에 적힌 '임자생 갑자원년등국壬子生 甲子元年登國'이라는 글귀를 통해 고종이 언제 태어나 언제 왕위에 올랐는지를 정확히 알 수 있다. 조선시대 임금이 백성들과 마찬가지로 호패를 직접 차고 다닐 이유는 없었지만 채용신이 어진에다가 호패를 그려 넣었던 것은 오늘날 주민등록증과 같이 한 사람의 신분이나 지위를 비롯하여 자세한 신상 정보를 드러낼 수 있는 도구로 호패만 한 것이 없었기 때문이다.

호패는 조선이 건국되기 1년 전인 1391년(공양왕 3년) 7월, 당시 최고 정무기관인 도평의사사에서 원나라의 제도를 참고하여 수군과 육군에 복무하는 장정에게 이를 착용하도록 건의하면서 처음으로 우리 역사에 등장했다. 왕조 국가에서 조세를 원활히 수취하고, 병역이나 노역에 동원할 수 있는 자원을 확보하기 위해 장정의 수를 정확히 파악하는 것은 국가를 경영하기 위한 가장 기초적이면서도 중요한 작업이었다. 그런 이유로 일찍부터 백성을 파악하기 위한 제도적 장치가 정비되어 있었다. 통일신라시대에 만들어진 촌락 문서는 촌락마다 가호를 단위로 하여 나라에서 백성들의 생활을 세밀하게 파악하고 있었음을 보여주는 대표적인 유물이다. 고려시대와 조선시대에는 오늘날의 인구주택총조사처럼 3년에 한 번씩 정교한 호구조사를 시행하여 호적을 작성했고, 고려 말에 처음 도입된 호패도 호적제도를 보조하는 역할로서 시행되었다.

조선이 창업된 이후 호패법을 시행하자는 주장은 태조 때부터 제기되었으나 논의로만 이어지다가 태종대에 이르러서야 본격적으로 시행되었는데 지평주사 권문의가 호패법에 대한 건의를 하면서 시작되었다.

"삼가 생각하건대, 국가에서 법을 세우고 제도를 마련하는 것은 일체 중화의 제도에 따라 모조리 갖추었는데, 오로지 호패만은 미치지 못하여 유망하는 것이 서로 잇따르고, 호구가 날마다 줄어듭니다. 감사와 수령이 비록 찾아서 잡는 데 정성을 다하나 그 효과를 보지 못하는 것은 진실로 호패로 식별함이 없어서 많은 사람에게 섞이기 쉽기 때문입니다. (…) 이와 같이 하면 유이流移하거나 도망하여 숨는 자가 용납되지 않을 것입니다. 이 법이 한번 세워지면, 사람들이 모두 토착이 되어 정한 직업이 있을 뿐 아니라 일정한 마음이 있게 될 것입니다. 실로 군사를 강하게 하고 국가를 굳건히 하는 데 한 가지 도움이 될 것입니다."

–『태종실록』, 1406년(태종 6년) 3월 24일

호구조사가 제대로 효과를 거두지 못해 골머리를 앓고 있던 태종은 건의를 받아들여 의정부에 시행을 준비토록 했다. 마침내 7년 뒤인 1413년(태종 13년) 9월, 의정부는 호패의 규격과 내용, 시행 절차를 정하여 임금에게 보고했고 태종은 그대로 시행토록 했다.

호패의 길이는 3촌 7푼, 너비가 1촌 3푼, 두께는 2푼으로, 위는 둥글고 아래는 각진 형태였다. 재질은 2품 이상의 관리는 상아, 4품 이상은 사슴뿔, 5품 이하는 회양나무, 7품 이하는 자작나무, 일반 백성들은 잡목으로 만들게 했다. 본인이 호패를 만들어 바치면 한성부와 각 도의 관청에서 확인 도장을 찍어주었고, 호패를 만들지 못하는 사람은 나무를 바치게 하여 장인을 시켜 대신 만들어주었다. 호패에는 관리의 경우 관직명을 새겼고, 직책이 없는 관직인 산관 3품 이하는 관직명, 성명, 거주지를 적었다. 백성들은 성명과 거주지는 물론이고 얼굴은 무슨 색인지 수염이 있는지 없는지까지 자세하게 적어야 했다. 노비의 경우에는 호패에 적는 기재사항이 더 늘어나 누구의 집 종인지, 나이, 거주지, 얼굴 빛깔, 키, 수염 유무를 적었다.

호패와 관련된 처벌도 엄격했다. 관청에서 완성된 호패를 받아가지 않는 사람, 기한이 지나도록 호패를 받아가지 않은 사람, 호패를 빌려 쓰거나 빌려준 사람, 호패를 지니지 않은 자를 통과시킨 사람, 위조한 사람, 분실한 사람, 잊어버리고 가지고 나오지 않는 사람 등도 각기 차이를 두어 형벌을 내렸다.

호패법의 지루한 시행과 폐지

호패법의 시행으로 전국은 한바탕 들끓었다. 저마다 신분에 따라 규격에 맞는 호패의 재료를 구하느라 부산을 떨어야 했다. 더구나 신분과 신체적 특징이 환히 드러나는 호패를 차고 다니는 것을 달갑게 여길 사람은 아무도 없었다. 호패의 내용을 변조하거나 위조하기 일쑤였고, 호패를 훔치거나 분실하는 경우도 흔하게 벌어졌다. 호패로 인한 백성들의 원성이 들끓자 법이 시행된 지 3년쯤 지나 좌부대언 홍여방이 태종에게 폐지를 주장하게 된다.

"호패법을 시행한 것은 처음에 백성이 유이하지 못하게 함이었고, 또 유망한 것을 거의 찾기 쉽다고 했습니다. 이제 유망한 자를 이미 잡을 수 없으며, 도망하여 숨는 자가 또 전일보다 줄지 아니했습니다. 신이 서울과 지방의 범죄자를 보건대, 흔히 호패에 연유하는데, '무패無牌'라 하고, '불개패不改牌'라 하고, '불각패不刻牌'라 하고, '위조패僞造牌'라 하고, '실패失牌'라 하고, '환패換牌'라 하여 형옥이 번거롭고 백성들이 원망하고 탄식하니, 다만 그 죄목만을 더할 뿐이요, 실제로 국가에 보탬이 없으니, 혁파하기를 청합니다."

—『태종실록』, 1416년(태종 16년) 5월 12일

백성들의 원성만을 살 뿐 나라에 보탬이 되지 않는다는 말을 들은 태종은 어쩔 수 없이 시행 3년 만에 호패법을 폐지한다. 세종이 재위한 32년 동안에도 다섯 차례나 호패법의 시행이 다시 논의되었지만 세종은 민폐를 염려하여 시행하지 않았다. 그후 계유정난(1453년)으로 조카를 몰아내고 왕위를 찬탈한 세조는 불안한 자신의 입지를 강화하고 사회를 안정시키는 지름길은 호구를 제대로 파악하는 일로 여겨 1459년(세조 5년)에 17개조의 사목을 새롭게 제정하여 10년 동안이나 호패법을 강력하게 시행했다.

그러나 호패법은 목적한 대로의 성과를 거두지 못했다. 가장 강력하게 호패법을 시행한 세조 때마저 백성들 가운데 부역을 피하고자 '스스로 천민이나 노비가 된 사람이 열에 여덟 내지 아홉이고 양민은 한둘에 지나지 않는다'고 표현될 정도로 역효과를 초래했다. 그리하여 성종이 즉위하면서 호패법은 다시 폐지되고 만다.

역사의 뒤안길로 사라질 것만 같았던 호패법이 다시 수면 위로 부상하게 된 계기는 임진왜란이었다. 임진왜란으로 나라가 뿌리부터 흔들리는 위기를 겪은 조정은 전쟁이 끝난 후 황폐화된 향촌을 복구하고 안정시키는 동시에 언제 닥칠지 모르는 왜적의 침입에 대비하여 군비를 확충하고 강화하는 정책을 추진해야 했다. 그 결과 1610년(광해군 2년)에 군정을 확보하기 위해 호패법이 다시 실시되고, 이를 철저하게 시행하고 관리할 호패청까지 설치되었다. 군정의 확보에만 주력하지 않고 농민 생활의 안정에도 기여하겠다는 광해군의 의지는 불과 2년 만에 호패청 폐지 건의로 물거품이 되고 만다.

인조반정을 통해 즉위한 인조는 강력한 친명배금親明排金 정책을 추진하며 청나라의 침입에 대비해 군비를 확충해야 했다. 자연히 조정의 논의는 군적의 정비와 재정의 확보를 위한 호패법의 재실시로 이어졌다. 1625년(인조 3년), 호패청은 다시 현판을 내걸고 지난날의 제도를 보완하여 35개조의 〈호패사목〉을 마련했다. 이때 실시된 호패법은 불과 1년 동안에 226만여 명의 군정을 새롭게 확보하는 커다란 성과를 올렸다.

하지만 그 성과는 각 지방에 어사를 파견해가면서 누락되거나 숨어 있던 자들을 색출해낸 결과였고, 그 과정에서 민심은 더없이 악화되었다. 결국 인조의 친명배금 대외정책으로 후금이 명나라를 무너뜨리고 새롭게 개국한 청나라가 침입하는 정묘호란이 벌어지면서 흩어진 민심을 수습한다는 이유로 호패법은 또다시 폐지되고 말았다.

인조의 뒤를 이어 왕위에 오른 효종이 북벌을 추진하면서 호패법을 다시 논의하기도 했으나, 가호를 효과적으로 통제하는 데에는 다섯 집을 하나로 묶어 상호 연대 책임을 지우는 오가작통법이 더 효과적이라는 의견에 따라 시행되지 못했다. 이후 호패법은 1675년(숙종 1년) 오가작통법의 보조수단인, 종이로 만든 지패로 대체되어 시행되었다가 곧 과거와 같이 상아패나 나무패로 바뀌면서 고종대에 이르기까지 지속되었다.

국가 통제와 개인정보 자기결정권 사이

조선이 군역을 질 백성들을 징발하기 위해 호패를 도입했듯이 일제 강점기에도 식민지 조선인을 통제하고 관리하기 위한 방법이 행해졌다. 호적제도가 운영되고 있었으나 호적에 기록된 본적지를 이탈하거나 본적지에 거주하는 사람이 없는 경우도 있어 호적제도는 유명무실한 상태였다. 조선총독부가 한국인에 대한 정확한 정보가 필요했던 것은 전시 총동원 체제에 접어들면서다. 중일전쟁 이후 조선인 징병제도를 실시하기로 결정하면서 1942년 조선총독부는 이전보다 더 강제적인 등록제도인 조선기류령을 시행한다. 기류령을 통해 징병대상자의 확보만이 아니라 호적에 오르지 않았던 무적자까지 집중적으로 탐색했다. 60만 명에 달하는 무적자를 새롭게 찾아냈고, 제1회 징병검사에서 징병 예정인원의 96퍼센트를 충원하는 데 성공했다. 조선기류령은 광복 이후에도 이어지다 박정희 정부에 들어서면서 주민등록법으로 변경되었다.

광복 직후 남과 북에 진주한 미국과 소련은 군정을 실시하며 각기 주민등록과 그 증명서를 발급하는 대규모 사업을 실시했다. 주민에 대한 통제력을 강화하기 위한 작업이었다. 남북한 정부 수립 이후 북한에서는 공민증 제도가 계속 유지되었으나 남한에서는 등록표 제도가 제대로 정착되지 못하다가 빨치산 소탕 작전이 벌어지던 지리산 일대 주민을 대상으로 '양민증', '도민증'이라는 새로운 형태의 등록증이 발급되었다. 철저한 사상 검열을 통해 발급된 새로운 등록증은 6·25전쟁을 계기로 전국적으로 확대되었다. 등록증을 손에 쥔 사람만이 배급을 받을 수 있었고, 자유롭게 통행하는 것도 가능했다. 정부는 등록증의 발급을 통해 반공이라는 국가 이념을 내면화하도록 했다.

이승만 정부가 4·19혁명으로 무너지면서 잠시 유명무실화되었던 등록증 제도는 1968년 북한 무장공비의 청와대 기습 사건과 푸에블로 호 납치 사건을 계기로 새로운 전기를 맞는다. 박정희 정부는 주민등록증 제도를 도입하여 평생 변하지 않는 일련번호를 개인에게 부여했다. 이때를 시작으로 현재까지 대한민국의 만 17세 이상의 남녀는 모두 주민등록번호가 기재된 주민등록증을 발급받고 있다.

1996년 정부의 통합전자주민카드의 도입이 논의되면서 주민등록제도를 둘러싼 논란이 다시 수면 위로 올랐다. 주민등록제도가 개인의 프라이버시권을 침해한다는 것이었다. 전자주민카드 사업은 백지화되었고 시민단체의 주장을 중심으로 현행 주민등록제도에 대한 문제의식이 싹트기 시작했다. 2000년대 중반 이후 인터넷 상에서 대량의 개인정보 유출사고가 잇따르고 유출된 주민등록번호가 악용되는 사례가 속출하면서 주민등록법 개정운동이 본격화되었다.

2014년 국가인권위원회는 주민등록번호를 전면 개편할 필요성을 인정하고 정부에 임의번호 체계에 의한 새로운 주민등록번호 부여와 유출된 주민등록번호에 대한 변경 절차를 허용할 것을 골자로 한 권고안을 제출했다. 그리고 2015년 12월, 헌법재판소는 주민등록번호 변경을 허용하지 않는 것은 그 자체로 개인정보 자기결정권에 대한 과도한 침해라며 헌법 불합치 결정을 내렸으며, 제19대 국회에서 주민번호 변경을 허용하는 주민등록법 개정안이 통과되었다.

대한민국 이외에도 개인에게 식별 번호를 부여하는 국가들은 있다. 주민등록번호와 유사한 미국의 사회보장번호는 각종 사회보장제도를 용이하게 사용하도록 하는 데 목적이 있다. 일본에서도 2016

년 사회보장·세금 공통 번호라고도 불리는 마이넘버 제도를 시행하고 있다. 제도 도입 과정에서 한국과 마찬가지로 개인정보 유출이나 악용의 가능성 때문에 반대가 있었지만 마이넘버에는 개인정보가 포함되어 있지 않고 인증을 위한 용도로도 사용되지 않기 때문에 한국의 주민등록번호와 달리 안전하다는 평가를 받고 있다.

대한민국의 신분증은 조선시대의 호패, 일제강점기의 황국신민증, 1950년에 실시된 도민증, 1968년에 시행된 주민등록증까지 변천을 거듭해왔다. 하지만 호패법의 지루한 시행과 폐지 과정에서 엿볼 수 있듯이 통제에 대한 국민의 저항도 만만치 않았다. 오늘날 개인의 사적 정보를 모두 담고 있는 주민등록번호의 존폐를 둘러싸고 벌어지는 정부와 시민단체의 대립도 그 연장선상에 있다. 국민을 효율적으로 관리하려는 정부와 국가 권력으로부터 자유롭고자 하는 개인 사이에서 적절한 균형점을 찾는 것이 갈등 해결의 실마리가 될 것이다.

册

이이화 한국사 이야기 9 이이화, 한길사, 2015.

질문하는 한국사 내일을 여는 역사 재단 편, 서해문집, 2008.

COMMUNICATIO

07 최초의 만화

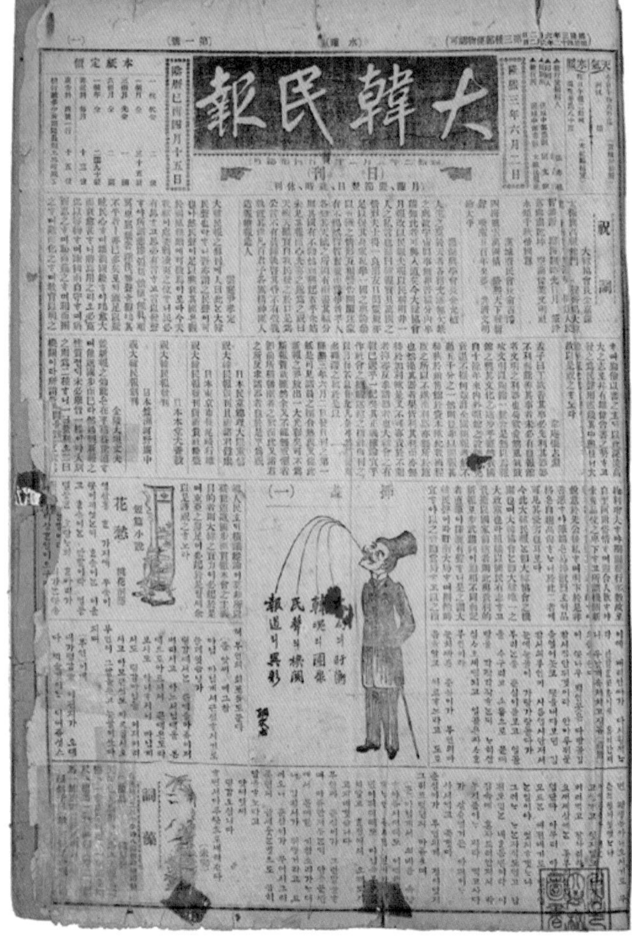

大韓民報

한 칸을 가득 채워 그린
개화기 신사의 모습과
인물에서 뻗어 나온 선을 따라
쓰여 있는 글자들

신문 1면 중앙에 배치된
독특한 그림

1909년 6월 2일
일본의 내정간섭이 극도에 달하며
국민들의 불안감이 높아가는 가운데

대한협회가 발간한
『대한민보』의 창간호

그리고
신문 1면 한가운데 배치된
한 칸짜리 그림

대국의 간형大局의 肝衡
국가 정세를 바르게 이해하고

한혼의 단취韓魂의 團聚
한민족의 혼을 통합하여

민성의 기관民聲의 機關
백성의 목소리를 모아

보도의 이채報道의 異彩
보도 내용을 다채롭게 하겠다

『대한민보』의 창간 취지를 압축하여
화가 이도영이 밑그림을 그리고
목판화가 이우승이 새긴 이 그림은

네 가닥 선으로 표현된 '말풍선'이 존재하는

한국 최초의 만화

이후 단순하고 해학적인 구성이 돋보이는

이도영 이우승의 그림은

'삽화'라는 제목으로

『대한민보』 1면에 연재되기 시작한다

"장래를 생각하는 사람은
진보에 힘쓰는 것이 자연한 이치라!
동포들은 진보에 힘써서
우리나라를 위대한 소년국으로 만들지니라."

–『대한민보』 논설 중

삽화는 혼란스러웠던 당시 사회의

여러 단면을 날카롭게 풍자하면서

독자들의 공감과 지지를 이끌어냈다

그중에서도

고종황제를 위협하여 퇴위시킨
친일 내각을 향한 비판

황실의 재산을 빼돌리는
고위층 인사들에 대한 일침

일부 친일 언론사를 단죄하는
강도 높은 풍자를 다룬 내용들은

일제의 내정간섭으로 고통받던
대한제국 국민들의 마음을 위로하고 달래주었다

삽화에는 이완용, 이병무, 민영휘 등의
친일 인사들이 풍자의 대상으로 종종 등장했고

이에 열광하는 대중들 때문에
심기가 불편했던 친일 내각과 일제는

검열을 핑계로
기사와 삽화를 수시로 삭제하며
『대한민보』에 압력을 가해왔다

大韓民報

그리고

1910년 8월 29일 경술국치

대한제국 멸망

1910년 8월 31일

『대한민보』 폐간

『대한민보』의 폐간과 함께

'삽화'도 막을 내렸고

한국 최초의 만화는

역사 속으로 사라지게 된다

약 1년여의 짧은 시간이었지만

대한제국 국민들을 웃고 울렸던

한국 최초의 만화

그것은

항일운동의 정신을 담아낸

한국 저항미술의 출발점이었다

07 최초의 만화

시사만화의 탄생

정치, 경제, 사회 등의 시사적 주제를 다루는 시사만화는 대상 인물의 특징을 과장해서 그린 인물화인 캐리커처와 사회 현실을 풍자하는 한 칸 만화인 카툰, 네 컷 이상의 코믹 스트립으로 분류할 수 있다. 캐리커처는 18세기 영국의 화가 윌리엄 호가스, 19세기 프랑스의 화가 오노레 도미에 등에 의해 개척되었다. '시대를 대표하는 가장 유능한 풍자가'라는 격찬을 받았던 호가스는 상류사회의 부패와 타락을 풍자하고 서민들의 애환을 묘사한 작품을 그려 폭넓은 대중적 인기를 누렸다. '크레용을 집은 몰리에르'라는 별칭으로 불린 도미에는 근대 시사만화의 기원이라 할 수 있는 과장되게 표현한 인물화로 국왕 루이 필리프 1세를 비롯해 비리와 뇌물 등으로 얼룩진 프랑스 사회를 거침없이 비판하고 풍자하여 대중들의 뇌리에 강한 인상을 남겼다.

한국 시사만화는 1909년 6월 2일 『대한민보』의 창간호에 게재된 이도영의 목판화를 기원으로 삼는다. 만화라는 용어를 직접 사용하지는 않았지만 오늘날 한 칸 만평의 특성을 갖고 있는 이 그림은 '대한민보大韓民報'라는 제호의 각 글자로 4행시 형태의 문장을 지어 언론의 사명감을 은유적으로 표현했다. 1년여 동안 게재된 이도영의 만평은 일본의 제국주의를 비판하고 민족의 단합을 호소하며 민족정신을 고취하려 노력했다. 신문만화의 등장은 한국 신문 역사상 최초의 대중 지향 저널리즘을 시도한 것으로 평가받고 있다.

1905년 을사늑약의 체결로 국권을 침탈당한 한국 민중은 국권회복을 위한 행동으로 '항일무장 투쟁'과 실력양성을 주장하는 '애국계몽 운동'을 전개했다. 그 중 지식인들이 주도하던 '애국계몽 운동'은 신식 교육을 통해 인재를 육성하고 산업을 발달시켜 국가의 실력을 양성하려는 운동이었다. 그리고 대중들의 사회참여와 현실인식을 위해 신문이나 잡지와 같은 언론을 이용했다.

『대한민보』를 창간한 대한협회는 1907년 헤이그특사 사건과 고종의 강제퇴위반대 운동에 가담하여 강제 해산된 대한자강회의 계몽사업을 이어받아 천도교 세력과 합세하여 1907년 11월에 설립되었다. 대한협회의 목적은 일본의 보호국 지위에서 벗어나 자주 독립국이 되는 것이었다. 당시 대한협회는 개화에 뒤처진 이유를 관리들의 부정부패로 보고 정치 쇄신, 교육의 확대, 상업의 발달 등을 행동강령으로 삼았다. 또한 사회진화론을 수용하여 교육을 통해 국민을 계몽하여 국권을 회복하려 했다. 이를 위해 대한협회는 언론을 통한 사회 계몽을 계획했으며, 대한협회의 월간 기관지였던 『대한협회회보』를 일간지로 바꿔 『대한민보』를 창간하게 된다. 『대한협회회보』는 재정난으로 발행이 중단된 상태였는데 그럼에도 불구하고 『대한민보』가 창간된 이유는 대한협회와 정치적으로 대립하고 있던 이완용과 일진회가 각각 신문을 발행하고 있었기 때문이다.

'대한 백성에게 알린다'는 뜻을 지닌 『대한민보』에 그림이 더해진 이유는 무엇일까? 그즈음 조선은 거센 바람 앞의 등불과 같은 형국이었다. 이런 조국의 형세를 바꾸어보고자 일련의 지식인들은 어떻게 하면 사람들이 신문에 관심을 갖고 현실을 타개하도록 할 것인가를 고민하기 시작했다. 그 과정에서 이들은 중국이나 일본, 서구 열강들의 신문에서 본 만화를 떠올렸다. 글을 깨친 사람이 적고, 한자투성이의 국한문 혼용이 일반적이었던 당시 신문들은 일반 백성들이 읽어내기에 힘들었다. 결국 만화는 이들이 고심 끝에 낸 방안이었다.

당시 스물여섯 살의 이도영이라는 젊은이에게 시사만화를 그리는 역할이 주어졌다. 이도영은 애국계몽 운동에 발을 담근 지 5년 정도 된 젊은 애국운동자였다. 국민의 애국심을 끌어내고 실력을 키우는 것이 위기에 처한 나라를 구하는 방법이라고 생각한 그는 교육 사업과 교재 편찬하는 일에 참여했다. 국민교육회에서 발행한 교과서에 실린 다수의 삽화를 그리는 일을 시작으로 이도영은 당시 이름난 시인이자 지사인 유원표가 쓴 몽유록夢遊錄계 계몽소설의 삽화도 그렸다.

그림을 그린 이도영 말고도『대한민보』시사만화의 제작에 중추적 역할을 한 인물이 또 있었다. 바로『대한민보』사장이었던 오세창이다. 오세창은 1886년『한성주보』제작에 참여하고 1906년부터 1907년까지 천도교의 주간지인『만세보』의 사장을 지낸 인물이다. 그는 1896년 일본공사의 주선으로 도쿄상업학교의 한국어 교사로 임명되어 일본에 건너갔다가 2년 후 귀국했다. 이후 개화당 사건으로 다시 일본으로 망명한 그는 그곳에서 손병희를 만나 천도교에 입문하고 1906년 귀국했다. 오세창이 일본에 머물 당시 일본 언론에는 신문의 만화 게재가 일반화되어 있었다. 오세창은 일본에서 보고 배운 신문의 새로운 구성과 기획을 이도영과 함께『대한민보』의 시사만화를 통해 실현한 것이다.

『대한민보』에 실린 시사만화의 면면

『대한민보』는 총 4면으로 이루어져 있었는데, 시사만화를 1면 중앙에 배치하여 매일 거르지 않고 게재했다. 『대한민보』의 시사만화도 오늘날 언론에 게재되고 있는 시사만화와 같이 사회현상을 압축하여 그렸으며, 비율과 왜곡, 확대와 축소 혹은 동물의 의인화를 주요한 표현 수단으로 삼아 세태 풍자의 메시지를 전달했다. 당시 만화는 그림이 글의 내용을 보충하는 형식으로 그려졌다.

『대한민보』 시사만화는 표현하는 대상과 주제에 따라 크게 네 가지로 분류되었다. 대한협회의 취지와 계몽을 촉구하는 내용의 만화는 『대한민보』 발간 초기에 자주 등장했으나 점점 사회문제나 정부의 정책 비판, 친일 인사들을 풍자하는 내용으로 그 주제가 변화했다. 외세의 침탈을 풍자한 시사만화도 종종 등장했는데 침탈을 하는 서양인의 모습과 함께 침탈의 대상과 그로 인해 고통받는 백성들의 모습도 담아냈다.

1909년 6월 16일자 『대한민보』는 호랑이의 젖을 먹고 있는 아기의 모습을 삽화로 실었다. 이는 대한협회가 추구하는 실력양성론을 표현한 삽화로 위협의 대상에게 들어가 그 위협의 대상을 배우고 익혀 자신의 힘을 기르자는 내용이다. 또한 1909년 6월 24일자에는 '문명적 진군'이라는 글과 함께 붓을 들고 행진하는 군인들을 표현했다. 무력을 이용한 의병활동보다는 실력을 먼저 키워야 한다는 주장을 담고 있는 것이다. 또한 같은 해 8월 11일자의 시사만화는 두 개의 장면으로 나누어 이야기의 흐름을 표현했는데, 이는 코믹 스트립 형태를 이용한 최초의 만화다. 만화의 첫번째 장면에서는 '악인연시惡人緣是'라는 글과 함께 두꺼비가 뱀에게 잡아먹히는 것을 표현했다. 그다음, 하단에 위치한 두번째 장면에는 두꺼비의 새끼들이 뱀의 몸속에서 나와 뱀을 잡아먹는 그림과 함께 '선결과善結果'라는 글로 마무리하고 있다. 이는 당시 계몽주의자들이 가지고 있던 국권회복 방법인 실력양성론과 숙주론을 그림으로 표현한 것이다. 그림에서 뱀은 일본을 상징한다. 일본이 강한 힘으로 한국을 해하려 하지만 그 결과는 오히려 파멸일 것이며, 일본은 한민족의 더욱 커다란 저항에 직면할 것을 경고하는 의미의 만평이었다.

1894년 추진된 갑오개혁과 1895년에 추진된 을미개혁은 사회 전반에 많은 변화를 가져왔다. 을미개혁으로 인해 양력의 도입이 이루어졌지만 오랫동안 음력을 사용해왔기 때문에 바뀐 달력에 대한 백성들의 문화적 충격은 적지 않았다. 단발령 또한 엄청난 저항에 부딪혔고, 을미사변으로 인해 그 분노가 더욱 증폭되었다. 그로부터 약 10여 년이 지난 시점인 1909년『대한민보』는 여러 차례에 걸쳐서 양력의 사용과 단발령 문제를 풍자하는 시사만화를 게재했다. 정부가 백성들에게 환영받지 못하는 정책을 강제적으로 시행할 경우, 강력한 반발에 부딪히고 만다는 점을 만화를 통해 보여주고 있는 것이다.

1909년 7월 18일자 시사만화에는 '고복불안高腹弗安'이라는 글과 함께 전차와 배가 불룩한 서양인이 그려져 있다. 그림 속 인물은 고종의 특혜를 받아 한성전기회사를 설립하고 전차운영권을 얻은 미국인 콜브란인데 그의 한국식 이름을 빗대어 풍자한 것임을 알 수 있다. '고복불안'의 뜻을 해석하면 '욕심은 채웠지만 불편하다'라고 풀이할 수 있다. 이 만화가 게재된 날 신문에는 콜브란의 귀국 소식과 함께 전차 운행의 휴업 소식을 전하는 기사가 실렸다. 콜브란은 고종과 한마디 상의도 없이 전기에 관한 모든 이권을 헐값에 일본에게 매각하고 귀국했다.『대한민보』는 외세의 부당한 이권침탈에 대한 풍자와 더불어 대한제국 정부의 무능력을 동시에 비판한 것이다.

1910년 2월 15일자 시사만화는 안중근이 이토 히로부미 저격 사건으로 뤼순 지방법원에서 사형선고를 받은 후 게재된 삽화이다. 이 삽화의 제목은 '척사일국擲四一局'이다. 4개의 말을 던져 노는 윷놀이를 통해 이토 히로부미 암살에 대한 기쁨을 표현했다. 당시 신문은 안중근에 대한 기사가 지면의 대부분을 차지하고 있었고 이 일은 대중에게 많은 관심을 불러일으켰다. 시사만화의 상단에 있는 글을 보면 '이도를 잡고 조개를 구어라. 고걸을 처서 모로 박어도 윳에는 죽는다'고 적혀 있는데 이는 단순히 이토 히로부미의 죽음만을 풍자하는 것이 아니었다. 글을 다시 살펴보면 이, 조, 고, 박과 같은 성씨가 보이는데 이는 이완용, 조민희, 고영희, 박제순, 박중양과 같은 친일 인사를 지칭하고 있는 것이다.

비판과 풍자는 계속된다

1910년 8월 29일, 한일병합으로 대한제국의 국권은 완전히 상실했다. 『대한민보』는 1910년 8월 31일 '천리견추호千里見秋毫'라는 제목의 만화를 끝으로 폐간당한다. 비록 신문이 폐간되는 지경에 처했을지라도 천리 밖의 작은 터럭까지 지켜보겠다는 의지의 표현이었다. 이후 일본은 무단통치를 시행해 강력한 언론말살 정책을 펼쳤고, 『대한민보』를 비롯한 민족 언론이 폐간된 지 10여 년이 지난 후에 3·1 운동이 이어졌다. 이 운동으로 일제는 식민정책의 기조를 전면 수정하여 문화통치를 시작했고, 그동안 통제되어 왔던 언론을 부분적으로 허용한다. 이때 창간된 신문이 『동아일보』와 『조선일보』이다. 당시 미국에서 신문학을 공부하고 돌아온 김동성이 『동아일보』에 네 컷 만화 형식의 사회풍자 '그림 이야기'를 게재하면서 한국의 시사만화는 그 명맥이 계속 이어지게 되었다. 당시 총독부의 정책을 날카롭게 비판하고 풍자하여 총독부의 압력에서 자유롭지 못했지만 이미 대중들은 만화를 통해 비판과 풍자를 즐기고 공유하는 단계까지 성장하고 있었다. 그리고 그 시작에는 『대한민보』의 시사만화가 있었다.

일본의 강력한 기사검열과 발간중지 등의 언론통제 때문에 1920년대 중반 이후 시사만화는 현실을 풍자하기보다는 주로 우스꽝스러운 유머에 치중했다. 이러한 시사만화의 탈정치적 모습은 광복이 되고 6·25전쟁 이후 정국이 안정됨에 따라 비로소 제자리를 찾게 된다. 1955년 『동아일보』에 김성환의 〈고바우 영감〉과 『경향신문』의 〈두꺼비〉는 팬터마임 스타일의 풍자물로 출발했지만 오래지 않아 사회의 모순들을 비판하고 풍자하는 시사만화 본연의 모습을 보이기 시작했다. 신문의 시사만화가 독자들의 뜨거운 호응을 받자 정권의 강력한 탄압과 견제가 가해졌다. 〈고바우 영감〉은 이승만 대통령의 양아들 행세를 하고 다녔던 '가짜 이강석 사건'을 빗대어, 대통령의 위세에 기대 으스대는 경무대의 변소 치우는 인부를 만화로 그려 사회적 지탄의 대상이 되었던 '빽' 만능 세태를 풍자했는데, 경무대를 모독하고 신문에 허위사실을 게재했다는 이유로 기소되어 벌금형을 받았다. 우리나라 최초의 시사만화 필화 사건이었다.

1960~70년대에는 시사만화가 각 신문사의 경쟁 수단으로 여겨질 만큼 중요성이 커졌다. 신문들은 주인공이 등장하는 네 칸짜리 만화를 연재했고, 그 주인공은 서민이나 소시민으로서 격변하는 정치적 상황과 극심한 경제난에 허덕이는 모습을 보여주었다. 시사만화에 대한 대중의 관심이 커질수록 정치적 통제도 더해갔지만 시사만화들은 은유적 표현을 통해 권력에 대한 비판적 논조를 펼쳐 신문기사가 할 수 없는 역할을 대신했다. 1980년 제5공화국이 들어서면서 시사만화는 신문의 정체성을 대변할 정도로 대표성을 획득했다.

1990년대를 전후로 언론환경이 바뀌면서 시사만화의 성격도 변해갔다. 표현의 자유가 보장되면서 신문들의 경쟁이 본격적으로 이루어진 것이다. 또한 네 칸짜리 만화가 점차 매너리즘에 빠지며 동어반

복의 구태의연함을 보이는 사이 한 칸 만평이 새로운 형식과 내용으로 등장하면서 신선한 자극이 되었다. 1990년대 후반 일상을 그리는 에세이 만화 혹은 생활만화가 일간신문에 등장하면서 신문사들은 점차 네 칸 만화의 시사적 역할을 한 칸 만평으로 옮겨갔다.

한국의 시사만화는 태생부터 저항적이었다. 제국주의 열강의 식민지배 전략으로 국권이 흔들리는 시기에 나타난 한국의 시사만화가 식민 지배의 모순을 비판한 것은 당연한 일이었다. 시사만화가 탄생한 지 100여 년이 흐른 지금, 한국의 시사만화는 새로운 도전에 직면에 있다.

사회가 복잡해지고 이해관계도 다양해지면서 새로운 형태의 제약들이 생겨나고 있으며, 더욱 근본적으로는 매체 환경의 변화로 인해 신문의 독자 수가 급격히 줄어들고 있다. 또한 인터넷의 등장과 발전으로 주제와 소재, 형식면에서도 새로운 도전에 직면하고 있다. 그러나 풍자와 비판이라는 가치를 지닌 한 시사만화는 저널리즘으로서 그 의미를 계속 이어갈 수 있을 것이다.

대한협회의 대한민보 발간과 시사만화 연재의 성격 박지훈, 『역사민속학』 제44호, 2014.

한국 시사만화 100년 한국만화100주년 시사만화위원회, 알다, 2009.

한국 신문시사만화의 지형과 전망 하종원, 언론과학연구 제9권 3호, 2009.

에필로그

백성의 소리

현륭원(사도세자 능) 행차 후 환궁하는 정조를 그린 〈환어행렬도〉

"아무도 저희의 말을 들어주질 않아
징과 꽹과리를 들고 임금님 앞에 나왔습니다."

조선 초기 중국 송나라의 제도를 본받아
누구나 북을 쳐서 억울함을 호소하도록 한
조선의 민원 해결 창구
신문고

그러나

"억울하고 원통함을 호소하는 자는 지방 관찰사에게 그 내용을 올린다. 그렇게 한 뒤에도 억울함이 있으면 사헌부에 고하고 신문고를 친다."

-『경국대전』

신문고를 칠 수 있는 자격이 되더라도
또 한 번 거쳐야 하는 엄격한 조사와 심문

절차가 복잡한 신문고 대신
백성들이 선택한 또 다른 방법,

임금의 궁궐 밖 행차에 직접 뛰어들어
꽹과리를 치며 왕의 이목을 끄는, 격쟁

지방 수령의 탐욕과 부패 고발에서
조세 부담의 고통 호소에 이르기까지
제각기 이유도 사연도 다양한
백성들의 민원 내용

그러나
격쟁한 백성에게 부여된 죄목

'임금의 행차에 뛰어들어 소란을 피운 죄'

백성들의 소원 수리는 임금에게
고할 내용을 문서로 적어 바친 후
형조에서 형장을 맞은 뒤에야 이뤄졌다

그러나 억울한 일을 직접 이야기할 수 있었기에
늘 끊이지 않았던 백성들의 격쟁

특히 격쟁의 허용 범위를 넓히고
백성들의 목소리에 귀 기울였던 정조 재위 시절
『일성록』에 기록된 격쟁 기록은
1300여 건

하지만
백성들은 격쟁을 한 뒤 큰 벌을 받거나
고을에서 쫓겨나는 위험을 감수해야 했고
사회를 어지럽히고 국기를 문란하게 한다는
지배층의 압력으로 인해

정조가 세상을 떠난 후
백성들의 격쟁은 점차 위축되고 만다

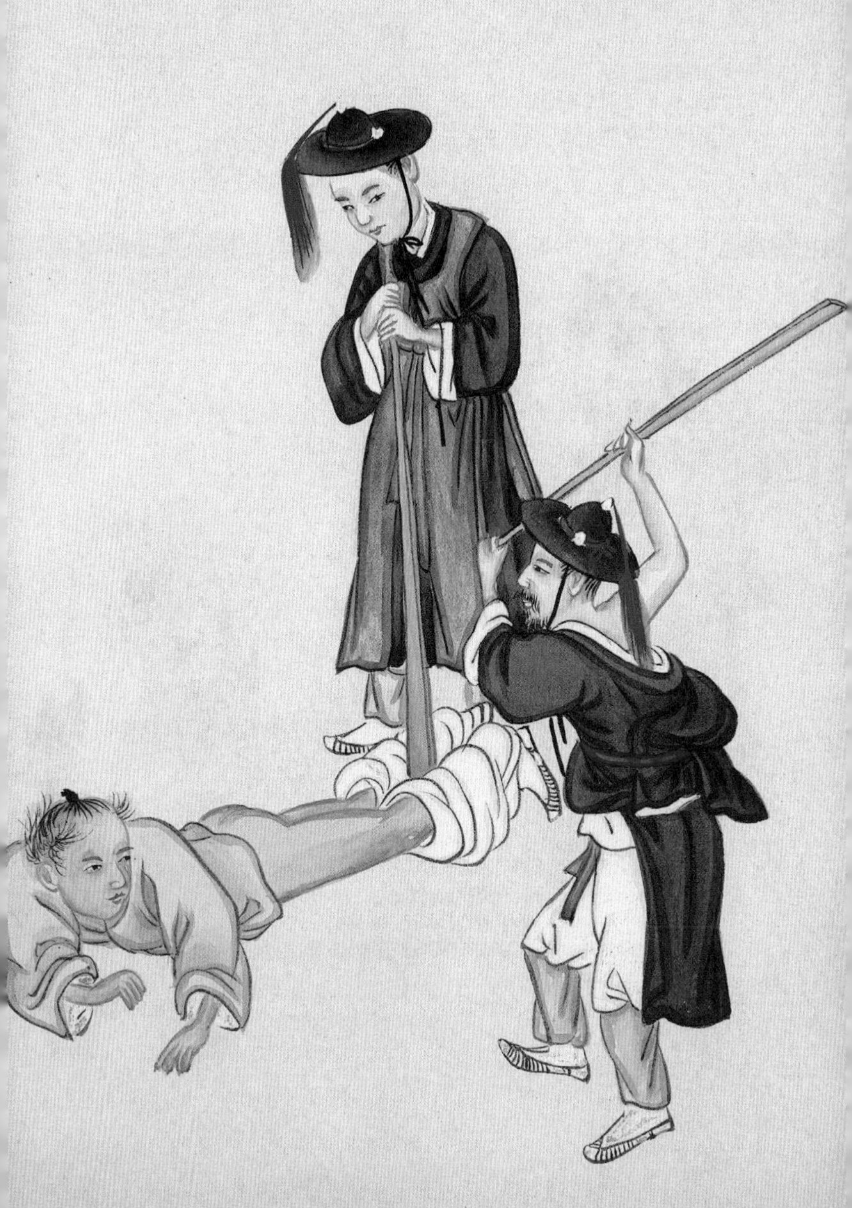

이미지 출처

프롤로그 왕의 일기

pp.8~9 〈입학도〉, 《왕세자입학도첩》, 국립고궁박물관
p.11 『일성록』, 서울대학교 규장각한국학연구원

1부 변화를 마주하다

01 콩나물 팔던 여인의 죽음

p.22 구한말 기생들 모습을 담은 사진엽서, 국립민속박물관

02 다시 돌아온 비운의 천재

p.38 우장춘 박사의 도쿄제국대학교 농학박사 학위 사진, 우장춘기념관
pp.40~41 우장춘 박사 사진들, 우장춘기념관

03 사라져 버린 대문

p.52 돈의문 현판, 국립고궁박물관

04 이상한 징조들

p.75 〈점심〉, 《단원풍속도첩》, 김홍도, 국립중앙박물관

05 조선의 커리어우먼

p.84 『영조정순왕후가례도감의궤』, 국립중앙박물관
p.86 1906년 순정효황후(가운데) 주관으로 열린 친잠례 행사 사진, 국립고궁박물관
p.88 『왕자가 태어나던 날 궁궐 사람들은 무얼 했을까』, 김경화 글, 구세진 그림, 살림어린이, 2012.

06 숨겨진 진실

p.100 러일전쟁 시기, 일제가 측량하고 그린 독도 지도, 아시아역사자료센터
p.104 〈태정관 지령〉, 일본 국립공문서관 소장, 동북아역사재단 제공
p.106 우루시자키 히데유키 목사 ©미주한국일보
p.107 〈기죽도약도〉, 일본 국립공문서관 소장, 동북아역사재단 제공
p.108 왼쪽에서부터
〈동판조선국전도〉, 독도박물관

〈신찬조선국전도〉, 영남대학교박물관

07 우리의 전통놀이

p.123 〈대쾌도〉, 유숙, 서울대학교박물관

2부 문화를 품다

02 이것은 도깨비가 아니다

p.154 위에서부터
『신증동국여지승람』, 서울대학교 규장각한국학연구원
〈도깨비 얼굴 무늬 기와〉, 국립중앙박물관

p.155 『깨비 깨비 참도깨비』, 김종대 글, 신혜원 그림, 도서출판 산하, 1995.

p.156 『혹부리 영감과 내선일체』, 김용의, 전남대학교출판부

p.157 씨름하는 도깨비 그림, 『깨비 깨비 참도깨비』, 김종대 글, 신혜원 그림, 도서출판 산하, 1995.

p.165 〈귀화전도〉, 《채씨효행도》, 허련, 개인소장

03 오늘은 어디에서 묵을까

p.168 〈눈 내리는 주막 풍경〉, 이형록, 국립중앙박물관

p.182 경상북도 시도민속문화재 제134호 예천 삼강주막 전경, 문화재청

04 천 년의 시간을 견딘 종이

p.187 위에서부터
『조선왕조실록』, 서울대학교 규장각한국학연구원
『승정원일기』, 서울대학교 규장각한국학연구원
〈사신총 벽화〉, 국립중앙박물관

p.188 국보 제126호 『무구정광대다라니경』, 문화재청

p.191 중요무형문화재 제117호 한지장 홍춘수 사진 ©서헌강

05 2만 6천 5백 장

p.200 〈우리말 큰사전 원고〉, 문화재청

p.202 위에서부터
『사정한 조선어 표준말 모음』, 한글학회
『개정한 한글 맞춤법 통일안』, 한글학회

p.204 위에서부터
〈조선어학회 사건에 대한 함흥지방법원의 예심 판결 결정문〉, 한글학회
조선어학회 기념사진, 한글학회

p.206 위에서부터
우리말 큰사전 원고뭉치, 한글학회
사적 제284호 구(舊) 서울역사, 문화재청

p.207 『우리말 큰사전』, 한글학회

06 그 많은 술들은 어디로 사라졌을까

p.218 위에서부터
용수(술을 거르는 도구), 국립민속박물관
소줏고리, 국립민속박물관

p.221 부안양조장 전경(1964년), 《부안 이야기》, 부안역사문화연구소

p.222 〈일제시대 청주 상표〉, 국립민속박물관

p.223 「5천년 양조 문화 재창조 전통 민속주」, 『매일경제』 1990년 7월 13일 기사 사진

07 거리를 재는 인형

p.235 위에서부터
〈대나무와 상아로 만든 자〉, 국립중앙박물관
〈장영실 표준 영정〉, 지산 박영길 화백

p.237 기리고차 복원 이미지, 국립과천과학관

p.238 왼쪽에서부터
국보 제248호 〈조선방역지도〉, 문화재청
보물 제850-1호 〈대동여지도〉, 문화재청

p.239 간의, 세종대왕 유적관리소

3부 세상과 소통하다

01 보부상

p.250 〈설중향시〉, 이형록, 국립중앙박물관

p.252 장터 이미지, 예덕상무사 보부상 유품전시관

p.253 위에서부터
〈보부상〉, 권용정, 간송미술관
〈독 나르는 사람〉, 오명현, 국립중앙박물관

p.255 『한성부완문』, 문화재청

p.257 1900년대 초 남대문 밖 칠패시장 모습

02 불변의 악기

p.266 〈무신진찬도병〉, 국립중앙박물관

p.268 『악학궤범』 중 편경 그림, 서울대학교 규장각한국학연구원

p.269 종묘제례악 사진, 문화재청

p.271 〈지음도〉, 이유태, 세종대왕 유적관리소

p.272 『악학궤범』, 서울대학교 규장각한국학연구원

p.273 편경 사진, 국립고궁박물관

03 조선, 전화를 만나다

p.284 궁내부 교환기를 통해 고종과 대신의 전화통화 모습을 재현한 상상도,
홍석창, 이경수 작품, 한국통신박물관

p.285 『백범일지』, 김구, 백범김구기념관

p.289 지하철에서 스마트폰을 보는 사람들 사진 ©시사IN

04 한성을 달리다
p.298 보신각 앞을 지나는 경성전차
p.300 개화기 시절의 전차
p.302 구한말 전차. 전차 상단에 일본산 담배 '오루도 히이로' 광고가 붙어 있다.
p.303 1899년 최초의 전차 사고 모습
p.304 구한말 남대문 앞 거리의 모습
p.312 등록문화재 제467호 전차 381호, 문화재청

05 조선, 에디슨과 만나다
p.316 위에서부터
사적 제117호 경복궁 영훈당 북쪽 전기등소 전경, 국립문화재연구소
전기등소에서 출토된 전기 관련 유물들, 국립문화재연구소

06 조선판 주민등록증
p.330 〈사당패놀음〉, 《사계풍속도병》, 김홍도, 파리 기메동양미술관
p.332 호패, 국립민속박물관
p.333 위에서부터
상아로 만든 호패, 국립민속박물관
오색(吳穡) 호구단자, 국립민속박물관
p.334 뿔로 만든 호패, 국립민속박물관
p.335 나무로 만든 호패, 국립민속박물관
p.337 도민증, 국립민속박물관

07 최초의 만화
p.346 『대한민보』 창간호 1면, 이도영 그림
pp.349~350 『대한민보』 삽화들, 이도영 그림

에필로그 백성의 소리
pp.360~361 〈환어행렬도〉, 《화성능행도》, 국립고궁박물관
p.363 〈득중정어사도〉, 《화성능행도》, 국립고궁박물관
p.365 〈권장치고〉, 김준근, 숭실대학교 한국기독교박물관

이 도서의 국립중앙도서관 출판시도서목록(CIP)은 서지정보유통지원시스템 홈페이지(http://seoji.nl.go.kr)와 국가자료공동목록시스템(http://www.nl.go.kr/kolisnet)에서 이용하실 수 있습니다.
(CIP제어번호: CIP2016025470)

초판 발행 2016년 12월 5일

제작 방송 EBS
지은이 EBS 역사채널ⓔ 제작팀
출판주관 EBS 미디어

펴낸이 김정순
기획 김소영
책임편집 한아름 김소영
해설원고 글 조승리
감수 방대광(고대사대부고 역사 교사) 송치중(장위중 역사 교사)
디자인 김진영 모희정
마케팅 김보미 임정진 전선경

펴낸곳 (주)북하우스 퍼블리셔스
출판 등록 1997년 9월 23일 제406-2003-055호
주소 04043 서울특별시 마포구 양화로 12길 16-9 (서교동) 북앤드빌딩
전자우편 editor@bookhouse.co.kr
홈페이지 www.bookhouse.co.kr
전화번호 02-3144-3123
팩스 02-3144-3121

ISBN 978-89-5605-786-6 04900